# 哈尔滨工业大学体育史

**1920—2020**

HARBIN INSTITUTE OF TECHNOLOGY

百年工大 百年体育

《百年工大 百年体育》编委会 编

哈爾濱工業大學出版社

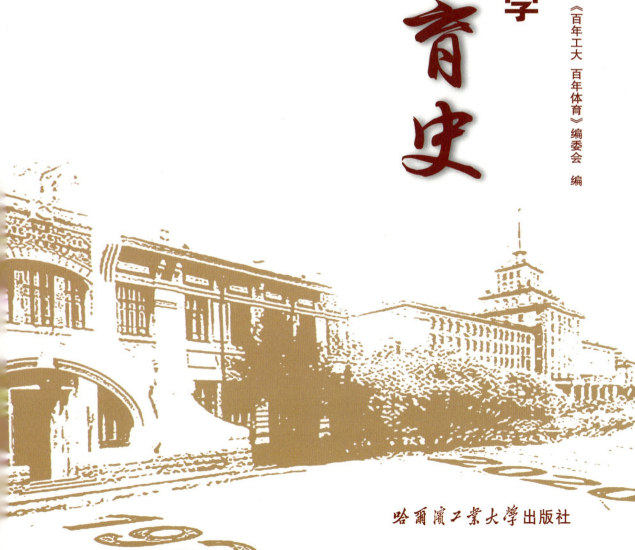

图书在版编目(CIP)数据

百年工大 百年体育：哈尔滨工业大学体育史 /《百年工大 百年体育》编委会编. — 哈尔滨：哈尔滨工业大学出版社，2021.6
ISBN 978-7-5603-9118-2

Ⅰ.①百… Ⅱ.①百… Ⅲ.①哈尔滨工业大学－体育教育－教育史 Ⅳ.①G807.4

中国版本图书馆CIP数据核字(2020)第196067号

百年工大 百年体育：哈尔滨工业大学体育史
BAINIAN GONGDA BAINIAN TIYU:HAERBIN GONGYE DAXUE TIYU SHI

策划编辑　李艳文　范业婷
责任编辑　付中英
装帧设计　屈　佳
出版发行　哈尔滨工业大学出版社
社　　址　哈尔滨市南岗区复华四道街10号　邮编150006
传　　真　0451-86414749
网　　址　http://hitpress.hit.edu.cn
印　　刷　哈尔滨市石桥印务有限公司
开　　本　787mm×1092mm　1/16　彩插8　印张19.75　字数474千字
版　　次　2021年6月第1版　2021年6月第1次印刷
书　　号　ISBN 978-7-5603-9118-2
定　　价　100.00元

(如因印刷质量问题影响阅读，我社负责调换)

林振坤（哈工大焊接专业），速滑全国冠军，中国速度滑冰元老级运动员，国家级教练员。1953年全国第一届冰上运动会全能冠军，创全国3 000米速滑纪录，获1954年、1956年全国冰上运动会全能及多个单项冠军，1957年代表中国队第一次参加世界锦标赛（1957年世界男子速度滑冰锦标赛）。

曹世德（哈工大动力系航空工程专业），中国射击队运动员，运动健将，全国射击十佳教练，国家级教练。曾3次获全国冠军，13次打破全国纪录，新中国体育开拓者荣誉奖章获得者，培养了多名世界冠军，入选《中华人民共和国体育年鉴》。

李建华，1953年首届东北地区冰上运动大会花样滑冰冠军，1953年第一届全国冰上运动会花样滑冰亚军，1955年全国冰上运动会冠军。

孔令辉，世界著名乒乓球运动员，有"乒乓王子"之称，世乒赛、世界杯和奥运会乒乓球男子单打"大满贯"得主，1997年进入哈尔滨工业大学学习。

姚伟丽，中国著名女子跳远运动员，亚洲冠军，亚洲纪录、亚运会纪录保持者，1993年在全国田径锦标赛上跳出了7.01米，创造了亚洲女子跳远最好成绩，成为亚洲第一位突破7米大关的女选手，1999年进入哈尔滨工业大学人文学院学习。

史册（哈工大人文学院国际经济与贸易2004级），聋奥会乒乓球冠军，2005年聋人奥运会女单、女双、混双三枚金牌得主。2005年获哈工大"五四"奖章，2006年全国劳伦斯杯冠军奖、全国最佳残疾人运动员奖候选人，2007年获"世界聋人最佳女运动员"奖，这是我国聋人运动员首次获得这一奖项。

迟毅男（哈工大人文学院2000级），全国田径锦标赛、大运会、大学生田径锦标赛800米冠军，两次打破全国大学生纪录，在国际田径比赛中取得优异成绩，获哈工大"五四"奖章。

陈金，羽毛球世界冠军，曾任中国羽毛球队女单组主教练，国际羽联户外羽毛球运动推广人，2010年世锦赛男单冠军，2006年、2008年、2010年、2012年汤姆斯杯冠军，2008年北京奥运会男单铜牌，现为哈尔滨工业大学体育部副教授。

张虹，2014年索契冬奥会速度滑冰1 000米冠军（中国速度滑冰首金），国际奥委会委员，2020年全国五四青年奖章获得者，2022年北京申冬奥大使，中国奥委会执委，现为哈尔滨工业大学体育部副教授。

早期校园冰上活动。

1933年哈尔滨市第一届高校运动会中,校足球队获得冠军。(前排右三为队长孙竹生,我国著名机车车辆专家)

1954年,校划船队员在训练。

1959年,哈工大冰球队赴京与清华冰球队进行对抗赛。

1981年首届全国大学生运动会上,黄宝忠夺得10 000米亚军,牛健夺得1 500米第三名。

2001年,哈工大承办世界女排大奖赛,中国女排合影。

2007年,在国际聋人体育联合会第四十届代表大会上,史册同学被授予"2005年度最佳女运动员"奖,她是中国第一个获此殊荣的运动员。

2008年,第二十四届大学生冬季运动会火种采集仪式在哈工大体育场举行。

2009年校男篮实现历史性突破,在第十一届CUBA中夺得东北赛区冠军、全国第三名。

# 编 委 会

顾　问　谭学儒　张建国　孟宏震　刘志信
主　任　陶永纯　章　民
副主任　孙慧丽　张宝军　赖有才　关鹏飞　杨春雷
　　　　刘志书
委　员　（以姓氏笔画为序）
　　　　于　同　马永昌　马忠权　马泉沂　王　力
　　　　王　珂　王国滨　王明明　历祥英　邓振杰
　　　　左　斌　吕　岩　朱宝峰　关亚军　许振松
　　　　李延亭　李兴汉　李征宇　李惠恩　杨　俭
　　　　肖同岐　谷化铮　张亚东　张成刚　邵满库
　　　　罗大林　季秀平　孟　述　赵　璇　柳洪涛
　　　　徐　枫　盛俊林　崔延武　蒋　强

# 前　言

　　百年工大，百年体育。自哈尔滨工业大学建校起，体育就开始在校园里生根、发芽、茁壮成长，与哈工大同频共振，血脉相连，成为校园文化的重要组成部分，并一直贯穿于学校发展的始终。1950年，哈工大组建体育教研室，体育课被正式列为哈工大学生的必修课程，课程教学主要学习苏联的教育模式，哈工大体育课教学大纲成为1961年教育部颁布的全国统一使用的《高等学校普通体育课教学大纲》编订的蓝本。20世纪五六十年代，哈工大就十分重视学生课外体育活动，倡导"8－1＞8"的理念，每天下午四点半，校内"教室无人""图书馆无人""宿舍无人"，运动场则呈现出热火朝天的锻炼场面。在竞技体育方面，涌现出打破举重世界纪录的黄强辉、全国女子花样滑冰冠军李建华、全国男子速度滑冰冠军林振坤、国家青年篮球队的谭以津、自行车健将刘翠珍、田径女子全能健将冼晓梅等一大批优秀运动员，哈工大冰球、排球等运动队的实力达到专业队水平。八九十年代，哈工大体育部加强体育课程建设和教学改革，认真执行《国家体育锻炼标准》，不断改善体育场馆设施，招收高水平运动员，引领校园体育发展，国家教委授予哈尔滨工业大学"全国高等学校贯彻《学校体育工作条例》优秀学校"光荣称号。2000年以后进入了新的历史发展时期，哈工大体育部紧跟学校发展步伐，秉承"尚体修身，崇德育魂"的理念，继承传统，发展创新，推出了省、校级精品课程，培养了运动健将和国际级运动健将，在国际及全国大学生体育竞赛中夺金牌、破纪录，硕果累累。在体育教学中坚持立德树人，坚持健康第一的教育理念，加强师资建设，推进教改，发展特色，不断提升教学质量，努力实现"学生在体育锻炼中享受乐趣、增强体质、健全人格、锤炼意志，培养德智体美劳全面发展的社会主义建设者和接班人"。

纵观哈工大百年体育史,老一辈哈工大体育人的光辉形象和体育精神跃然纸上,他们的不懈奋斗为后人们留下宝贵的财富,向哈工大体育人致敬!

编写哈尔滨工业大学体育史旨在回顾和总结哈工大体育发展历程,继承、弘扬哈工大精神和哈工大体育优良传统,存史立鉴,教育后人,激励未来。

——"不忘初心,牢记使命""只争朝夕,不负韶华",谨以此书献给哈尔滨工业大学建校一百周年。

《哈尔滨工业大学体育史》编委会
2020年6月

# 目 录
## CONTENTS

**第一章　哈工大体育大事记**/1

**第二章　新中国成立后学校体育发展阶段**/39

    第一节　管理体制/41
    第二节　体育课教学/41
    第三节　体育科学研究/43
    第四节　师资培养与提高/44
    第五节　课余体育活动/47
    第六节　运动队训练与体育竞赛/49
    第七节　哈工大学生田径运动会最高纪录表/53
    第八节　体育场馆建设/53

**第三章　体育教学改革与素质教育阶段**/55

    第一节　领导体制和组织结构/57
    第二节　课程建设和教学改革/58
    第三节　体育科研成果/63
    第四节　加强师资队伍建设/64
    第五节　课外体育活动/67
    第六节　招收国家功勋运动员/69
    第七节　体育运动竞赛成绩/69
    第八节　体育场馆建设/71
    第九节　加强党支部建设,发挥党员先锋模范作用/72

# 目 录

## 第四章　课程建设与教学管理阶段/75

- 第一节　领导体制与组织机构/77
- 第二节　体育教学定位与发展规划/79
- 第三节　课程建设与教学改革/80
- 第四节　学科建设与科研工作/89
- 第五节　师资队伍建设与人员管理/94
- 第六节　课外体育锻炼与学生体质健康标准/101
- 第七节　承办国际、国内体育赛事和重大体育活动/108
- 第八节　高水平运动队建设与管理/111
- 第九节　体育场馆建设与管理制度/119
- 第十节　党的建设工作与工会工作/120

## 第五章　深化教学改革与可持续发展阶段/123

- 第一节　领导体制与组织机构/125
- 第二节　党务工作与工会工作/128
- 第三节　课程建设/132
- 第四节　教学改革/142
- 第五节　体育研究生教育/146
- 第六节　科研工作/148
- 第七节　师资队伍建设与管理/149
- 第八节　校园体育与学生体质健康/157
- 第九节　运动队建设与管理/171
- 第十节　体育活动与交流/192

## 第六章　哈尔滨建筑大学体育部简史/205

- 第一节　体育部概况/207
- 第二节　课程建设与教学改革/207
- 第三节　科研与学术论文/210
- 第四节　师资队伍建设/211
- 第五节　课外体育锻炼与体质健康标准/213
- 第六节　体育场馆设施/214
- 第七节　发挥党员先锋模范作用,增强教师凝聚力/214

# 附　录 /215

哈尔滨工业大学体育部"八五"发展规划(1991年9月)/217

哈尔滨工业大学体育教师规范(1985年10月)/220

哈尔滨工业大学体育运动代表队训练工作规范(1987年10月10日)/223

哈尔滨工业大学体育课堂教学管理规定(1989年7月)/224

哈尔滨工业大学体育教学大纲检查办法(1989年7月)/226

哈尔滨工业大学体育部"九五"规划纲要(1995年12月)/227

哈尔滨工业大学军体部2001年至2005年工作规划与目标(2000年12月20日)/230

哈尔滨工业大学体育课教学常规(2000年3月)/233

哈尔滨工业大学高水平运动员学籍管理规定(2000年4月10日)/235

哈尔滨工业大学军体部党总支委员会工作职责(2000年11月)/236

哈尔滨工业大学体育教师工作质量综合评估办法(2001年3月20日)/237

哈尔滨工业大学军体部"十一五"学科发展规划(2005年3月21日)/240

哈尔滨工业大学军体部"十一五"岗位设置方案(2005年11月6日)/247

哈尔滨工业大学军体部教授委员会职责(2005年11月8日)/257

哈尔滨工业大学特长生学习管理办法(2006年3月15日)/258

哈尔滨工业大学体育部教学督导工作条例(试行)(2020年5月修订)/261

哈尔滨工业大学历届十佳运动员名单(1989—2019)/262

哈尔滨工业大学体育竞赛世界冠军名录(1955—2019)/264

哈尔滨工业大学体育竞赛全国冠军名录(1955—2019)/265

哈尔滨工业大学学生田径项目最高纪录(截至2019年5月)/267

哈尔滨工业大学"阳光体育运动"先进单位评选办法及评分标准(2007—2019)/269

哈尔滨工业大学体育部教师发表论文情况(1979—2019)/272

# 后　记 /307

# 第一章

## 哈工大体育大事记

哈爾濱工業大學
HARBIN INSTITUTE OF TECHNOLOGY
—— 1920-2020 ——

## 1920 年

20 世纪初　中东铁路修筑后,哈尔滨建立滑冰协会并有滑冰赛事。清宣统二年(1910 年)在埠头区修建了体育场(红星体育场),冬季浇成滑冰场。南岗区开办了"扎牙斯"(译音)滑冰场,对社会开放。之后,哈尔滨铁路局、哈尔滨中俄工业学校(哈工大)等单位,入冬都浇有自用冰场,滑冰运动日渐兴起。

20 世纪 20 年代　滨江道立中学修建球场,开展足球活动。哈埠举行中等以上学校冬季球类比赛。参加足球比赛的有哈工大,政法大学,东省特别区第一中、二中等队。

是年　哈尔滨中俄工业学校建立不久,学校成立了学生联合会。1924 年中国学生成立了中国学生联合会,领导机构叫作代表委员会,负责人是主席。代表委员会下设管理委员会和监察委员会,这两个委员会下设九个小组:总务组、教育组、体育组、文娱组、财政组、互助组、宿舍管理组、伙食组和支出组。

9 月 21 日　为迎接东北三省学校联合运动会,东省特别区教育厅在东铁网球场进行选拔赛,哈工大武建庚/纪延岭获男子双打第一名,代表东省特别区赴奉天(沈阳市)参赛。20 年代,学校修建了网球场。

## 1923 年

篮球运动在学校举行得较为频繁,每逢春、夏、秋季,各学校的篮球队经常参加比赛,哈工大为大专组强队。

## 1927 年

制订体操教学计划,开设了一年体操课。课程内容包括各种体育运动。体育课教师只有 1 名。

## 1928 年

哈工大学生韩孝彰及教师郑荣廷、李翰平等人组成"爱好者"冰球队,参加冰球赛事。

9 月　东省特别区为迎接在奉天(沈阳市)举行的东北三省学校联合运动大会进行排球选拔赛,普通组哈工大胜。

## 1929 年

建成一栋三层楼房的学生宿舍,宿舍后面,即西面是一个大院,院的南半部为足球场,冬季则作为滑冰场,院的北半部是篮球场及网球场,供学生活动。

## 1930 年

梁镇嵩、苏丕承、林钧朴、金荣显、张振浦、邱祥魁等 10 人组成哈工大学生篮球队,全队平均身高 1.89 米,队员技术精湛,配合出色,实力雄厚。

## 1937 年

1 月 体育活动很活跃,篮球、排球和冰球运动都得到广泛开展,各年级的球赛经常举行,尤其以滑冰运动中的花样滑冰最普遍。

## 1939 年

6 月 9 日 在哈尔滨市运动会上,哈工大男子组 800 米接力获得优胜奖。

## 1940 年

9 月 15 日 学校举行的运动大会集体表演阵容很壮观,叠罗汉等项目都是学生们所喜爱的运动。

## 1947 年

5 月 哈尔滨市教育局主办第二届"五四"学生运动会,哈工大男、女队均获团体冠军。

## 1949 年

是年 重建预科时,开设的课程除高中的数学、物理、化学、政治、语文和体育外,重点学习俄文。

### 预科部分课程教学时数分配表(1953年、1954年)

| 序号 | 课程名称 | 第一学期授课时数 | | 第二学期授课时数 | |
|---|---|---|---|---|---|
| | | 每周时数 | 学期时数 | 每周时数 | 学期时数 |
| 1 | 俄 语 | 24 | 288 | 22 | 374 |
| 2 | 中国革命史 | 2 | 24 | 3 | 48+ |
| 3 | 解析几何 | | | 4 | 60 |
| 4 | 体 育 | 2 | 24 | 2 | 30 |
| 合计 | | 28 | 336 | 31 | 512 |

### 部分课程授课时数占合计时数的百分比(1953年、1954年)

| 序号 | 课程名称 | 学年授课总时数 | 课时所占比例 |
|---|---|---|---|
| 1 | 俄 语 | 662 | 78% |
| 2 | 中国革命史 | 72 | 8.5% |
| 3 | 解析几何 | 60 | 7.1% |
| 4 | 体 育 | 54 | 6.4% |
| 合计 | | 848 | 100% |

是年　建立的教研室有:建筑学、给水排水、测量、水力学及水能利用……

5月　市体育会举办"红五月"全市篮、排球比赛,哈工大男、女排获得大专组冠军。

## 1950年

4月　举行全市春季篮、排球比赛,哈工大男排获得大专组冠军,女排获亚军。

10月　组建了哈尔滨工业大学(以下简称哈工大)体育教研室。

## 1951年

春季学期　学校聘请时任中长铁路局公会教育部部长、苏联专家米洛特卡为体育教研室顾问。哈工大的体育课程以苏联高等教育委员会颁布的《高等学校普通体育课教学大纲》为蓝本。1961年高等教育部编订并颁布了第一部在全国统一使用的《高等学校普通体育课教学大纲》。

## 1952年

是年　黄强辉考入哈工大机械系。1955年发现他有举重特长后,学校将他选送至全国体协深造,后成为轻量级世界举重冠军。

10月　举行第二届"卫国杯"足球赛,哈工大获得社会组冠军。

## 1953 年

是年 东北区首届冰上运动会,李建华获得女子花样滑冰冠军;胡双来创 1 500 米 2′55″4、3 000 米 6′1″7 最高纪录,林振坤创 5 000 米 10′33″2、10 000 米 21′48″最高纪录。

2月 首届全国冰上运动会在哈尔滨市人民体育场举行,李建华获得女子花样滑冰亚军,林振坤获男子速滑个人总分第一名。

## 1954 年

5月23—24日 在哈尔滨市大中学生田径体操运动会上,哈工大获得田径器械体操团体总分第一名。

## 1955 年

2月5日 苏联滑冰代表队10余人来哈工大参观。李昌校长介绍了哈工大的情况,苏联客人为哈工大师生做了滑冰表演。

9月 郎式通调到学校体育教研室。

是年 第二届全国冰上运动会在哈尔滨举行,李建华获得女子花样滑冰冠军。林振坤以 9′12″4、19′35″的成绩创造 5 000 米和 10 000 米两项全国纪录。

## 1956 年

年初 吕惠连老师组建哈尔滨市滑雪队参加吉林省通化市南山滑雪场举办的跨地区滑雪邀请赛。吕惠连为领队兼教练,队员有白士政、唐贵发、李锦顺(女)。

是年 第三届全国冰上运动会在长春市举行,林振坤获 1 500、5 000、10 000 米和全能 4 项冠军。

3月 为响应党中央"向科学进军"的伟大号召,哈工大制订了 12 年发展规划——《哈尔滨工业大学 12 年规划要点(草案)》(1956 年 3 月),加强体育工作,增强学生体质。每年召开一次全校性运动大会,并开展各项竞赛运动。成立"中国大学生体育协会哈尔滨工业大学理事会"以加强对群众性体育活动的领导。

5月 第一次举行哈尔滨市羽毛球比赛,哈工大凌敬之、陈奋飞获得男子单打冠、亚军。

## 1956—1957 年

开设"体育课与'劳卫制'结合"的普通体育课,并增选了风雨教材和创设了风雨天上课条件。同时为高年级学生试开设篮球、排球、足球、小球类、滑冰等体育选修课。

开始执行全国高等学校体育教学大纲,提高体育教学质量,在学生中实行劳卫制。从1956年起两年内争取在校学生40%达到一级标准,60%达到二级标准。4年后,二年级学生全部达到二级标准。对体弱的学生开展医疗体育。开展国防体育运动。

## 1958 年

4月8日　校友黄强辉在全国25单位举重锦标赛中以155公斤的成绩打破轻量级挺举世界纪录,为祖国争得了荣誉,学校为此向他致电表示祝贺。

5月17日　打破举重世界纪录的哈工大校友黄强辉回校,在哈工大第六届运动会田径举重比赛上做举重表演,受到全校师生的欢迎。

6月15日　黑龙江省大学生运动会经过两天比赛顺利闭幕。哈工大田径代表队在39个竞赛项目中获得16项冠军,共有11人打破9项省大学生纪录,获得总分第一名。

10月　毛泽东同志发出"发展体育运动,增强人民体质"的号召,全校群众性的体育活动和劳卫制锻炼更加蓬勃地开展起来。据统计,1958年达到劳卫制一级的全校有6 186人,二级3 979人;达到一级运动员标准的32人,达到二级运动员标准的92人;运动健将4人;有1人破全国田径纪录,2人破全国射击纪录;5人破世界航模纪录,7人破世界航海多项纪录。同时,学校抽调了100多名学生组成各种专业队进行集中训练,培育体育"尖子",学校体育运动水平大大提高。田径队在历届省市高校运动会上都保持冠军称号,不少运动员还代表黑龙江省参加全国运动会并取得名次。校冰球队曾远征北京、天津;篮球队在全国大学生邀请赛中进入前六名。

是年　哈工大建立学生击剑队。

## 1959 年

是年　第一届全国运动会前后,"黄背心"排球队的水平相当于全国联赛的省队,所以常邀请省、市专业队来校共同示范表演。

9月　第一届全国运动会射击比赛,哈尔滨市运动员曹世德(动力系涡轮57-1班)在男子自选大口径步枪3×40发卧、跪、立射比赛中以1 079环获第五名,在自选大口径步枪40发立射比赛中,以337环获第五名。

10月23日　哈工大有20多名运动员参加了第一届全国运动会。校友黄强辉在举重比赛中以370公斤的总成绩获得轻量级冠军。运动员曹世德在射击比赛中,以总成绩1 095环打破大口径自选步枪3×40的1958年国家纪录(1 087环),同时又以373环的成绩打破40发跪射比赛的1958年国家纪录(369环)。王文忠以224环的成绩打破跑鹿单发赛1958年国家纪录,并且达到运动健将标准。

自行车运动员刘翠珍是学校第一个获得运动健将称号的运动员,她是压力加工专业四年级学生,在全运会,以36′39″2的成绩达到运动健将标准。焊接专业三年级学生沈肖明在全运会上以3 517分的成绩打破五项全能纪录,被国家体委授予运动健将称号。她们分别收到国家体委颁发的运动健将证书和证章。

是年　黄强辉担任国家举重队教练,在执教期间培养了数十位世界冠军,并获国家级教练称号。

是年　第三次全国基层田径通讯赛中,哈工大获得大学组第一名。

## 1960 年

年初　哈工大冰球队访问了北京、天津。《北京晚报》、北京电台报道,北京高校的冰球队相继与哈工大举行友谊赛,哈工大冰球队以 6∶0 战胜北京高校联队,以 8∶1 战胜北京大学队,以 4∶1 战胜清华大学队,以 7∶0 战胜北京航空学院,以 3∶3 平南开大学队,以 7∶0 战胜包头市队。

6 月 7 日　哈工大校庆举行校第八届体育运动会。

6 月 12 日　哈工大体育代表队在哈尔滨市高等学校运动会获得男子总分第一名和女子总分第一名以及团体总分第一名。哈工大运动员沈肖明以 1.46 米的成绩打破女子跳高哈尔滨市纪录和黑龙江省纪录。

## 1961 年

6 月　哈尔滨建筑工程学院参加在北京召开的全国建筑系统运动会,院学生男子篮球队获得第四名。有 4 名同学被授予"国家一级运动员"称号,院教工贺平获乒乓球男子单打冠军,被授予"国家一级运动员"称号。

## 1962 年

4 月　哈尔滨市举行中学、大专院校学生射击比赛,有 10 所学校参加,哈工大、东北林学院获男、女大专组前 2 名。

夏季　在东北农学院运动场举行了首届无级别差的全省大学生田径运动会,即体育院、系学生也编在一组比赛。哈工大田径队以绝对优势获男女冠军锦旗。

## 1963 年

6 月 8 日　哈工大获得哈尔滨市第七届田径体操运动会团体总分冠军,共获得 18 项单项冠军。

## 1964 年

黄强辉任中国举重协会副主席,中华全国体育总会第四届委员,1978 年任第五届全国政协委员,1984 年被评为新中国成立 35 年来杰出教练员。

## 1965 年

9 月 19 日　为了响应毛主席"发展体育运动,增强人民体质"的号召,并且贯彻执行毛主席提出的"使学生在德智体诸方面生动活泼地主动地得到发展"的指示,哈工大举行了秋季田径对抗赛。

9 月 26 日　哈工大举行教职工田径运动会。

## 1966 年

4 月 24 日　哈工大举行全校学生春季越野接力赛。

12 月 13 日　哈工大体育运动委员会发出"关于积极开展冬季群众性体育活动"的通知。

1966 年 8 月—1971 年 12 月　学校终止招生,全校停课,正常教学秩序打乱。

## 1967 年

5 月 4 日　哈工大举行第十二届运动会,高铁、彭云、李见明、王辉等学校领导同志出席大会并检阅了运动员入场式。党委副书记、校体育运动委员会主任委员彭云同志在开幕式上讲话。

## 1969 年

12 月 20 日　国防科工委给黑龙江省革委、省军区发函:"遵照军委办事组的指示,哈尔滨军事工程学院、哈尔滨工业大学要迅速搬迁到内地去。"学校马上做了搬迁准备。

## 1970 年

哈尔滨工业大学部分人员与大部分物资、设备南迁重庆,与哈尔滨军事工程学院二系合并成立重庆工业大学。体育教研室三位教师郭瑞久、杨树发、康仁德随学校南迁。

## 1972 年

1972 年—1978 年 3 月　学校的教育开始有了转机,被取消的体育课程以"工农兵学员上、管、改"为契机点缀性地恢复,出现在各系的课表里。以军代体一切军事化、教学课以民兵训练科目为版本、以军体结合的模式上课。主要内容有:队列、队形训练、投弹、障碍跑、行军、野外单兵教练、拉练、游泳,适当搭配篮球、排球、足球。

## 1973 年

6月19日　哈尔滨市高等院校田径运动会在哈尔滨师范学院举行,哈工大有80余名男女教工和学生运动员参加比赛,哈工大拔河代表队获冠军。

7月3日　国务院、中央军委发出通知:"重庆工业大学仍迁回哈尔滨与原哈工大留省部分合并,组成哈尔滨工业大学。"体育教研室三位教师随校迁回。

7月22日　哈工大举行首届游泳比赛,有200余名运动员参加比赛。

## 1974 年

4月28日　哈工大举行环校接力赛,有240多名工农兵学员参加比赛。

5月1日　哈工大有18名运动员参加了哈尔滨市环城赛跑,六系7365班丁路获哈尔滨市环城赛跑第一名。

9月20日　哈尔滨市10所高等院校举行教职工篮球比赛,哈工大女教工篮球队获冠军,男教工篮球队获亚军。

9月24日　在哈尔滨市高等院校篮球比赛中,哈工大女队获冠军,学生男队获第六名。

## 1975 年

1月18日　哈工大举行冰上运动会,有50多名运动员参加了比赛。

5月22日　哈工大幼儿园举行第二届运动会,有153名小运动员和各种体操运动员128名参加比赛。

6月3日　哈工大举行田径运动会,共有1 300多名运动员参加比赛。

## 1976 年

5月29日　哈工大举行田径运动会。学生团体前三名为:7403班、73082班、73012班。教工青年组团体总分前三名为:四系、二系、校工厂。教工成年组团体总分前三名为:7381工程队、校工厂、四系。

6月11日　在11所高校田径代表队参加的哈尔滨市高等院校第十四届田径运动会上,哈工大150多名男女运动员组成代表队,学生男子组和学生女子组分别获团体总分第二名。

## 1977 年

5月27日　哈工大举行田径运动会。中共校核心组、领导小组和驻校工宣队的负责同志出席大会并讲话。

## 1978 年

5月19日　哈工大举行田径运动会。校核心组、行政领导小组的负责同志参加了大会并做了讲话。一系获学生男女团体总分第一名,九系获教工组男女团体总分第一名。

6月8日　在黑龙江省第一届高等院校田径运动会上,哈工大田径队获学生组团体总分第二名,学男组第二名,学女组第三名。

夏季　哈工大代表黑龙江省高校参加高教部召集的"修订高等学校普通体育课教学计划"全国大会,并承担教学指导书中的冬季运动篇的编写。

## 1979 年

7月　哈尔滨市第十届田径运动会上,哈工大荣获高校组团体总分第一名。

9月21日　哈工大举行第十八届田径运动会,学校领导刘德本、刘仲甫、陈光熙、李廉泉、李家宝等和各系、部、处负责人出席大会并观看了比赛。刘仲甫同志致开幕词,李家宝同志致闭幕词。

10月7日　哈工大学生田径代表队参加了教育部和国家体委举办的重点院校田径运动比赛。

10月12日　由哈尔滨市高等院校教学研究会举办的哈市高校足球赛闭幕,哈工大足球队荣获冠军。

是年　哈尔滨市举行第十届运动会射击比赛,在半自动步枪射击比赛中,哈工大奚瑾和与哈尔滨师范学院张学勤以94环的成绩并列高校女子第一名。

## 1980 年

7月13日　黑龙江省文教办举办的哈尔滨市首届大学生游泳运动会在哈工大游泳馆闭幕。哈工大学生游泳代表队荣获团体总分第一名,并荣获了几个单项第一名,打破了7项校纪录。

9月29日　在哈尔滨市13所高校大学生篮球赛中,哈工大学生男队获得第一名,女队获得第四名。

12月　哈尔滨师范大学举行哈尔滨市高校速滑比赛,有7所院校参赛。哈工大学生张亦慧(女)获全能第三名、单项1 000米第二名、1 500米第二名、500米第三名、3 000米第三名。

## 1981 年

6月12—13日　哈尔滨师范大学举行哈尔滨市高校第十六届田径运动会。哈尔滨工业大学学生组获男女团体总分第一名,教工组获团体总分第三名。

11月1日　哈尔滨市大专院校学生体操锦标赛中,哈工大男子体操队夺得团体冠军。

12月11日　哈尔滨建筑工程学院举行哈尔滨高校乒乓球锦标赛。比赛项目有男女团体和男女单打4个项目,每队参赛人数为男子5人,女子4人。哈工大获男子团体第四名、女子团体第二名,男子单打杜淼获第三名,女子单打于慧敏获第二名。

12月28日—29日　黑龙江大学举行哈尔滨高校速滑比赛。哈工大张亦慧(女)获全能第二名、单项500米第三名、1 000米第三名、1 500米第二名、3 000米第二名。孙家铭(男)获500米第七名。

## 1982年

5月14日　哈工大第二十一届田径运动会在校体育场举行。党委和行政领导彭云、李东光、陈光熙、李家宝、姜以宏、靖伯文出席开幕式,张真副校长致开幕词。这次运动会破3项校纪录,九系获学生男女团体总分第一名,机关二总支获教工男女团体总分第一名。

7月15日　黑龙江省体育场举行黑龙江省第五届高校田径运动会。哈工大教师黄锷获标枪第一名。学生组唐降龙400米成绩52″7破校纪录,200米22″9破校纪录。黄宝忠5 000米15′58″2破校纪录。

8月15日—20日　北京举行中华人民共和国第一届大学生运动会,哈工大有5名田径运动员获得名次:姬敬1 500米4′8″7第八名、3 000米9′11″2第六名,牛健800米1′59″9第四名、1 500米4′6″9第五名,黄宝忠10 000米34′14″9第二名、5 000米16′4″4第六名,李晋年跳高1.85米第八名,陈国祥十项全能5 197分第四名、女子4×100米接力第八名。哈工大乒乓球运动员杜淼代表黑龙江省高校队参赛。

## 1983年

5月20日　哈工大举行第二十二届田径运动会,九系获学生、教工组男女团体总分第一名,黄宝忠、金宵、陈国祥三人破4项校纪录。

6月15日　黑龙江大学体育场举行黑龙江省第三届大学生田径运动会,哈工大第三次获得团体冠军,并打破1项全国大学生纪录和2项黑龙江省大学生纪录。

## 1984年

6月1日　哈工大教工男女游泳运动员11人,参加了哈尔滨市职工游泳比赛,林秀玉、周晓明、尹洪生、许振松4人共获得5项第一名,还获得了3项第二名、7项第三名、2项第四名、1项第五名、1项第六名。

6月15日　哈尔滨高校第十七届田径运动会在哈工大体育场举行,有21所大学院校代表队参加。哈工大男子跳高运动员柳军以1.86米首次破高校纪录,张彦以6.44米破跳远纪录,金宵以11.80米破铅球纪录。哈工大代表队获团体总分第二名,学男组第二名,学女组第六名。

7月22日—24日　大连工学院(现大连理工大学)举行东北地区部分高校体育协作组首届田径运动会,哈工大有13名男运动员和8名女运动员参赛,获男女团体总分第三名。

11月20日—28日　在辽宁大学举行的全国大学生"孔雀杯"篮球邀请赛上,哈工大篮球男队获第六名。

## 1985年

1月7日　哈尔滨市11所高等院校冰球赛结束,哈工大学生冰球队荣获冰球赛第一名。

5月11日　黑龙江省举行首届高校武术比赛,哈工大武术队夺得团体总分第二名,同时夺得5个单项冠军、3项亚军、4项季军。

5月14日　黑龙江省高校围棋比赛中,哈工大围棋协会以全胜成绩取得团体冠军。

10月12日　哈尔滨船舶工程学院承办黑龙江省高校篮球比赛,男女共有10个队参赛。哈工大男子篮球队获第一名,女子篮球队获第四名。

是年　赖有才教授任中国学位与研究生教育学会体育工作委员会理事长,哈尔滨工业大学为秘书长单位。

## 1986年

9月18日　在哈尔滨举行的哈尔滨地区高等院校排球赛上,哈工大学生荣获本届排球赛冠军。

## 1987年

4月9日　根据国家教委《关于部分普通高等学校试行招收高水平运动员工作的通知》(87)教学字008号文件,哈工大被列为招收高水平运动员试点院校。可按文件招收省级和省级以上体育竞赛前六名以及获得二级运动员证书者,可在当地本科院校控制分数线以下50分以内择优录取和在分数线以下200分以内录取为预备班学员,补习文化课一年,经学校考试合格者,转入本科学习。

8月23日　黑龙江大学举行黑龙江省第五届大学生运动会。哈工大乒乓球男子团体获第一名,女子团体获第五名,男女团体总分第三名。

10月4日　黑龙江中医学院举行哈尔滨市高校足球锦标赛,哈工大获第二名。

10月10日　体育教研室制定了《哈尔滨工业大学体育运动代表队训练工作规范》。

## 1988年

5月7日 黑龙江省高校学生乒乓球决赛结束,哈工大队力克称雄多年的船院队,夺得了男子团体冠军。

6月24日 校令字(88)17号文,赖有才任体育部主任,关鹏飞任体育部副主任。

6月27日 校令字(88)262号文,经1988年3月18日第39次党委常委会决定,组建体育部。体育部由原体育教研室、武装部组成。

10月15日—20日 在哈尔滨船舶工程学院举行哈尔滨市高校排球赛,男队获第二名。

## 1989年

1月22日 1989年黑龙江省大学生冰上运动会结束,哈工大获女子总分第一名,男子总分第二名,男女总分第二名。

7月 体育部制定了《哈尔滨工业大学体育部课堂教学管理规定》。

10月8日—12日 哈尔滨师范大学举行黑龙江省第六届大学生运动会。哈工大男子团体获第三名,女子团体获第五名,获男女团体总分第三名。

是年 体育部制定了《哈尔滨工业大学体育部课堂教学管理规定》。

是年 第五届哈尔滨冰雪节速滑比赛,哈工大获得大学组第一名。

## 1990年

4月29日 为期30天的哈工大首届学生体育节闭幕。

6月1日 哈工大首届学生十佳运动员揭晓。

6月15日 黑龙江省高校首届围棋定段赛,有16所高校的100名棋手参赛,哈工大九系87级王东辉获得最高段位——大学生业余五段,贾广明获四段,陈忠、李仁杰分别取得三段证书。

是年 哈工大九系师生为北京举行第11届亚运会捐献450元,第11届亚运会基金会发来感谢信:"你们的捐献,我们将使用到亚运会工程及其他亚运会最需要的地方,以不辜负你们用实际行动给予亚运会的支持,再次感谢你们的一片赤诚的爱国真情。"

9月20日 哈工大为亚运会添彩举行迎亚运接力长跑,近300名身着红、蓝、白、黄运动服的研究生、本科生、青年教师,在笔直宽阔的大直街进行迎亚运接力长跑。

9月21日 根据校令字〔1990〕第14号文件,关鹏飞同志任体育部主任;根据校令字〔1990〕第15号文件,孟宏震同志任体育部副主任。

9月28日 庆亚运召开,展工大雄风。在黑龙江省高校体育工作会议上,哈工大被授予体育工作先进单位,体育部获优秀体育部光荣称号。学生的体育锻炼标准达标率已从1987年的51%提高到1990年的85%。

11月3日—9日　在哈尔滨船舶工程学院举行哈尔滨高校乒乓球赛。哈工大男女团体均获第一名。男子单打孙林获第三名、申赤兵获第六名,女子单打王萍获第一名、张军获第六名。

## 1991年

是年　体育部获学校教学成果一等奖。

1月9日　黑龙江省高校速滑比赛中,哈工大速滑队战果显著,一举摘得男子团体、女子团体、男女团体3项桂冠。

1月9日　哈尔滨市人民体育场举行黑龙江省大学生冰上运动会。哈工大男运动员苏彦东500米46″92破47″2纪录获第二名,3 000米5′20″75破5′33″63纪录获第一名,1 500米2′29″22破2′30纪录获第一名,5 000米9′15″54破9′35″31纪录获第一名,全能205.652分破210.693分纪录。邢韬韬3 000米5′38″41获第三名,1 500米2′34″84获第三名,5 000米9′34″1获第二名。温爱红(女)500米51″69破52″27纪录获第一名,1 500米2′55″37获第一名,1 000米1′50″66获第一名,3 000米6′14″08破6′20″56纪录获第一名,全能227.732分获第一名。

5月22日　哈工大举行第二十九届运动会,共有18人次破15项学校纪录,六系获得学生组三项团体冠军。

6月15日　哈工大男、女排双获1991年哈尔滨地区大学生排球赛冠军。

6月17日　邵逸夫先生资助的"哈工大邵逸夫体育馆"开工奠基典礼在哈工大举行,谭铭文副校长主持奠基典礼,杨士勤校长等学校党政领导参加典礼。

7月20日　黑龙江省举行第七届大学生田径运动会,哈工大女队以225分获女子团体冠军,男队以202分获男子团体冠军,并以457分的绝对优势获男女团体总分冠军。哈工大11人破9项省高校运动会纪录,在41个项目的争夺中获22项第一名。

9月　体育部制定了《哈尔滨工业大学体育部"八五"发展规划》。

9月20日　哈工大九系90级研究生里强暑假期间骑自行车进行为期60天的哈尔滨到云南西双版纳万里之行社会实践活动,沿途进行了申办2000年奥运会的签字活动。

11月1日　哈尔滨市高校职工乒乓球赛结束,哈工大女队夺得女子团体第一名,男队获第五名。

11月　哈尔滨船舶工程学院举行哈尔滨市高校乒乓球赛,哈工大学生男女团体均获冠军。单项张军、王萍分别获女子单打冠、亚军。

## 1992年

是年　体育部获黑龙江省高校教学成果一等奖。

3月20日　黑龙江省高校体育工作会、高等学校体育专业委员会会议在哈工大召开。哈工大赖有才教授、谭学儒教授被聘为理事会顾问,关鹏飞教授当选副理事长、哈尔滨分会理事长。

5月18日　哈工大举行第三十一届田径运动会,共有12人次打破9项学生田径纪录,2人次、1个队打破3项教工田径纪录。六系代表队荣获学生男女团体总分第一名,后勤党委代表队首次获教工男女团体总分第一名。

5月19日　哈工大第30届田径运动会结束,学生组六系男女获第一名捧走"田径杯",教工组教研中心获男女总分第一名。

9月1日　黑龙江省第七届运动会在哈尔滨市闭幕。受航空航天工业部委派,哈工大代表部体协,黑、吉两省11万余名职工参加了田径、男排项比赛。体育部荣获了2枚金牌、3枚银牌、2枚铜牌。

9月11日　第二十届哈尔滨地区大学生田径运动会在哈工大体育场举行,此次比赛有21所高等院校580余名运动员参赛。哈工大田径队获男子团体、女子团体、男女团体总分第一名。37个单项比赛中,哈工大获得了20枚金牌,打破了7项大学生田径最高纪录。

9月24日　哈工大第七届研究生体育月拉开了帷幕,全部活动历时约20天。

是年　哈尔滨建筑工程学院成立体育部,之前是体育教研室,归基础部领导,成立体育部后挂靠教务处。1994年学校明文规定体育部独立为院、系级教学单位,直属学校主管副校长领导。

## 1994年

5月10日　哈工大足球队夺得哈尔滨市高校足球赛冠军。

5月29日　哈工大举行了第三十二届田径运动会。计算机与电气工程学院获学生组团体冠军,校部机关队获教工组团体总分第一名。

6月25日　哈尔滨地区第二十一届大学生田径运动会在哈工大体育场举行,哈工大代表队以总成绩317分获团体总分第一名。

是年　经国家教委批准,哈尔滨建筑工程学院更名为哈尔滨建筑大学(简称哈建大),为建设部直属领导的重点大学。

## 1995年

1月12日　黑龙江省大学生冰上运动会速滑比赛在哈尔滨人民体育场举行,哈工大女队获得女子团体冠军,男队获得第三名。徐叶芳获得女子500米、1 000米、1 500米、3 000米和女子全能5个第一名,并打破了3项纪录。

5月13日　哈工大举行第三十三届田径运动会,学生和教工各自打破5项校最高纪录。

6月7日　举行哈工大新体育馆落成典礼,这是一座具有现代化艺术美的建筑,由整齐划一的体操馆、宽敞明亮的健美馆、设备齐全的比赛馆组成。主馆内面积6 300平方米。屋顶最高为25米,最低为13米。比赛场地有1 504平方米,采用的是达到国际比赛标准的丹麦产山毛榉弹性地板。主馆内设有固定座席1 560个、活动座席1 180个,可容纳2 800余人。看台由红、黄、蓝、绿彩色玻璃钢座椅组成,主馆正中央设有一块巨型电子大屏幕,与其相对应的彩色显示屏有显示各国文字、各种字体、图像以及转播电视节目、实时摄像、定时显示等功效。

6月7日　哈工大在新落成的体育馆举行建校75周年庆祝大会,数千名教职员工和来自国内外各地的校友,以及12个国家、地区的41个代表团224名外宾,分别在体育馆总会场和各分会场参加了庆祝活动。

7月8日　黑龙江省第九届大学生运动会篮球赛在哈工大体育馆举行。哈工大男篮获得第一名,女篮获得第三名。

8月1日　全国"研究生杯"羽毛球赛在哈工大体育馆举行。清华大学、复旦大学等全国14所大学代表队参加比赛。哈工大研究生获得男子团体第一名、女子团体第二名。

9月23日　黑龙江省第九届大学生田径运动会上,哈工大代表队28人次打破20项最高纪录,创"五连冠",获19枚金牌、9枚银牌和5枚铜牌。

10月11日　黑龙江省大学生足球赛,哈工大足球队夺冠。

11月9日　经校长办公会讨论,颁布校人字〔1995〕530号文件,决定将艺术教研室划归体育部。

12月　体育部制定了《哈尔滨工业大学体育部"九五"规划纲要》。

12月8日　黑龙江省第九届大学生运动会乒乓球比赛在哈尔滨工程大学举行。哈工大夺得男子团体、男子单打、男子双打、混合双打4项金牌,并获得2块银牌、4块铜牌。

12月20日　在哈工大体育馆举行哈尔滨大学生排球赛,哈工大男女双双获得冠军。

## 1996年

5月12日　哈工大学生第十五届"三好杯"篮球赛结束,管理学院、人文学院分别获得男女冠军。

5月19日　哈工大举行第三十四届田径运动会。学生和教工共打破10项校纪录,机电学院、后勤集团分别获得学生组和教工组团体总分第一名。

6月5日　哈工大在哈尔滨市第二十二届大学生田径运动会上,第六次蝉联男女团体总分第一名。

8月　哈工大被国家教委授予"贯彻学校体育工作条例优秀学校"光荣称号。

8月7日　为期4天的黑龙江省大学生国际体育定向越野赛,在阿城市红星水库举行。哈工大获得短距离两项团体第三名、标准距离两项团体第二名、团体总分第三名。

## 1997年

1月13日　在黑龙江省大学生冰上运动会上,哈工大速滑队包揽了速滑项目全部冠军,并获得男子团体、女子团体和男女总分第一名。共有13人次打破6项省大学生冰上运动会纪录。

5月17日　哈工大举行第三十五届田径运动会。学生打破2项、教工打破5项学校纪录,管理学院、校部机关分别获得学生组、教工组团体冠军。

6月3日　经黑龙江省招生办公室批准,免试录取世界乒乓球冠军、我国著名运动员孔令辉为哈工大学生,并为孔令辉举行入学仪式。

7月2日　黑龙江省第十届大学生运动会篮球赛在哈工大体育馆举行。哈工大男女篮球队双双获得冠军。

7月25日　在黑龙江省第十届大学生运动会上,哈工大学生运动员17人次打破省大学生运动会纪录,夺得19项冠军,第七次蝉联省大学生运动会团体总分第一名。

9月　关鹏飞教授被学校聘为首批基础教学带头人。

## 1998年

5月16日　哈工大举行第三十六届田径运动会。学生和教工运动员共打破6项校纪录,机关党委和管理学院分别获得教工组和学生组男女团体总分第一名。

9月26日　哈尔滨地区第二十三届大学生运动会在哈师大举行。哈工大田径队获团体总分第一名,取得了在省市大学生运动会上"八连冠"的好成绩。

## 1999年

7月8日　黑龙江省第十一届大学生运动会篮球比赛在哈工大举行。哈工大男女篮球队双双获得冠军,并获得体育道德风尚奖。

9月　经黑龙江省招生办公室批准,免试录取我国著名运动员姚伟丽入管理学院学习,张仁洲、王辉等入人文学院学习。

9月16日　哈工大开工兴建国际标准体育场。能容纳10 000余人的新体育场,按照国际田联技术委员会提供的最新标准设计,建有塑胶跑道的标准化田径场。5 000余个座位的主看台上方采用了覆盖面积为4 400平方米的网壳结构遮雨棚,并有5 000余个座位的辅看台。整个体育场平面呈橄榄叶形,是当时国内建筑中最自由的空间曲面,体育场采用无障碍设计,看台下设置了4 000平方米的辅助体育训练房,房内有5条百米跑道,其中有1条软跑道,可供运动员进行冬季体育训练。

10月15日　章民获全国体育卫生工作先进个人称号,得到教育部和国家体育总局表彰。

## 2000年

是年　哈工大获教育部颁发的贯彻《高等学校体育工作暂行规定》先进学校和《学校体育工作条例》优秀高等学校称号。

3月　体育部制定了《哈工大体育课教学常规》。

4月10日　体育部制定了《哈尔滨工业大学高水平运动员学籍管理规定》。

6月6日　学校举行体育场落成仪式,黑龙江省体委、哈尔滨市教委、兄弟院校、建筑部门有关领导和学校副校长石广济出席剪彩仪式并为新体育场剪彩,参观了能容纳

10 000多人的新体育场。

10月20日　根据校人发〔2000〕611号文件,哈工大原体育部、原哈建大体育部和武装部合并成立哈尔滨工业大学军事体育部(简称军体部)。根据校干发〔2000〕562号文件,学校决定,章民同志任军体部主任。

10月23日　学校主楼礼堂举行表彰大会,隆重表彰哈工大历史上首位奥运会冠军、国际经济专业97级学生孔令辉,并授予孔令辉"哈工大优秀大学生荣誉称号",颁发8万元奖金。孔令辉拿出4万元资助10名优秀贫困大学生,并将2000年6月获得的第二届世界乒乓球俱乐部锦标赛冠军奖杯赠送给母校哈工大。另外,为表彰孔令辉在悉尼奥运会上获得男单乒乓球金牌,黑龙江省决定授予孔令辉"省劳动模范"称号,并向他颁发55万元奖金。

11月2日　第三届CUBA全国大学生篮球联赛黑龙江省选拔赛落幕,学校男篮以4战全胜的成绩获得出线权。

11月3日　根据校干发〔2000〕649号文件学校决定,肖同岐同志任军体部副主任、王国滨同志任军体部副主任。

11月　经学校机关党委批准,军体部成立党总支委员会,隶属机关党委,肖同岐同志兼任党总支书记。

12月20日　军体部制定了《军体部2001年至2005年工作规划与目标》。

12月24日　全国学校艺术教育工作经验交流会在青岛召开,哈工大被评为全国学校艺术教育工作先进单位,艺术教研室副主任田世英被评为先进个人。

## 2001年

是年　哈工大参加第二十一届世界大学生运动会黑龙江火炬传递活动,哈工大体育场成为火炬接力点的主会场。

是年　哈工大承接全国乒乓球超级联赛"黑龙江赛区"的比赛。

3月20日　军体部制定了《哈工大体育教师工作质量综合评估办法》。

4月2日　世界女排大奖赛(中国·哈尔滨工业大学赛区)承办协议签字仪式在哈工大邵逸夫科学馆学术厅举行。黑龙江省副省长王左书、国家体育总局排球运动管理中心副主任张蓉芳,黑龙江省体育局局长赵英刚、副局长伍立人,校长杨士勤、副校长石广济等领导出席了签字仪式。

5月18日　哈工大男子排球队在黑龙江省第十二届大学生运动会排球赛中蝉联冠军。

5月19日　学校第三十九届田径运动会结束,管理学院、机关党委分别获学生、教工男女团体总分第一名,打破7项校纪录。

6月13日　黑龙江省第十二届大学生运动会篮球比赛在哈工大体育馆举行,哈工大男子篮球队蝉联冠军,女子篮球队获亚军。

8月10日　在2001年世界女排大奖赛(中国·哈尔滨工业大学赛区)中,哈工大体育馆鸣哨开球,胸前印有"哈尔滨工业大学"字样的中国队,以6战全胜的佳绩夺得两站比赛的冠军,以积分第一名的成绩参加澳门总决赛。

11月12日　军体部制定了《哈工大军体部体育教师规范》。

11月17日　黑龙江省第十二届大学生运动会健美操比赛结束,哈工大职技学院学生霍明研获得男子单人操冠军。

12月4日　根据校人〔2001〕804号文件决定,艺术教研室由体育部划归人文学院领导。

## 2002年

1月9日　以李兴汉老师为组长的课题组研制了"露天冰场除冰屑扫雪车",黑龙江省科技厅组织的专家将该项技术成果鉴定为国家首创,处于国内领先水平。2003年该成果进一步创新为实用新型"皮带刷式冰场清雪车",报国家知识产权局审批获专利,专利号 ZL03212496.1,证书号607222。

3月30日　哈工大第四届大学生体育节暨健身广场开幕式在校园举行,军体部主任章民为体育节鸣枪开幕。

8月　承办"飞利浦"中国大学生足球联赛北方赛区比赛及各项组织工作。

9月10日　乒乓球奥运冠军孔令辉委托母亲谷素霞向哈工大10名特困生赠送1万元助学金。这是孔令辉自2000年起第三次资助母校特困生。

9月12日　第九届全国大学生田径锦标赛在大连举行,哈工大获得男子乙组团体总分第三名。在男子乙组800米比赛中,哈工大迟毅男以1′51″29的成绩夺得金牌,打破该项全国大学生纪录,并获得男子乙组400米第三名。尤森、陈宏伟、李大光、迟毅男获得男子乙组4×400米接力金牌。

## 2003年

是年　哈工大军体部被评为黑龙江省高校体育工作优秀单位。

是年　哈工大军体部被学校授予离退休服务管理工作先进集体。

是年　哈工大军体部获学校工会先进集体称号。

是年　哈工大军体部获黑龙江省体育仪器学科研究贡献奖。

5月26日　哈工大教工乒乓球协会在校乒乓球馆举行成立大会。

9月24日　哈工大教工网球协会成立,并在校网球场举行成立大会。

## 2004年

2004年9月　史册同学进入哈尔滨工业大学人文学院学习。2005年1月,在澳大利亚墨尔本第二十届夏季聋奥会上,史册夺得了女子乒乓球比赛的单打、双打和混双3枚金牌以及女团银牌。2005年2月1日,国际聋人体育联合会第四十届代表大会为哈工大史册同学颁发了"2005年度最佳女运动员"奖,中国残联、国家体育总局授予史册"优秀运动员"称号。2006年初在国际聋人体育联合会年度最佳运动员评选中，史册当选为"2005年度最佳女运动员"。

是年　迟毅男在全国田径锦标赛暨奥运会选拔赛中，以800米1′48″61的成绩获全国专业组冠军，并两次打破全国大学生纪录。

是年　男子排球队获黑龙江省大学生排球赛五连冠。

8月31日　黑龙江省第十三届大学生运动会在佳木斯大学落幕，哈工大参加了5个项目的乙组比赛，并获得男子篮球、男子排球、女子排球和田径4项冠军。

9月10日　在全国大学生运动会上，迟毅男在田径甲组800米比赛中以1′49″3的成绩打破大运会纪录，获金牌；由哈尔滨工业大学和黑龙江大学的许雪东、李大光、陈宏伟、迟毅男组成的接力队，在田径男子甲组4×400米比赛中以3′9″17的成绩摘得金牌。

10月　哈工大接纳全国足球乙级赛部分比赛。

11月　军体部制定了《哈尔滨工业大学军体部党总支委员会工作职责》。

11月15日　《教育部关于印发〈全国普通高等学校音乐学（教师教育）本科专业课程指导方案〉的通知》（教体艺〔2004〕12号）颁布。哈工大按该方案招收文化成绩达到所在省（自治区、直辖市）本科第二批次录取控制分数线60%的考生，由招生学校决定是否录取；该类考生不得超过本校录取高水平运动员人数的15%。从2005年起哈工大不再招收预备班学员。

## 2005年

年是　军体部申报"体育教育训练学"硕士点，2006年1月被教育部正式批准为体育硕士学位授予点。2008年招收第一批硕士研究生。

1月4日　CUBA黑龙江大学生篮球选拔赛告捷，哈工大男篮第六次获得该项比赛冠军，女篮首次获得该项比赛亚军，创造了CUBA所有大学男女篮同时夺冠出线的历史。

1月23日　全国第二届高校大学生滑雪挑战赛上，哈工大学生周丹获女子组冠军。

2月27日　哈工大速滑队获黑龙江省高校速滑比赛团体及男女全能冠军。

3月1日　亚洲室内田径公开赛暨中日田径对抗赛在天津举行，哈工大学生迟毅男代表我国国家队出战，在男子800米比赛中以1′57″47的成绩获第三名。

3月21日　军体部制定了《哈工大军体部"十一五"学科发展规划》。

6月24日至27日　2005年亚洲田径大奖赛在东南亚次第开展，哈工大学生迟毅男以全国800米比赛冠军的身份代表国家队出战，在印度尼西亚获得第七名，在新加坡获得第六名，在泰国曼谷获得第四名。

11月6日　军体部制定了《哈工大军体部"十一五"岗位设置方案》。

11月8日　军体部制定了《哈工大军体部教授委员会职责》。

11月13日　黑龙江省大学生篮球联赛暨2006年CUBA黑龙江省选拔赛鸣金，哈工大男子篮球队获得冠军，女子篮球队获得亚军。

是年　哈工大田径队获黑龙江省大学生运动会男女团体总分十四连冠，男子篮球队获黑龙江省大学生篮球十一连冠，女子篮球队获CUBA选拔赛第一名。

是年 哈工大速度滑冰队获黑龙江省大学生运动会比赛男女团体第一名和6个单项第一名。

## 2006年

1月10日23时 在哈工大学苑宾馆三楼,省高教工委书记卢振环、校党委副书记李绍滨等领导来到了学生中间,大学生艺术团以一曲《好日子》拉开了畅想的序幕。11日凌晨1点多,当哈尔滨市申办2009年世界大学生冬季运动会成功的消息传来,200多名学子掀起了庆祝热潮。

3月5日 哈工大阿尔卑斯滑雪俱乐部在哈尔滨体育学院滑雪场成立,孙和义副校长及各院系、部处50余名滑雪爱好者参加了大会并进行交流。

3月29日 军体部向全校师生员工发出倡议,号召开展全校性春季体育运动,做好"五个一体育健身工程",即:每天运动一小时;每周针对自己的运动情况进行一次身体检测和评价;每月组织一次家庭比赛、学生组织一次以寝室或班级为单位的联谊交流比赛;每个学期变换一次运动项目,或参加一个运动项目的培训班;每学年进行一次远足(野游)。

4月18日 人文学院社科系史册同学被聋人奥运会理事会评为"世界最优秀运动员",成为第一个获此称号的中国运动员。

5月26—27日 第四十三届校田径运动会在哈工大体育场举行,学生组12人次打破9项校纪录,教工组4人次打破5项校纪录。

5月5日 首届全国业余击剑邀请赛在中山大学体育训练基地结束,来自内地、香港及澳门的32个队伍参加了5个组别的角逐。哈工大击剑俱乐部4名运动员首次参加全国性比赛,管理学院04级金融专业学生范唯同学获得男子青年组佩剑第三名。

6月5日 根据校人发〔2006〕295号文件,经学校十届十三次党委常委会议研究决定,原隶属于军事体育部的武装部划归学生工作处(部),调整为与学生工作处(部)合署办公,哈尔滨工业大学"军事体育部"更名为"体育部"。

6月23—27日 黑龙江省第十四届大学生运动会乒乓球赛在哈尔滨师范大学举行,哈工大乒乓球队获得全部7项比赛的6项冠军。这是哈工大参加省高校比赛取得的最好成绩,此次比赛全省高校共有18支代表队参加。

8月22日—9月1日 黑龙江省第十一届运动会在牡丹江市举行,田径项目参赛队员均为省、地市级专业队运动员,代表黑龙江省田径最高水平。哈工大学生与他们同场竞技取得两金两铜的优异成绩,管理学院2005级田野获得男子800米冠军,基础部2005级赵鹏获得男子三级跳远冠军,人文学院迟毅男获得男子800米铜牌,法学院2004级张宁宁获得女子400米栏铜牌,管理学院2005级牟爽获得女子100米第四名,同时打破黑龙江省大学生田径最高纪录和哈工大田径最高纪录。

是年 新一届体育部领导班子组成:主任王国滨,党总支书记章民,副主任肖同岐、王珂、李征宇。

8月29日　应俄罗斯布拉戈维申斯克（海兰泡）市体育局邀请,哈工大乒乓球队一行9人参加了中俄乒乓球友谊赛,王子硕和贾纯分别获得男、女单打冠军。

9月5日　黑龙江省第十四届大学生运动会在哈师大举行,哈工大田径代表队以568.5分的成绩高居各校之首。男子篮球队蝉联冠军,哈工大代表队获赛会"体育道德风尚奖"。

9月22日　"哈工大教师健身活动日"启动仪式在一校区体育馆举行,校党委书记郭大成,党委副书记、副校长景瑞,部处及院系领导参加了仪式。仪式结束后,校领导、校办秘书联队和校学生女篮进行了一场友谊赛,并把教师健身活动日定为每周五。

11月28日　哈尔滨市高校体育工作会议在体育部会议室召开,会议就学生体质下降问题进行了研讨,提出贯彻和开展阳光体育运动的措施。

12月　于同教授被学校聘为基础学科教学带头人。

12月1日　为庆祝哈工大二校区文体中心落成,举办了校部机关对二校区教师联队篮球友谊赛,郭大成书记等领导出席了活动。

12月4日　"以评促建,以评促改",教育部本科教学工作水平评估专家组成员伍贻兆一行走访体育部,听取体育部教学工作情况汇报并进行座谈,随后参观了体育场馆。评估结果优秀。武装部荣获黑龙江省"全民国防教育先进单位"和全国"全民国防教育先进单位"。

## 2007 年

1月12日　2007年东北地区部分高校体育协会年会在哈尔滨工程大学军体部召开。哈工大及东北大学、长春工业大学、大庆石油大学、大连理工大学、哈尔滨工程大学等高校参加了年会。会议期间举办了高校体育教学研讨会、羽毛球赛、游泳比赛及滑雪培训等活动。

1月16日　哈工大学生滑雪课在哈市欧亚之窗滑雪场开课,吸引多家媒体关注,当日新华社、《新晚报》、黑龙江《新闻夜航》栏目等对此进行了采访和报道,这是哈工大第三年开设滑雪课。

1月18日　南京航空航天大学体育部一行9人来哈工大调研。

1月28日　第六届亚洲冬季运动会在吉林省长春市五环体育馆隆重开幕,哈工大体育部王珂、冯伟、孟述、陶永纯、李勇5名教师分别参加冰壶、单板滑雪、自由式滑雪、短道速滑等项目的裁判工作。

3月23日　吉林大学体育学院院长杨霆教授、东北师范大学体育学院大学体育科研所所长宛祝平教授应邀来校体育部讲学。

5月25—26日　第四十四届校田径运动会在一校区田径场举行,3人打破学生组校纪录。这次校运会进行了改革,第一天为预赛,第二天为开幕式及决赛,同时增加了趣味比赛项目。

7月8日　由国家体育总局冬季运动管理中心组织的2007年U型场地单板雪上技巧国家级裁判员考试在哈工大二校区举行,共有来自辽宁、吉林、黑龙江省等全国50名该项目一级裁判员参加了考试。

7月26日 全国第八届大学生运动会在在广州大学城华南师范大学体育馆闭幕。哈工大16名田径选手、4名乒乓球选手入选黑龙江省代表队。在田径比赛中,管理学院田野夺得男子甲组800米比赛的铜牌;人文学院赵鹏获得男子甲组三级跳比赛的第四名(16.28米,达到运动健将等级);机电学院封文涛获得男子甲组跳高比赛的第六名(2.08米,创造哈工大田径最好成绩);人文学院郭孝明获得男子甲组铁饼比赛的第七名;人文学院吉利祥获得十公里竞走比赛的第八名;人文学院王琪获得女子甲组跳高比赛的第八名。

是年 中国香港地区乒乓球公开赛哈工大学生孙高升获男子单打冠军。

8月 哈工大孙高升被选派到香港大学交换学习一年,期间获香港大学乒乓球赛男单冠军,代表香港大学获全港高校团体比赛亚军,被评为"香港大学最具有价值球员"和"香港大学体育运动杰出贡献奖"等光荣称号。

10月24日 哈工大实施黑龙江省普通高等学校"阳光体育运动"现场会在二校区文体中心召开。

11月22日 黑龙江省大学生篮球联赛暨CUBA黑龙江选拔赛(男篮)最后一场比赛在哈工大二校区文体中心篮球馆结束。哈工大以98∶55战胜东北林业大学,以全胜战绩获得CUBA东北区比赛参赛资格,并第11次蝉联省高校冠军。

11月26日 哈工大女篮在一校区体育馆战胜哈尔滨师范大学,获2007年黑龙江省大学生篮球联赛暨CUBA黑龙江选拔赛冠军,取得2008年CUBA东北区比赛资格。

11月30日 哈尔滨工业大学第13次本科教育工作会议在一校区主楼礼堂召开。学校党政领导、各职能部处、教师代表等教学相关人员参加了会议。体育部3名教师在哈工大青年教师教学基本功竞赛中获得一、二等奖,受到表彰。

12月1日 黑龙江省大学生游泳锦标赛在哈师大游泳馆举行。9月末刚组建的哈工大游泳队获得11金、3银和3铜的优异成绩。参加比赛的学校还有哈尔滨工程大学、东北林业大学、黑龙江科技学院、哈尔滨商业大学和哈尔滨师范大学。

12月11日 按照教务处《关于深入讨论哈工大第十三次本科教育工作会议主报告的通知》精神,体育部召集部门相关人员认真学习了周玉副校长的《巩固成果,深化改革,不断完善研究型大学创新人才培养体系》的报告,并进行了认真讨论。

是年 实施2006年12月20日教育部、国家体育总局、共青团中央印发的《教育部 国家体育总局 共青团中央关于开展全国亿万学生阳光体育运动的决定》(教体艺〔2006〕6号)。结合《学生体质健康标准》,在全国各级各类学校中广泛、深入地开展全国亿万学生阳光体育运动,简称"阳光体育运动"。

## 2008年

1月9日 哈工大承办的2008年东北地区部分高校体育协会评委会会议在黑龙江省乌吉密滑雪场圆满结束。

1月11日　体育部离退休教职工新年茶话会在一校区会议室举行,体育部主任王国滨,党总支书记章民,副主任肖同岐、王珂及退休教职工参加了会议。

1月18—19日　黑龙江省室内田径锦标赛在哈尔滨体育学院田径馆举行。哈工大田径队王琪在女子跳高比赛中获冠军,并以1.73米的成绩打破她自己保持的1.70米的最高纪录,刘鹏、袁帅分别在男子三级跳远和60米栏比赛中获得冠军。

3月13—14日　2008年黑龙江省学校体育卫生艺术工作会议在亚布力滑雪场举行,来自全省各学校负责体育、卫生、艺术的主任共一百余人参加了会议,黑龙江省教育厅副厅长孟凡杰到会并讲话。交流会上,哈工大体育部主任王国滨做了"深入开展阳光体育运动,切实提高学生健康水平"的报告。王大力老师的"篮球竞赛与裁判"和郝秀艳老师的"芭蕾形体"课程受到表彰,被授予黑龙江省优秀创新课程。

3月29日　北京农学院体育部一行4人来哈工大体育部调研,特别对"阳光体育运动"开展情况进行了交流。

4月21日　体育部举行学习贯彻党的十七大精神交流会,部领导及教师参加了会议,会上学习了党的十七大精神,重点理解和认识了党的十七大对教育工作提出的新使命、新任务和新要求。

5月17日　黑龙江省篮球一级裁判员哈工大学生授予仪式暨2008年学生篮球联赛闭幕式在哈工大一校区体育馆举行,哈工大33名篮球竞赛与裁判课的学生被授予篮球一级裁判员。

5月31日　"2008年黑龙江省首届金星JXD·优百特高校大学生击剑邀请赛"在哈尔滨商业大学体育馆结束。哈工大获甲组8个项目的7项冠军,比赛由黑龙江省教育厅、黑龙江省击剑协会主办,哈尔滨商业大学承办。

7月30日　由中国大学生体育协会乒乓球分会主办的第十四届"光明杯"全国大学生乒乓球锦标赛在安徽省黄山市东黄山运动中心落幕。哈工大乒乓球队男队获高水平组团体第三名,姜昂、王子硕获男双第三名,姜昂、徐琳获混双第三名,姜昂、曾庆欣获男单第五名。

10月23日　2008—2009年全国短道速滑联赛第二站在哈尔滨体育馆举行,哈工大人文学院07级学生高鸣在男子500米决赛中以43″14夺得冠军。

10月26日　黑龙江省暨哈尔滨市第二届"全国亿万学生阳光体育冬季长跑活动"启动仪式在哈工大二校区体育场隆重举行。省教育厅副厅长孟繁杰到会并讲话,哈工大副校长周玉、团省委副书记王淑滨等出席。共有来自哈尔滨工业大学、哈尔滨工程大学、东北林业大学、黑龙江科技学院、黑龙江工程学院、哈尔滨体育学院和哈尔滨市南岗区中小学校2009名学生参加了启动仪式。

12月10日　第二十四届世界大学生冬季运动会圣火在哈尔滨工业大学体育场成功点燃。这是素有"小冬奥"之称的大冬会第一次在一所大学里采集圣火,也是主办者第一次用"太阳光汇聚取火"之外的方式进行火种采集。大冬会组委会执行主席、黑龙江省副省长杜家毫庄严地宣布:"哈尔滨第二十四届世界大学生冬季运动会圣火采集仪式现在开始。"吉祥物"冬冬"坐在由哈工大研制的微声爬壁机器人上缓缓向灵巧手移动,它按下火箭发射按钮,24枚模型火箭相继升空,圣火盆里的火焰开始熊熊燃烧。世界短道速滑名将、我国首枚冬奥会金牌获得者杨扬手持大冬会火炬"冰韵天鹅"走向圣火盆引燃火炬,之后缓缓走向主席台,将火炬采集的火种交给教育部中国大体协副主席、秘书长杨立国。哈尔滨市市长张效廉接过火炬并由工作人员点燃大冬会火种灯。哈尔滨第二十四届世界大学生冬季运动会火种采集成功!

## 2009年

1月5日　中国大学生体育协会击剑分会2009年会在哈工大体育部会议室召开,哈工大被推选为副主席单位。

2月23日　在第二十四届世界大学生冬季运动会短道速滑比赛中,哈工大学生高鸣、张志强与队友合作在5 000米接力赛中以7′0″424为中国队获得金牌;高鸣在2月20日比赛中获男子500米银牌。

2月28日　第二十四届世界大学生冬季运动会在哈尔滨闭幕。此次赛事共设12大项76小项,这是我国首次举办的高水平世界综合性冬季项目运动会,也是大冬会历史上设项最多、参加人数最多、水平最高的一届。校体育部共有22人被选派参加此次世界大学生冬季运动会速度滑冰、短道速滑、冰壶、北欧两项、单板滑雪、自由式滑雪6个大项的裁判工作。

4月2日　CUBA东北赛区决赛在大连理工大学举行,中央5台进行了现场直播,哈工大男篮首次夺得冠军,进入全国八强。

6月6日　哈尔滨工业大学运动员校友会成立大会在体育部会议室隆重举行。哈工大老校长、校友总会名誉会长杨士勤教授,哈工大校友总会副干事长、办公室主任孟宏震教授,体育部原主任关鹏飞教授,体育部主任王国滨教授等与来自北京、上海、天津、深圳、沈阳、吉林等地的40余名校友及哈工大运动员校友齐聚一堂。

6月8日　第十一届CUBA八强赛哈工大男篮主场对阵湘南学院比赛在一校区体育馆举行,哈工大男篮最终以88∶70大胜湘南学院,挺进全国CUBA四强赛。

6月20日　黑龙江省大学生游泳锦标赛在东北林业大学游泳馆举行,哈工大游泳队共打破12项省大学生游泳纪录,夺得21项冠军和6项亚军。

6月28日　哈尔滨工业大学游泳馆落成试运行启用仪式举行。副校长周玉、副校长邓宗全、副校长张洪涛等领导出席仪式。周玉副校长讲话,领导们进行了剪彩,随后嘉宾们在游泳馆四楼观看了校学生游泳队游泳表演。

8月1—2日　第十届全国大学生游泳锦标赛在上海同济大学举行。哈工大学生游泳代表队获男子50米自由泳银牌、女子200米蝶泳银牌、女子100米蝶泳银牌、男子200米蛙泳第四名、男子100米蝶泳第四名和男子200米自由泳第七名的好成绩。

12月10日　全国体育学院学报研究会常务理事、沈阳体育学院学报编辑部主任常波应邀在体育馆会议室做了题为"如何在国内外学术领域展示自己科研成果"的讲座,体育部领导、教师及体育部研究生参加了会议。

12月20日　由校体育部、校团委主办的哈工大首届大学生"健康青年"竞赛在一校区体育馆隆重举行,竞赛内容包括体质健康测试、运动技能展示、知识问答、创造力表现和自我评价 5 个部分,共有来自全校 16 个学院的代表队参加了比赛。

## 2010 年

是年 黑龙江省高校速滑比赛哈工大速滑队获团体总分第一名、单项七项冠军。

是年 "滑雪"课程被评为哈工大优秀课程,体育部被评为校安全防火工作先进单位称号,第一教研室获校先进集体,部分教师获校先进个人、"三八"红旗手称号及哈工大教学优秀奖。

1 月 24 日 工信部直属高校体育工作联合会年会在哈工大体育部会议室召开。北京航空航天大学、北京理工大学、南京航空航天大学、南京理工大学、西北工业大学、哈尔滨工程大学、哈尔滨工业大学的体育部领导及教师代表参加了会议。

2 月 11 日 由中国学位与研究生教育学会体育工作委员会主办、山东大学承办的 2010 年全国研究生羽毛球比赛在山东大学趵突泉校区体育馆举行,哈工大研究生羽毛球队获得男子团体第五名、女子团体第七名、男双第三名、男单第五名。

5 月 24 日 哈尔滨工业大学第三批篮球一级裁判员颁证仪式暨 2010 年"迎校庆"学生篮球联赛决赛在一校区体育馆举行。哈工大 35 名学生获一级裁判员证书(三批共计 101 名学生获此殊荣)。校长助理郭斌,黑龙江省教育厅体育卫生与艺术教育处副处长梁秀海,黑龙江省体育局球类中心主任郭玉田、副主任杨福春,校体育部主任王国滨出席仪式。

6 月 4 日 哈工大 92 名运动员校友陆续从各地返回母校,参加哈工大 90 周年校庆活动。体育部领导和运动员校友出席了哈工大体育教育基金成立大会,建校 90 周年运动员校友庆祝大会及优秀运动员校友座谈会。校体育教育基金成立大会共收到运动员校友捐赠款 21 万余元人民币。

6 月 6 日 黑龙江省第十五届大学生运动会游泳比赛在哈尔滨商业大学游泳馆闭幕。哈工大获得 24 项冠军,打破 9 项大运会纪录,获甲组男女团体冠军,创省大运会历史最好成绩。这届大运会游泳比赛设 48 个比赛项目,共有 21 所高校 300 多名运动员参加。

6 月 12—13 日 第七届黑龙江省大学生体育舞蹈大赛在哈尔滨理工大学举行,哈工大共获得 8 项冠军、5 项亚军和 3 项季军。

9 月 8 日 国家体育总局在北京首都体育馆召开了第二十一届冬奥会科研攻关与科技服务总结表彰大会。哈工大体育部王珂主持的科研项目"中国女子冰壶队 2010 年冬奥会主要竞争对手技战术分析及对策研究"荣获第二十一届冬奥会科研项目攻关与科技服务项目贡献二等奖。

10 月 21 日 教育部办公厅文件教体艺〔2010〕10 号公布,哈工大被列入新一轮普通高等学校申请建设高水平运动队评审结果合格名单。可招高水平运动队项目有:田径、篮球、游泳、乒乓球、冰雪。

12 月 19 日 黑龙江首届体育舞蹈锦标赛暨东北三省体育舞蹈国际公开赛在哈工大一校区体育馆举行。

## 2011 年

是年　哈工大体育部参加在大连海事大学举行的东北地区部分高校体育协会年会,获得游泳比赛团体第二名;参加工信部直属高校体育工作联合会年会,获得网球单打第一名。

2月7日　第二十五届世界大学生冬季运动会在土耳其落幕,哈工大学生高鸣在短道速滑500米决赛中以41″944的成绩夺得铜牌。

5月12日　为深入学习科学发展观,促进"党建创优工程"建设,体育部全体党员参观了校博物馆,这是体育部"喜迎建党90周年"系列活动之一。

5月28日　哈工大第四十八届田径运动会圆满结束,人文学院齐昌鑫在学生男子乙组标枪决赛中以62.20米的成绩打破校运会纪录,人文学院徐娇在学生女子乙组铁饼决赛中以46.10米的成绩打破校运会纪录。

7月8日　黑龙江省大学生田径锦标赛在牡丹江一中闭幕,来自全省的30余所高校参加了比赛。哈工大代表队以绝对优势夺得乙组团体总分第一名,打破男子乙组跳高(张磊,2.09米)、男子甲组4×100米接力两项赛会纪录。

9月26日　在第十二届全国大学生田径锦标赛中,哈工大人文学院国际经济与贸易系10级1班学生赵健以14′38″9的成绩获男子5 000米亚军,并打破校纪录。当日下午赵健在男子1 500米比赛中,一鼓作气,再接再厉,战胜全国高校该项目众多强手,以3′46″4的成绩获得冠军,并打破全国大学生田径锦标赛纪录,同时该成绩达到国家运动健将标准。

9月26日　由黑龙江省大学生体育协会主办、哈尔滨工程大学承办的黑龙江省大学生乒乓球锦标赛在哈尔滨工程大学体育馆闭幕。哈工大代表队夺得男子团体和女子团体冠军。在单项比赛中,哈工大陈佳宁(管院)/聂子琛(人文)获得男双冠军,王辰(人文)获得女单冠军,并获得女子双打、女子单打和男子单打亚军。

12月3日　黑龙江省大学生游泳锦标赛在东北林业大学游泳馆举行。哈工大学生游泳队喜获丰收,共摘取金牌32块,打破22项赛会纪录,获得甲组团体总分第一名。这届比赛共有省内10余所高校近200名运动员参加。

## 2012 年

是年　哈工大体育部优秀课程"普通高校芭蕾形体课程建设理论与实践研究"荣获校教学成果一等奖;体育部教师获校"教学新秀""先进个人""三八红旗手""五好家庭"等荣誉称号。

4月27日　哈工大游泳馆自落成启用以来首届学生游泳赛事——哈工大"电气杯"学生游泳锦标赛在游泳馆四楼举行,此次比赛由体育部主办、电气学院承办,设男女50米自由泳、50米蛙泳、50米蝶泳、50米仰泳、4×50米自由泳接力等项目,共有20个学院共180人参加比赛。

5月14日　工信部直属高校体育联合会工作会议在哈工大体育部举行。7所高校体育部主任、书记及老领导参加。会上总结了联合会近几年工作,确定了该年度工作安排,推选了哈工大为联合会主席单位。

6月23日　工信部直属高校体育联合会年会暨教师篮球比赛在北京航空航天大学圆满结束。哈工大获篮球赛冠军,工信部人教司副司长尹卫军、教育处处长邢涛、北京航空航天大学党委副书记程基伟等领导出席开幕式并讲话,会议期间还组织了高校体育教育改革研讨会。

8月28日　台湾"清华大学"体育室主任李大林率校学生游泳队首次来哈工大友好访问。校体育部主要领导及教师热情接待了客人并进行了座谈,双方就学校体育教育模式、学生体育活动开展、运动队训练、师资建设及学生健康体质等问题进行了广泛交流。两校学生游泳队在校游泳馆进行了友谊比赛。

9月18日　第九届全国大学生运动会在天津闭幕。黑龙江省代表团以3金1铜的成绩获得甲组奖牌榜第十名,取得历届大运会最好成绩。其中哈工大学生表现突出,夺得2金1铜,赵健夺得田径5 000米、1 500米冠军,并打破1 500米全国大运会纪录,同时在男子4×100米项目中获得铜牌。

12月3日　哈工大党委常委会十一届第二十次会议讨论决定:王珂同志任体育部主任,李征宇同志任体育部党总支书记、体育部副主任,陶永纯同志任体育部副主任。

## 2013年

是年　哈工大男篮蝉联2013年度CUBA黑龙江省大学生选拔赛冠军,在2012—2013年全国CUBA东北赛区比赛中获得第四名,进入全国十六强。

4月20日　首届"魅力龙江,感知中国——留动哈工大"中外学生阳光趣味运动会吸引了来自中国、俄罗斯、泰国、印度尼西亚等50个国家的300余名学生。这次活动由留学生中心、校团委、学工处、体育部主办,人文学院、外国语学院承办,各学院共组建8支代表队参加了比赛,校长助理徐殿国出席开幕式并讲话。

7月18日　由黑龙江省大学生体育协会主办、哈尔滨师范大学承办的黑龙江省大学生田径锦标赛在哈师大田径场落幕。哈工大代表队奋勇拼搏,共收获19项冠军,打破男子400米栏赛会纪录,以346分的绝对优势再次蝉联团体冠军。这次比赛设36个单项,历时3天,共有来自全省的26所高校参赛。

7月23—27日　第十三届全国大学生田径锦标赛在西北民族大学榆中校区体育场举行,共有123所高校的1 300余名运动员参加。哈工大代表队获两项冠军、两项亚军、一项季军、十七项第4~8名,以94.5分获甲组团体总分第九名。

8月22—28日　由中国大学生体育联合会、中国大学生乒乓球协会主办的第十八届全国大学生乒乓球锦标赛在山东鲁能乒乓球学校举行。哈工大乒乓球代表队获乙组女子团体第五名、陈绍卓获男子单打第三名、陈绍卓/张潇月获混双第三名。此次比赛共有来自全国各地,包括港澳地区在内的57所高校500余名大学生运动员参加。

10月31日　黑龙江省大学生体育协会羽毛球分会成立大会在一校区体育部会议室

隆重举行,哈工大被推选为主席单位。黑龙江省教育厅体育卫生与艺术教育处处长梁秀海、黑龙江省大中学生体育协会办公室主任马晓春,哈工大体育部主任王珂、书记李征宇,哈工大后勤集团总经理张凤淼及黑龙江省部分高校体育部领导出席了会议。

11月18日　由中国大学生体育协会游泳分会主办、同济大学承办的第十三届全国大学生游泳锦标赛在青岛举行。哈工大赵翔荣获男子甲组50米蝶泳第三名、100米蝶泳第五名,胡余卓远荣获男子甲组100米仰泳第五名,刘彦君荣获女子乙组200米蛙泳第七名、800米自由泳第八名,这届比赛共有61所大学参加。

12月23日　根据《哈尔滨工业大学二级教职工代表大会实施办法》及工作要求,体育部第一届教职工暨工会会员大会在体育馆会议室顺利召开。哈工大纪委书记才巨金、工会常务副主席张国宏、副主席徐阳等领导应邀出席了大会。

是年　北京第二外国语大学、西北农林科技大学、山东大学威海校区、上海交通大学等高校先后来哈工大体育部交流。

## 2014年

2月　黑龙江省教育厅主办,黑龙江省大学生体育协会协办,哈尔滨冰上基地、哈尔滨商业大学承办的黑龙江省第十六届大学生速度滑冰锦标赛在黑龙江省冰上基地速滑馆举行,哈工大学生速滑队经过顽强拼搏获得甲组团体总分冠军、乙组团体总分亚军,其中罗权、侯占玉、孙海莹分别囊括甲组男子五项冠军、乙组男子五项冠军、甲组女子五项冠军。

2月12日　留学生中心、体育部、校团委主办,管理学院、校学生会承办的哈工大"阳光体育"活动与中外学生阳光趣味运动会暨第十二届学生体育节开幕式在一校区体育馆隆重举行。副校长周玉致辞,体育部主任王珂、书记李征宇、团委书记魏红梅,基础学部书记邵兵,学工部副部长苏功臣,管理学院副院长梁大鹏、副书记孙垠,留学生中心副主任李晓红等领导出席。

4月19日　由国家体育总局田径运动管理中心主办,广东省体育局、肇庆市体育局承办的"莱普莱杯"全国田径大奖赛系列赛第一站(肇庆站)在肇庆体育中心体育场举行。哈工大学生姜来在400米栏比赛中与国内优秀专业运动员同场竞技,以51″77的成绩勇夺亚军。

6月1日　浙江大学、杭州西溪国家湿地公园管委会主办,浙江大学公共体育与艺术部承办,第四届杭州中国名校龙舟竞渡暨第三届在杭高校龙舟赛在杭州西溪湿地洪园举行。北京大学、清华大学、中国科技大学、复旦大学、上海交通大学、西安交通大学、浙江大学等中国C9联盟高校及在杭高校共15支龙舟队参赛,哈工大体育部首次参赛即荣获二等奖。

7月9日　为帮助哈工大田径队队员、人文学院2012级国贸一班赵兴萌同学患重病的母亲,体育部党总支组织了爱心捐助,共收到体育部教职工捐款15 000余元,捐送给赵兴萌同学。

7月10日　黑龙江省第十六届大学生运动会在哈尔滨商业大学落幕,哈工大代表团获本科组团体总分第一名。

7月11日　第十四届全国大学生游泳锦标赛在成都电子科技大学举行,共有来自全国49所高校的481名运动员参加。哈工大代表队取得了2枚金牌、4枚银牌、2枚铜牌的优异成绩,这是哈工大游泳队2007年建队以后首获全国比赛金牌。

7月15日　浙江大学、建德市人民政府、杭州市体育局主办,建德市风景旅游局、建德市体育局、都市快报承办的2014中国知名高校建德新安江龙舟赛在浙江省建德市新安江举行。中国C9联盟高校——北京大学、清华大学、复旦大学、上海交通大学、南京大学、中国科技大学、哈尔滨工业大学、西安交通大学、浙江大学的龙舟队参加了5公里折返绕标赛,活动期间组织了官方论坛及座谈会。

7月18日　第一届全国大学生越野锦标赛在内蒙古赛汗塔拉举行。哈工大获甲A组男团亚军、女团亚军及团体总分第三名。此次比赛由中国大学生体育协会主办,包头市政府和内蒙古科技大学承办。

9月10日　国家体育总局在京召开了第二十二届索契冬奥会科技工作总结会。表彰了突出贡献科研项目及先进单位、先进个人,哈工大体育部王珂老师主持的"提高中国女子冰壶队进攻战术能力研究"获三等奖,王珂老师荣获第二十二届索契冬奥会科研攻关与科技服务先进个人称号。

9月26日　由中国大学生体育协会、中国田径协会主办,清华大学、北京体育大学承办的第十四届全国大学生田径锦标赛在京举行。哈工大代表队共获3枚金牌、5枚银牌、2枚铜牌,列奖牌榜第六位。获男子团体总分第5名、女子团体总分第14名、男女团体总分第11名的优异成绩。姜来、刘展铭、赵海亮分别在男子400米栏、男子800米、男子标枪3个项目上夺得金牌。

10月1日　受俄罗斯哈巴罗夫斯克(伯力)市游泳协会邀请,哈工大代表队参加了在该市举行的国际游泳公开赛,获7枚金牌、10枚银牌、5枚铜牌,取得奖牌总数第一的成绩。此次比赛共有7支代表队200余名运动员参加。

10月31日　2014级高水平运动员师生见面会在一校区体育馆会议室召开,管理学院党委副书记孙垠、人文学院副院长钟晓兵及来自管理学院和人文学院的14级运动员33人参加了会议。会上,体育部王珂主任介绍了哈工大高水平运动队的现状和发展;李征宇书记向运动员们解读了哈工大运动队的相关管理规定并提出要求。

11月9日　由黑龙江省教育厅大学生体育协会主办、哈尔滨医科大学承办的第四届"力龙·亚狮龙杯"黑龙江省学生、教职工羽毛球联赛在哈尔滨医科大学体育馆圆满落幕。哈工大蝉联普通组团体冠军,在5个单项比赛中夺得3项冠军、1项亚军、1项季军。哈工大代表队由周晗、沈扬帆、陈绍卓、湛浩棠、韦奕龙、吴宪静、孙宝琪、易澈、刘潇、陶蕾组成。

11月16日　由黑龙江省教育厅、黑龙江省击剑协会主办,黑龙江财经学院承办的第五届黑龙江省高校击剑锦标赛在黑龙江财经学院体育馆落幕。哈工大连续3年获男子佩剑团体冠军。

11月22日　"卓越大学联盟"教工羽毛球邀请赛在上海市杨浦区同济大学体育馆结束,哈工大教工代表队以不败战绩勇夺冠军。此次邀请赛由"卓越大学联盟"主办,同济大学承办,北京理工大学、重庆大学、大连理工大学、东南大学、同济大学、华南理工大学、天津大学、西北工业大学、哈尔滨工业大学9所卓越联盟高校参赛。

12月　哈工大男、女篮获黑龙江省大学生篮球联赛冠军。

## 2015年

3月23日　为推动全民健身活动开展,进一步提高哈工大教职工游泳水平和健康体质,校体育部举办2015年第一期教工游泳培训班,全校共有13个单位近200名教职工参加培训。

4月25日　哈工大"阳光体育"系列活动和学生体育节启动仪式暨第三届"留动哈工大"中外学生趣味运动会在一校区体育馆举行。丁雪梅副校长参加了开幕式并致辞,全校14个单位近千人参加了仪式及比赛。

5月　哈工大游泳馆被哈尔滨卫生与计划生育委员会评为"哈尔滨市公共场所卫生等级A级单位",该等级称号三年评选一次。

5月10日　由黑龙江省总工会、黑龙江省体育局主办的第十三届黑龙江省职工"力龙·亚狮龙杯"羽毛球公开赛在哈尔滨理工大学体育馆结束。哈工大曾竑嘉(台湾科大交换生)、周晗/罗艺彬分别获得俱乐部组男子单打和男子双打冠军。

7月17日　哈工大参加在浙江省建德市新安江举行的2015中国知名高校龙舟5公里折返绕标赛荣获二等奖,并获最佳人气奖。

7月24日　"加多宝杯"第十五届全国大学生田径锦标赛在广西师范大学落幕。哈工大代表队共获得2枚金牌、2枚银牌、3枚铜牌及7项前八名,并被评为体育道德风尚奖单位。哈工大经济与管理学院2013级王丹丹获女子1 500米金牌,人文学院2012级赵兴萌获女子3 000米障碍金牌。

8月6日　哈工大体育工作委员会第一次会议在行政楼213会议室召开,校长周玉出席会议并讲话,职能部门负责人、教职工体协负责人及学生代表参加了会议。会议讨论并原则通过了《哈尔滨工业大学本科生体育教学改革实施方案》和《哈尔滨工业大学体育场馆使用管理办法》。

9月17日　"2015新时代"第一届亚洲大学生运动会在俄罗斯哈巴罗夫斯克(伯力)举行。哈工大参加了乒乓球、游泳比赛,取得优异成绩,乒乓球队获得3金、2银、2铜,游泳队获得1金、8银、19铜。

9月26日　首届百所大学马拉松邀请赛暨第二届全国大学生越野锦标赛在包头市举行,哈工大代表队获甲A高校组女子团体亚军。本届邀请赛有22所高校的164名运动员以及包头市的马拉松、路跑爱好者2 000余人参加。

11月2日　由中国大学生体育协会主办的第十五届全国大学生游泳锦标赛竞赛在浙江省绍兴市奥林匹克体育中心游泳馆举行。哈工大获2枚金牌、2枚银牌、2枚铜牌、2个第四、2个第五、4个第六、2个第七,赵翔夺得男子乙B50米、B100米蝶泳金牌。本届比赛共有全国59所普通高等院校参加。

11月29日　第五届"力龙杯"黑龙江省大学生羽毛球锦标赛在哈工大一校区体育馆

落幕。哈工大第三次蝉联甲组团体冠军,吴宪静获得女单冠军,孙宝琪/黄真获得女双冠军,湛浩堂/易澈获得混双冠军。这届比赛共有23所高校参加。

## 2016 年

1月12日　体育部召开了"三严三实"专题民主生活会,部领导班子、各区室支部书记、主任及体育场馆负责人参加了会议。

1月20—30日　第十三届全国冬季运动会在新疆维吾尔自治区举行。体育部10名教师被国家体育总局选派参加裁判工作,2人为国际级,其余为国家级,分别担任本届冬运会冰壶裁判委员会主任兼技术代表、U型池滑雪技术代表、速度滑冰副裁判长、自由式滑雪评分裁判员及短道速滑项目裁判员职务。

3月21日　体育部教学督导聘任仪式暨教学督导工作布置会在会议室召开,部党政领导班子、督导组参加,王珂主任为10名教学督导颁发了聘书。

3月25日　体育部组织召开哈工大"阳光体育"工作会议。

4月14日　召开哈工大高水平运动员工作会议。

4月21日　体育部教师入选黑龙江省专家库颁证仪式在一校区会议室举行。王珂、谷化铮、李兴汉、张成刚、朱宝峰被黑龙江省教育厅聘为"黑龙江省高校体育教学教研指导专家库成员"。孟述、冯韶文、张宝军、冯伟被聘为"黑龙江省高校体育竞赛组织专家库成员"。

4月23日　中国大学生校园路跑接力赛(东北赛区)在东北大学举行,哈工大代表队战胜众多高校勇夺赛区冠军。中国大学生校园路跑接力赛(NCRR)创办于2016年,它是在教育部高教委的指导下,以"发展高校体育"为宗旨的校园体育工程。该赛事是首个国字号面向高校、面向社会的接力赛事,横跨23个省市,共分为6个赛区,参赛队伍近2 200支。

5月　东三省第八届"银河—铂力杯"乒乓球联赛在哈尔滨举行。哈工大由戴誉(人文学院)、刘碧莹(管理学院)、何大苗(管理学院)组成的乒乓球女队摘得团体桂冠。这次联赛共有百余支队伍报名,水平较高,强手云集,其中不乏国家队退役队员和现役省队队员。

6月17日　第二届"留动中国"东北赛区比赛在天津大学卫津路校区结束,来自18所高校18支代表队的144名运动员参加,哈尔滨工业大学获得团体冠军。

6月26日　黑龙江省大学生游泳锦标赛在东北林业大学游泳馆结束,哈工大代表队顽强拼搏,以19金、12银、5铜,破1项赛会纪录的优异成绩获得乙组团体总分第一名。这届比赛共有11支代表队参赛。

9月17—20日　第二届"留动中国——在华留学生阳光运动文化之旅"全国总决赛在江苏扬州举行,哈尔滨工业大学代表队荣获全国总决赛冠军。哈工大代表队先后摘取了黑龙江赛区、东北赛区桂冠后强势挺进决赛,与来自东南、西北、东北、西南4个赛区晋级决赛的15支队伍展开激烈角逐。在总决赛中,哈工大代表队充分发挥团结协作精神,在体育艺术展示、3×3篮球、定向越野项目中发挥出色,强势夺冠。"留动中国——在华留学生阳光运动文化之旅"是由教育部发起、面向在华近 40 万外国留学生打造的文化活动品牌,以体育赛事、文体才艺表演为纽带,展示在华留学生的健康积极形象和青春风采,促进在华留学生对中国的全面了解,并通过中外学生团队协作实现中外学生的交流与融合。

10 月 18 日　黑龙江省教育厅主办的黑龙江省校园足球四级联赛总决赛在哈尔滨兰格足球训练基地落幕。哈工大夺得大学组冠军,获得参加全国联赛北方赛区比赛资格。

12 月 20 日　首个"黑龙江省全民冰雪活动日"启动仪式在哈尔滨太阳岛风景区举行。按照省教育厅通知精神,哈工大百名学生及省市机关、总工会、教育部门 5 000 余人参加了"冰天雪地徒步行"活动。是日,哈工大迎首个"全民冰雪活动日"雪地足球赛、校速滑队表演也在一校区体育场火热进行。

## 2017 年

1 月 1 日　第七届黑龙江省高校击剑锦标赛在哈尔滨商业大学体育馆闭幕。哈工大代表队获男子佩剑团体冠军、男子重剑团体亚军。

6 月 4 日　黑龙江省大学生乒乓球锦标赛在黑龙江大学体育馆结束,哈工大获乙组男团、女团、男双、女双、女单和混双 6 项冠军。

7 月 15 日　由中国大学生体育协会、中国田径协会主办的第十七届全国大学生田径锦标赛在鄂尔多斯举行。哈工大卢再水获甲 A 组男子 3 000 米障碍赛、1 500 米两块金牌,王丹丹获甲 A 组女子 5 000 米、1 500 米两块金牌。

7 月 21—27 日　黑龙江省大学生田径锦标赛在哈工大举行。哈工大获大学生乙组男女团体总分第一名,打破 5 项赛会纪录,被黑龙江省教育厅授予突出贡献奖,获体育道德风尚奖。

9 月 16 日　"新一代·2017"远东大学生节在俄罗斯哈巴罗夫斯克(伯力)举行,哈工大学生乒乓球队、游泳队受邀请参赛,共获 5 金、4 铜及两项前八名。

9 月 16 日　第十三届全国学生运动会在浙江大学紫金港体育馆结束,哈工大学生共获 1 银 1 铜及多项前八名。哈工大共有 22 篇论文入选学校体育科学论文报告会,2 篇获二等奖、3 篇获三等奖。

11 月 23 日　为深入学习贯彻党的十九大精神,体育部党总支邀请校纪委副书记、监察处处长李仁福做了"十八届中央纪律检查委员会工作报告"学习辅导报告,部党总支书记孙慧丽主持会议。

12 月 13 日　为进一步贯彻落实《中共中央关于认真学习宣传贯彻党的十九大精神的决定》和《中共哈尔滨工业大学委员会学习宣传贯彻党的十九大精神工作方案》,体育部党总理论学习中心组在体育馆会议室集体学习党的十九大精神,体育部党总支委员、教工党支部书记和教学、训练、后勤部门负责人参加了会议,党总支书记孙慧丽做专题辅导报告。

12 月 21 日　哈尔滨工业大学体育部党员大会在一校区体育馆会议室隆重召开。校党委书记王树权、校组织部副部长王雷出席会议,体育部全体党员参加会议,各区、室主任,教授会中非党成员,民主党派代表和非党师生代表列席会议。

12月22日　体育部、校工会、校团委联合举办的"冰雪筑华章　欢乐暖寒冬"——哈尔滨工业大学首届冰雪趣味运动会在一校区体育场圆满结束,比赛历时5天。18日启动仪式在电机楼前举行,校党委副书记、副校长张洪涛出席并讲话,随后各参赛单位的教工及学生参加了雪地长跑活动,部党总支书记孙慧丽、副主任陶永纯、校团委副书记邵阳参加闭幕式。

## 2018年

3月24—28日　哈工大参加了在杭州举行的首届"国际名校学霸龙舟赛"及国际青年体育文化论坛活动。代表团由体育部主任陶永纯、党总支书记孙慧丽带队,队员为来自不同学院的12名学生。本届"国际名校学霸龙舟赛"由浙江大学、浙江卫视联合主办。来自哈佛大学、麻省理工学院、斯坦福大学、牛津大学、北京大学、清华大学、澳门大学、浙江大学、中国科技大学、上海交通大学、复旦大学、西安交通大学、南京大学、同济大学、哈尔滨工业大学、全国知名中小学青少年皮划艇代表队等共300多名学霸以及影视明星奔跑吧代表队(邓超担任队长)参加了这次比赛。

5月28日　体育部党政联席会议讨论同意张春晖老师选调到北京冬奥组委工作,选调时间为2018年6月至2022年4月。

6月10日　黑龙江省大学生羽毛球锦标赛在哈工大一校区体育馆结束。哈工大队重获团体冠军,上届获得亚军。

6月10日　黑龙江省大学生乒乓球锦标赛在黑龙江大学体育馆结束。哈工大获乙组女团、男单、男双、女双和混双冠军;甲组女单冠军;丙组女单冠军。本届比赛共有近40支代表队300多名运动员参加。

6月18日　"2018第二届中国·台儿庄大运河国际龙舟赛"在台儿庄举行。哈工大受邀参赛并获得优胜奖。本届赛事由中国·台儿庄大运河国际龙舟赛组委会主办,山东大学体育学院、枣庄市体育局、台儿庄区人民政府承办,参赛队有国际、中国港澳台、社会团体及北京大学、中国矿业大学、天津大学、集美大学、西北工业大学、山东大学等知名大学代表队。

7月20日　第十八届全国大学生田径锦标赛在黑龙江八一农垦大学落幕。哈工大获3金、3银、1铜,1项第四名、1项第五名、1项第八名,1人达到运动健将标准,6人次创造个人及年度最好成绩。曹智勇获男子甲A组1 500米冠军,王丹丹蝉联女子甲A组1 500米、5 000米两项冠军。体育部主任陶永纯为运动员、教练员颁奖。

9月22日　首届长岭湖金秋文化节龙舟赛在长岭湖举行,共有来自省内著名高校、知名企业、龙舟俱乐部等9支队伍受邀参加,哈工大学生龙舟队荣获亚军。

10月20日　U-RUN2018哈尔滨工业大学校园马拉松在一校区体育场举行。校长助理彭远奎等领导为比赛鸣枪开跑,哈工大2 000余名在校学生、教职工及校友等参加比赛。这次活动由哈尔滨工业大学体育工作委员会主办,校体育部承办,校工会、学工部、研工部、校友会、保卫处、校医院协办,北京天歌咏华体育文化股份有限公司独家运营。

11月11日　省大学生体育协会主办的黑龙江省首届大学生中式台球锦标赛在黑龙江生态工程职业学院结束,哈工大获本科组团体冠军。

12月2日　第十八届黑龙江省大学生武术套路锦标赛由黑龙江省大学生体育协会主办、黑龙江省大学生体育协会武术分会协办,历时两天在哈师大落幕。哈工大首次派队参赛取得了2金1银3铜、团体总分120分的优异成绩,并获"体育道德风尚奖"。

12月2日　哈工大教育发展基金会捐赠纪念奖牌颁发仪式在行政楼626会议室举行。哈工大男篮向哈工大教育发展基金会捐赠人民币10万元,用于学校体育事业发展,哈工大党委书记、基金会理事长王树权为捐赠代表颁发捐赠纪念奖牌和证书。

12月8日　由黑龙江省大学生体育协会主办的"李宁·陈金杯"黑龙江省大学生羽毛球邀请赛在哈工大一校区体育馆开赛。来自省内20多所高校60多支队伍450名运动员报名参赛。哈工大获教工组冠军、学生组第三名。

12月9日　黑龙江省教育厅主办的2018年黑龙江省学生雪地球冠军杯赛在哈尔滨市德嘉码头结束,哈工大夺得甲组冠军。

12月10日　体育部党总支在体育馆会议室举办"统一战线基本理论和方针政策"中心组理论学习,邀请校统战部常务副部长张淑娣做"统一战线基本理论和方针政策"专题报告。

12月15日　2018—2019赛季中国大学生3×3篮球联赛黑龙江赛区城市冠军赛在哈工大一校区篮球馆结束。哈工大获男子高水平组、男子公开组冠军,刘凯源、李浩源分获"最强球王""扣篮王"的称号,他们将代表黑龙江参加全国总决赛。

12月23日　"五池邀五环,青春迎冬奥"中国名校冰上龙舟邀请赛在五大连池风景区开赛,中国C9联盟高校——北京大学、清华大学、浙江大学、复旦大学、上海交通大学、南京大学、中国科学技术大学、西安交通大学、哈尔滨工业大学参加,哈工大获一等奖。

## 2019 年

2月23日　全国室内田径锦标赛分区赛第二站在南京仙林基地举行。哈工大经济与管理学院2015级学生张景强代表黑龙江队参加了男子跳远比赛,以8.00米的成绩获得亚军,成为国际级运动健将,是又一位跳远进8米大关的中国男子选手,是哈工大历史上在田径项目中第一个成为国际级运动健将的学生。

3月8日　哈工大足球二级裁判员授证仪式在一校区体育馆举行,体育部主任陶永纯、党总支书记孙慧丽等领导出席仪式并为40名学生颁发了证书。

4月14日　全国冰壶冠军赛在冬运中心冰壶馆落幕,由哈工大体育部教师姜懿伦率领的哈尔滨四队在女子项目比赛中勇夺桂冠,获得代表中国参加世界杯总决赛资格。

4月20日　黑龙江省第十七届大学生运动会第一次秘书长会议在哈工大二校区文体中心123会议室召开,黑龙江省教育厅体育卫生与艺术教育处调研员郭青山、黑龙江省大中体育协会秘书长胡学功、哈工大体育部主任陶永纯、东北石油大学体育部主任congress红以及全省13个地市(行署)教育局体卫科领导、81所高校体育部领导、中学田径基点校教练员共200多人参加了会议。

5月9—12日　由中国田径协会、耐克体育（中国）有限公司主办的第十届耐克高校田径精英挑战赛在浙江大学紫金港校区田径场举行。哈工大孙浩桐勇夺男子铅球金牌，曹智勇获男子1 500米第三名，王冬雪获女子铅球第六名。

5月13日　国际羽联全球户外羽毛球赛启动仪式在广州天河体育馆举行，哈工大教师世锦赛冠军陈金出席仪式。

6月14日　为庆祝中俄建交70周年和贯彻落实2019年中俄地方合作交流年的精神要求，增进中俄青年之间的交流，中俄青年男子篮球友谊赛在哈工大一校区体育馆举行。圣彼得堡国立大学、乌拉尔联邦大学、浙江大学和哈尔滨工业大学男篮参加了比赛。

7月4日　为普及应急救护知识，增强急救意识和急救能力，进一步加强体育教师专业技能，体育部在一校区正心楼舞蹈室举办了首期红十字应急救护员培训班，培训包括理论学习、实操演练及考核三部分，培训课程由黑龙江省红十字协会谭志强、陈杰等老师主讲，体育部教职工、研究生参加了培训。

7月14日　第三十届世界大学生夏季运动会在意大利闭幕。在男子跳远决赛中，12名世界各国选手参与了奖牌争夺，哈工大学生张景强以7.84米的成绩获得第六名，这是中国选手在该项赛事中取得的最好成绩。

9月21日　东北地区部分高校体育协作委员会年会暨哈工大体育教学改革成果汇报会在哈尔滨举办。大连理工大学、东北大学、辽宁大学、沈阳工业大学、大连海事大学、吉林大学、东北师范大学、长春工业大学、吉林农业大学、东北石油大学、哈尔滨工程大学、东北农业大学、黑龙江大学、哈尔滨理工大学、东北林业大学和哈尔滨工业大学16所协会高校的体育部领导、教师及协会元老共100余人参加。其间还举办了体育教师骑划跳比赛、哈工大雪地球项目观摩体验活动等。

9月29日　为喜迎祖国70华诞和哈工大百年校庆，由校体育运动委员会主办、校体育部承办的U-RUN2019哈尔滨工业大学校园马拉松在一校区隆重举行，哈工大师生、校友两千余人参赛，校党委副书记副校长安实、校友办公室主任卢长发、工会副主席卢瑃、学工处处长李岩松、研工部部长苑颖、体育部主任陶永纯、党总支记孙慧丽等出席活动。

10月19日　体育部党委组织教职工参观了哈尔滨铁路局一面坡红色教育基地、中国土改文化第一村暴风骤雨纪念馆和抗日烈士赵尚志、赵一曼纪念馆，追寻红色足迹，接受革命精神洗礼，30名党员及部分教师参加了活动。

11月24日　哈工大经济与管理学院硕士生张竞文勇夺2019—2020赛季"乔氏杯"中国大学生台球联赛河北秦皇岛站比赛甲组女子个人赛和快速清台挑战赛两项冠军。哈尔滨工业大学荣获优秀团队奖。在哈尔滨站比赛中张竞文蝉联冠军。

12月12日　体育部工会主办、部教工台球协会承办的2019年体育部教职工台球比赛在体育馆台球研教中心圆满结束，40余名教职工参加了比赛。

12月29日　第二十二届CUBA黑龙江赛区总决赛在哈尔滨工业大学一校区体育馆落下帷幕，哈工大男篮获高水平组冠军。

## 2020年

1月3日　2019年度体育部"团结奋进　情系体育"总结表彰大会暨迎新年师生联

欢晚会在一校区活动中心301会场隆重举行。晚会历时近3个小时,师生表演节目27个,35名优秀个人及3个优秀团队受到表彰。

1月7日　2020中国·哈尔滨(芬兰蒂亚)滑雪马拉松赛在哈尔滨伏尔加庄园圆满结束,来自中国、俄罗斯、芬兰、挪威等20多个国家和地区超过2 500名越野滑雪选手参赛,哈工大36名本科生、研究生报名参加了2.5公里大学生赛男子组、女子组越野滑雪项目比赛并全部完赛,其中刘子琢获得女子组铜牌。

2月　春季学期为保证哈工大疫情防控期间体育课教学进度和教学质量,实现"停课不停教、停课不停学",采取在线授课方式。

3月8日　体育部工会主办的2020年体育部"庆三八　抗疫情　促教学"知识竞赛拉开帷幕,体育部教职工近五十人齐"聚"一堂,通过"腾讯会议"平台现场直播,同"台"竞技,共同庆祝三八国际妇女节。

5月16日　为迎接哈工大建校一百周年,北京、上海、苏州校友足球队齐聚苏州,进行了友谊赛。

5月28日　春季学期,哈工大体育部第四届教学节闭幕式暨表彰大会在线上成功举办,体育部领导及教师参加了会议。

5月28日　国际奥委会宣布中国冬奥会冠军张虹当选2024年江原道冬青奥会协调委员会主席。

5月30日　校工会、体育部主办的哈尔滨工业大学首届云运会成功举办,522名教工和学生参加。比赛设置了1分钟开合跳、1分钟深蹲、1分钟仰卧起坐、1分钟俯卧撑、1分钟跳绳、1分钟四足俯卧撑等项目。选手们按照竞赛规则,通过手机运动软件操作完成比赛。

6月6日　宁波江丰电子材料股份有限公司董事长兼首席技术官姚力军校友与体育部捐赠执行协议书签约仪式在校体育部陈列室举行。值此哈工大建校一百周年之际,姚力军校友向学校教育发展基金会捐款1 000万元,其中100万元用于体育部教育发展基金,助力哈工大体育事业发展建设。

6月7日　在哈工大建校100周年到来之际,全球一万余名校友齐聚"云端",参加了"哈工大之光——线上奔跑挑战赛",哈工大体育部教师奥运会冠军张虹、羽毛球世界冠军陈金分别在上海、哈尔滨进行了云领跑,哈工大杰出校友"两弹一星功勋奖章"和"共和国勋章"获得者孙家栋院士为本次活动亲笔题写了"哈工大之光",并印制在了参赛服上,老校长杨士勤在上海参加了校友活动。

(摘自哈尔滨工业大学大事记、哈尔滨工业大学校史、哈尔滨工业大学年鉴、哈尔滨市志及相关资料。)

# 第二章 新中国成立后学校体育发展阶段

哈尔滨工业大学
HARBIN INSTITUTE OF TECHNOLOGY
—— 1920-2020 ——

# 第二章 新中国成立后学校体育发展阶段

## 第一节 管理体制

新中国成立初期,我国的各项建设事业百废待兴,高等教育亦处于重建和恢复状态。学校体育也和整个高等教育一样,一方面要彻底批判和肃清资本主义教育思想的影响,另一方面要学习苏联的先进经验。1950年春,体育虽被列为哈工大教学计划中的学生必修课程之一,但实行的是依照旧《体育行政》制订的教学计划、大纲,执行的是按教师专长的运动技术要素传授或无视规范的"放羊式教学"。

1977年恢复高考后学校体育纳入学校教育的轨道,这就需要加强管理体制的改革。体育涉及学校工作的方方面面,需要各部门的支持和配合,而隶属于教务处的三级教学单位无权直接要求二级单位的系部支持配合。

哈工大的体育工作既有垂直领导,又有横向联系。为充分发挥职能,减少不必要的办事程序,1950年10月,学校组建体育教研室,依据其工作职责,下设行政办公室、第一教研室、第二教研室、女生教研室、训练竞赛组和设备后勤组。体育课被正式列为哈工大学生的必修课程之一。

## 第二节 体育课教学

1950年提出的"学校教育要健康第一"的方针,是国家从长远利益出发制定的。此后,党和政府陆续采取一系列政策措施,以保证学生德智体全面发展。

1951年春季学期,学校聘请时任中长铁路局公会教育部部长、苏联专家米洛特卡为体育教研室顾问。哈工大的体育课程,以苏联高等教育委员会颁布的《高等学校普通体育课教学大纲》为蓝本,从教学大纲、教学内容到教学方法、课程结构,全部照搬,开设以体育理论、田径、体操为基础,滑冰为季节项目,球类、游戏为补充手段的一、二年级学生必修综合学时140学时的普通体育课,加强了跑、跳、投、悬垂、支撑、攀爬、爬越等基本活动能力的教学。该教学大纲被中国人民大学等兄弟院校采用为体育课程建设的规范文本,也成了高等教育部于1961年颁布的第一部全国统一使用的《高等学校普通体育课教学大纲》编订的蓝本。

为全面学习苏联发展体育运动的经验,学校充分发挥语言优势,广交各行业人士,汲取经验,听取意见。他们是领事馆的官员或中长铁路局的技术员:

米洛卡特——教育理论、体育行政管理、群众体育、滑冰技术与教学；

依林——"劳卫制"二级体操、竞技体操的教学与保护、帮助；

吉米亚诺夫——田径技术分析与教学（竞赛项目、条约）；

诺维果夫——篮球基本战术训练；

斯莫林——苏联军队的冬季体育运动；

高洛马哈托夫——足球基本技术、战术教学；

阿布拉莫夫——网球基本技术教学；

施卡坤（女）——增设、指导医疗体育课程。

为了满足不同训练水平和运动爱好的需要，学校开设了以太极拳为内容的"保健课"和田径、体操、篮球等部分较有群众基础的运动项目的专项运动提高课。随着我国进入有计划的经济建设，为了使人民更好地完成党的总路线和总任务，学校必须按照发展体育运动，增强人民体质和身体好、学习好、工作好的方针，广泛开展体育运动，使之为学生健康、经济建设和国防建设服务。

哈工大体育的目的和"准备劳动与卫国体育制度"（简称"劳卫制"）的目的是一致的，所以可把"劳卫制"的必测项目、标准作为体育课的必修和定期考查内容。于是，从1956到1957学年起开设"体育课与'劳卫制'结合"的普通体育课，增选风雨教材和创设风雨天上课条件。同时还为高年级学生试开设篮球、排球、足球、小球类、滑冰等体育选修课。经过几年的实践，学生的运动意识有所增强，运动能力、健康水平有了一定程度的提高。在"使受教育者在德育、智育、体育几方面都得到发展，成为有社会主义觉悟的有文化的劳动者"的教育方针指引下，体育与德育、智育、生产劳动、民兵训练相结合的教学方式，培养了学生良好的道德品质，促进了学生身体正常发育，增进了学生身体健康，提高了学生的学习和劳动能力。此时期的体育课，既开设多项提高课，又开设全校太极拳课程，与民兵训练相结合，在一、二年级体育课中增加射击、行军、队列、野外训练、军事障碍等科目。游泳成功进入课堂，成为全校师生必须学会的生活实用技能。在教学理念上、教学方法上要求教师从实战出发，从难从严，同学生一道"摸、爬、滚、打"，以身作则进行操练。

**体育课开设课程一览表**

| 年份 | 课程名称 | 学时 | 内容 | 开设对象 |
| --- | --- | --- | --- | --- |
| 1950 | 普通体育课 | 140 | 理论、田径、体操、球类游戏、滑冰 | 一、二年级 |
| 1952 | 运动提高课 | 70 | 田径班、体操班、篮球班 | 二年级 |
| 1952 | 保健课 | 140 | 太极拳 | 体弱学生 |
| 1954 | 运动提高课 |  | 增设足球班、滑冰班 |  |
| 1954 | 普通体育课 |  | 增设力量练习、风雨教材 |  |
| 1956 | 普通体育课 |  | 与"劳卫制"结合，定期考查 |  |
| 1957 | 体育选修课 | 40～50 | 篮球、排球、足球、小球类、滑冰 | 高年级 |
| 1957 | 医疗体育课 | 140 | 医疗体操、矫正体操、按摩、游戏 | 体弱学生 |
| 1958 | 普通体育课 |  | 精简教材，增加射击、行军、军队障碍等 |  |
| 1964 | 游泳课 | 20 | 试开 | 一、二年级 |

1966年8月—1971年12月暂停招生,全校停课,正常教学秩序被打乱。1972年1月—1978年3月学校的教育开始有了转机,被取消的体育课程以"工农兵学员""上、管、改"为契机点缀性地恢复,出现在各系的课程表里。每周一次2学时,每学期上18周。教师下系负责各自5~6个教学班。以军代体一切军事化,教学课以民兵训练科目为版本,以军体结合模式上课。主要内容有:队列、队形训练、投弹、障碍跑、行军、野外单兵班教练、拉练、游泳,适当搭配篮球、排球和足球。有些军事科目由部队来的学员讲授。

1977年恢复高考,77级新生于1978年3月入校,体育课课程建设方才重新进入教育的轨道。由于体育没有得到足够的重视,学校体育始终是教育战线最薄弱的环节。形势发展要求学校全面提高教学质量,提高质量的关键是体制改革,核心是教学改革。

1978年夏,哈工大代表黑龙江高校参加高教部召集的《修订高等学校普通体育课教学计划》全国大会,并承担教学指导书中的冬季运动篇的编写。会议实事求是地分析、评价了高等学校当时的体育现状和青少年学生的体质、健康状况,提出改革的基本思路,摒弃重文轻武、轻视体育的传统观念、形式主义、封闭保守僵化模式以及应试教育的错误导向,反对用牺牲学生的健康去换取文化知识的智育第一的陈腐观念。更新体育课程是按照国家规定的教育目标而组织有关体育的多因素、多层次、多维度的符合教育过程的新型观念。体育课程的目的是:通过科学的体育教育过程和身体锻炼过程,促使学生形成体育意识、提高体育能力、培养自觉参与体育锻炼的兴趣和习惯,同时在全部教育过程中受到良好的思想道德教育。

依据会议精神调整哈工大的体育教学计划,把内容烦琐、手段重复、以竞技运动项目为主线的课程,改换成增强体质、学生为主体、教师为主导、课内外结合重视锻炼的课程。

为了课程的教材内容体系不受课程建设目标的制约,体育课程分为理论课和实践课两大类,实践课程的基本教材以《青少年体育锻炼标准》为蓝本,选修篮球、排球、足球、乒乓球、武术等课程。一、二年级为必修课,高年级可选修。季节性课程为游泳、滑冰。研究生制定选修课为一学分,并根据学生体质测试数据加强对发展心肺功能的教学和锻炼的指导。

## 第三节 体育科学研究

体育科学作为一个独立的科学体系形成和发展的历史不长,中国体育科学的形成和发展与世界上体育发达国家相比起步晚、速度慢,高校体育科学研究就更晚。就主管的高等教育部而言,在颁布的《高等学校普通体育课教学大纲》及有关文件中,对体育科研几乎都没有任何具体的规定和要求。

20世纪50年代初,体育教研室的科研起步于翻译、引进,见效于消化、修正、建立哈工大特有的教学文献,大量搜集苏联为主的外国体育文献、资料和各级学校体育教学计划、大纲、教材、专项论著。翻译出版的有:《苏联高等学校普通体育课教学大纲(师范校除外)》(中国人民大学等兄弟院校广泛使用),1961年高等教育部颁发的全国统一使用的

《高等学校普通体育课教学大纲》(蓝本)、《准备劳动与卫国体育制度》(劳卫制"TTO",国家体委摘用)、《速度滑冰》《花样滑冰》《冰球》竞赛规则(国家体委摘用)。专著:《中长距离跑》,谭学儒、吕惠连合译;《冰球运动》,吕惠连、谭学儒合译;《篮球运动》《游泳与跳水》,蒋桐森著。

提出编辑《多国文字对照体育用语词典》的建议,被国家体委采纳并获人民体育出版社支持。由吕惠连牵头组织编辑组,搜集英、俄、日、中文词条。赖有才参加总编、审校。1981年,由中国人民体育出版社、日本棒球杂志社共同出版首部中日国际合作体育词典《日汉体育词典》。

1957年进入教材建设和教学法研究的时期。就所开设的课程组织专业教师统一规格分别编写教材、教法,内容涵盖:田径、体操、滑冰、篮球、排球、足球、活动性游戏、军事障碍、医疗体育、太极拳。经审校,印成单行本供校内使用和交流。

1960年教研室组织老师编写《男生体育课教学参考书》,完成初稿,未得付印。

20世纪50年代末—60年代初,个人研究的专题有:《短跑技术分析及训练法》(张朝贵)、《冰球运动技、战术问答100例》(王维国)、《高等普通体育课体操课的组织与进行》(赖有才)、《女士体操课教学之研究》(孟德林)。

此项工作起步晚,经过近三十年发展,体育科学才形成一个独立的科学体系,直到1979年颁布《高等学校体育工作暂行规定》才第一次有了明确具体的规定和要求。为提高教师的业务能力和科研质量,学校有计划地举办了体育统计学、人体测量与评定、计算机基础及操作、电教手段及器材、科研方法、外语等学习班或讲座。此外,还组织教师观摩教学、参加专业学会年会和学术报告会、进行定向深造等。

撰写科研论文的题目范围:新时期高等院校体育的再认识;全民体育的研究;普通体育课教材的选用原则与教学法研究;教学内容、课程结构、课程体系改革的研究;学生体质测试及分析等。

## 第四节 师资培养与提高

高等学校体育肩负着落实党的教育方针,培养全面发展的高级专门人才的重任。所以建设一支又红又专的师资队伍,是实现高校体育教学目的、完成各项任务的关键。哈工大体育教研室是高校内最早成立党支部的单位。为形成合理的教师结构,学校输送教师去北京体育学院研究生部深造;参加铁路局主办的田径、冰上、体操、冬季训练营等讲习会;参加高等教育部主办,苏联专家主讲的田径示范教学夏令营、体操示范教学夏令营、球类示范教学夏令营和省、市高校学术活动。

1950年,庞英评为副教授,讲师有周葆辉、吕惠连、崔守平、王维国、何工、李育春、谭学儒。

国家级裁判员有:吕惠连(冰球)、王维国(冰球)、李育春(冰球)、崔守平(速滑)、周葆辉(速滑)。

一级裁判员有：谭学儒（田径）、张朝贵（田径）、范婉芬（女子体操）、赖有才（男子体操、花样滑冰）、何工（速滑）。

在体育学会(1963年以后改称黑龙江省高校体育指导委员会)任职的有：

郎式通：任哈尔滨市高校体育指导委员会副主任。

谭学儒：任秘书长。

吕惠连：任哈尔滨市冰球协会副主任。

谭学儒、张朝贵：任哈尔滨市滑冰协会主任。

范婉芬、赖有才：任哈尔滨市体操协会委员。

张国志：任哈尔滨市国防体育协会委员。

高校体育教师肩负着落实党的教育方针、培养高质量的跨世纪专门人才的重任。体育的目的是在体育文化传承过程中，通过体育课程的教学、课余体育活动、运动训练及竞赛等环节，最大限度地提高学生体质水平，增强体育意识，培养终身体育能力和习惯，并加强思想道德教育。

为此，根据学校的办学规模，必须形成个性、年龄、学历、职称、知识、专项等结构合理的师资队伍，还要配备与"学校体育器材设施配备目录"相应的教辅人员。

**教职员工变动情况（1950年至1966年8月）**

| 时间 | 调入 | | 调出 |
|---|---|---|---|
| | 教　师 | 教　辅 | |
| 1950年 | 刘宝珍　苑志明　刘梦华（女） | 吕德胜 | |
| 1950年9月 | 蒋桐森　赖有才 | | |
| 1950年10月 | 李天骥　何　工　张朝贵　庞　英<br>周葆辉　吕惠连 | 陈秉胜　王见恒 | 苑志明 |
| 1952年9月 | 谭学儒　左　强　冯永新 | 孙希茂　徐恩耀 | 蒋桐森 |
| 1954年5月 | 郎式通　崔守平　王维国　黄恕民<br>王平周 | 车师傅 | 李天骥 |
| 1954年9月 | 陈登枢　陈尧胜　曾昭铮　高士廉<br>李育春 | | |
| 1955年8月 | 范婉芬（女） | 何木匠　樊瑞江<br>张凤学　赵世仁 | |
| 1956年8月 | 方玉林　赵福玉　刘贵生　刘长林<br>曲　折　张志仁　孟德林 | | |
| 1957年8月 | 康仁德　徐瑞祺　贾盈科　姜锡仲<br>韩书生　马永昌　杨树发　蒋石昆 | 赵莜萍　霍　榕 | 冯永新　曲　折　刘梦华 |
| 1958年9月 | 张国志　李仕新 | 陈焕凯　张景铭<br>秦树英　刘泉凤<br>周　行　林师傅 | |

续表

| 时间 | 调入 | | 调出 |
|---|---|---|---|
| | 教师 | 教辅 | |
| 1959年9月 | 郭瑞久　关维珞(女) | | 徐瑞祺 |
| 1960年9月 | 李　禹　雷大和　张集国　辛守有<br>张树春　邱柱松　张雪屏(女) | 汤一晃　武兆红<br>计亚惠 | 崔守平　张志仁　何　工<br>贾盈科 |
| 1961年9月 | 王见迎　韩禹学　娄启生　吴勇智<br>李文慧 | | 郎式通　雷大和　张集国<br>张树春　辛存有　邱柱松 |
| 1962年9月 | | | 王维国　刘长林　左　强<br>蒋石昆　张雪屏 |
| 1963年 | | 左湘澜　金信玉<br>宋世江　马淑春<br>张淑霞　孙玉琴<br>王福海 | |
| 1966年4月 | 郎式通　王大伟 | 郑玉华　王业滨 | |

1966年8月在籍的教学人员：
郎式通　刘宝珍　周葆辉　谭学儒　张朝贵　赖有才　黄恕民　王平周　陈登枢
陈尧胜　高士廉　李育春　方玉林　曾昭铮　范婉芬(女)　赵福玉　刘贵生
姜锡仲　韩书生　马永昌　杨树发　关维珞(女)　张国志　郭瑞久　王见迎
胡春成　韩禹学　娄启生　吴勇智　李文慧(女)　王大伟　庞　英　吕惠连
康仁德
教辅人员：
张凤学　赵世仁　徐恩辉　王福海　武兆红(女)　陈焕凯　张景铭　汤一晃(女)
计亚惠(女)　金信玉(女)　马淑春(女)　左湘兰(女)　宋世江　张淑霞(女)
孙玉琴(女)　王业滨(女)　郑玉华(女)
1977年末前调出教学人员：
郎式通　刘宝珍　李文慧(女)　王大伟　庞　英　郭瑞久　曾昭铮
范婉芬(女)　赵福玉　康仁德　杨树发　王见迎　胡春成
教辅人员：
张凤学　徐恩辉　张景铭　汤一晃(女)　计亚惠(女)　马淑春(女)　左湘兰(女)
宋世江　孙玉琴(女)　郑玉华(女)
1979年末在籍教学人员：
谭学儒　张朝贵　赖有才　黄恕民　王平周　陈登枢　陈尧胜　吕惠连　高士廉
李育春　方玉林　刘贵生　姜锡仲　韩书生　马永昌　张国志　关维珞(女)
韩禹学　娄启生　吴勇智　林秀玉(女)　许振松　邵满库　周晓明(女)　尹洪生
李秀兰(女)　唐艳　徐枫(女)　王力　郑坤惠　孟宏霞　樊树林　娄福恩
章民　杨国财　迟慧珠(女)

教辅人员：

赵世仁　王福海　武兆红（女）　陈焕凯　张景铭　金信玉（女）　孙传厚
王业滨（女）　孟繁英（女）　张声国　杨兴田　张晓明

## 第五节　课余体育活动

课余体育活动包括群众性体育活动、早操、课间操、传统体育表演、集会以及校内训练比赛等，已成为哈工大的传统，早在20世纪50年代就明确列入学生学校生活作息时间表，它们的实施不仅时间、地点有保证，体育教研室还指派教师领操和指导锻炼。早操是清晨起床后进行半个小时左右的锻炼，内容有跑步、练武术、做广播体操、打拳、球类活动、发展身体素质的练习等运动量适中的活动。早操使学生在心理和生理上做好学习生活的准备，精神振奋地、有组织地开展一天的活动。课间操时，通常是教师领做广播体操或学生自行散步、打球、跳绳、做游戏以解除上课产生的疲劳。

群体性体育活动涉及面最广，参加人数最多。体育活动是德、智、体、美全面教育的组成部分，它既能改善学生身体健康状况，又能培养良好道德品质，同时还是学生非常喜欢的文化活动之一。根据"结合实际情况展开，使之普及和经常化"的方针，学校始终坚持自愿、小型、多样、因时、因地、因人制宜的原则，以推广"劳卫制"为中心开展课外体育活动，使之为增进学生健康、为经济建设和国防建设服务等。为满足日益高涨的锻炼积极性，学校效仿苏联"劳卫制"制度，实行"哈尔滨工业大学体力章测验标准"和制作、颁发证章，该措施为1964年国务院批准实行的《青少年体育锻炼标准》提供了有参考价值的中国学生的体质数据。

班级课外体育活动是学校作息时间表中雷打不动的环节。它的实施既保证了每天一小时的文体活动，又取得了"8-1>8"的学习效果。每到下午四点半，校内是"教室无人""图书馆无人""宿舍无人"的"三无人"的空城状态，而可供运动的场所却呈现人满为患、热火朝天的锻炼场面。研究生在专为他们开辟的夹树街运动场，预科生在沙曼屯校区球场和校运动场，本科生在租用的南岗体育场、火车头体育场、狩猎合作社、铁路文化宫后院见缝插针地围绕"哈尔滨工业大学体力章测验标准""劳卫制"或喜爱的运动项目进行锻炼。预科地取消、二工地体育场（现哈工大体育场）落成，为适应场地设备相对固定、活动时间相对集中、学生爱好更加广泛的情况，体育教研室采取"定时间""定内容""定地点""定教师指导"的"四定"制度，实现充分利用场地器材，有目的地锻炼。

1963年夏在道里、道外松花江北岸勘探、开辟游泳场，学校出车队送学生，开展轰轰

哈尔滨工业大学体力章（三级）

烈烈的全民游泳活动,组织横渡、畅游、水上救护,为开设游泳课打基础。

传统体育表演:周末体育晚会是表演的主要形式,邀请省市队著名运动团队、运动员来校表演或座谈。

哈工大队和兄弟院校队的友谊赛、系际对抗赛、挑战赛、健美表演、器材体操表演、集体舞、体育舞蹈、文娱活动等,亦备受学生欢迎。

运动竞技是检验锻炼效果和进一步推动群众性体育活动开展的有力措施。哈工大的校内竞赛活动丰富多彩。

哈工大运动会:始于1951年,一年一届,"红五月"举行,可谓校庆的前奏曲。田径运动会入场式之后,有大会操及各院、系的富有时代感的不同题材团体操表演,有几届还有校领导的太极拳、剑术示范表演。哈工大运动会的争夺焦点是团体总分流动杯。

滚轮队学生叠罗汉表演

冰上运动会:哈工大学生来自祖国四面八方,考虑地域差和公平展示才能,除了按国家审定规则公开竞赛项目之外,另设游戏性、表演性项目比赛。

迎春长跑:先是以班为单位的集体早操,后演变为系级环校长跑接力赛。

"三好杯"比赛:篮球、排球、足球、乒乓球分别设置,以系为单位报名。之前,各单位举行选拔赛、班级比赛,普及面甚广。

院系篮球比赛

单项比赛:从"劳卫制"或"锻炼标准"中随意抽出某一项,在小班或班级间进行。

对体质较差的学生利用下午课余活动时间进行针对体能薄弱环节强化锻炼,提高运动能力,并安排一些养成锻炼习惯的小型、多样的竞赛活动,观摩不同规模的比赛。

## 第六节　运动队训练与体育竞赛

### (一)运动队训练

训练是实现目标、任务的基本途径,是在教练员的指导下,增强体质,提高身体训练水平,掌握专项技、战术,培养优良体育道德作风和顽强意志品质,提高运动成绩的过程;是贯彻普及和提高相结合方针的一项重要措施。学校体育要面向全体学生,以增强体质为目的,以普及为重点,同时也要在普及的基础上努力提高运动技术水平,为国家培养体育人才。哈工大一贯重视运动队的建设和训练工作。指派领导和有专项特长的教师担任教练员,并邀请团委、学生会干部参与运动队管理工作。根据对外交流的性质和规模的不同,组成下列称谓的训练队伍。

传统项目:男排、冰球、准专业队管理。

重点项目:有省、市、全国性高校比赛任务,即田径、篮球、排球、足球、乒乓球、游泳、滑冰。免修普通体育课,每周2~3次训练。

一般项目:武术、健美操、击剑、拳击、棋牌,通常每周2~3次训练,时间取决于项目特点。

临时集训:有校际比赛时临时组队训练,赛后解散。

奖励:年度"十佳运动员"。

运动队训练一般安排在早晨和下午的课余时间,重点是身体全面训练和基本技术训练。早晨训练通常是根据个体体能和专项技术需要,做有针对性的个体基础训练。下午的训练安排在周二、周三,每次2小时左右。

20世纪50年代初期的竞赛活动,以基层运动会和单位之间的互访友谊赛、对抗赛或周末联欢为常见形式。市一级竞赛在当时是规模最大、水平最高的竞技场所。哈工大队的运动服以上黄下蓝为主色调,在竞技场上被观众,特别是中学生誉为"黄背心"。无论在田径场、各种球类场还是冰场,凡领先的无疑是穿着"黄背心"的哈工大健儿!其中不少大学生运动员可在全国公开性比赛中同专业运动员相抗衡。

黄强辉(印尼归侨)1952年9月入校,1958年5月25日在全国举重健将级比赛中以155 kg打破轻量级挺举世界纪录。1959年又以158.5 kg刷新本人保持的世界纪录。还有,作为国家青年篮球队一员参加1949年世界青年联欢节的谭以津,获得1952年首届东北区冰上运动会、女子花样滑冰冠军的李建华,男子速度滑冰全国冠军林振坤,全国射击比赛获奖者吴树德,首届大学生运动会5项全能冠军陈宝岩,刘翠珍(女自行车健将),冼晓梅(田径女子全能健将),转战大江南北的网球运动员康叔禹等运动员,在各项专业比赛中均获得好成绩。

课余活动练习拳击

校速滑队技术训练

1949年谭以津代表中国学生篮球队参加世界青年与学生和平友谊联欢节,中国篮球首次走出国门

第二章 新中国成立后学校体育发展阶段

1955年李建华获得全国冰上运动会女子花样滑冰冠军

1956年林振坤获得第三届全国冰上运动会速滑1 500米、5 000米、10 000米及全能冠军

以参加世界青年联欢节的谭以津为核心主力的哈工大男子篮球队,代表黑龙江学联迎战苏联国家队,展示了新中国大学生的风采。常年不衰的哈工大男、女篮球队是中小学生崇拜的偶像。他们出访各地,与机关、企业、院校篮球队切磋球技、交流经验,既增进了友谊,又扩大了学校影响。

20世纪50年代初哈工大男子排球队全队都会说一口流利的俄语,排球队是当时集中居住在友谊宫的在哈工作的苏联专家周末联欢活动的常客,而和专家排球队的比赛即是联欢的开场节目。1959年第一届全国运动会前后,"黄背心"排球队的水平相当于全国联赛的省队,所以常邀请省、市专业队来校共同示范表演。

留校成为教学、科研骨干最多的运动队当数冰球队,如安阁英、高连炳、刘敦、胡恒章、丁成伟、李燕生、胡清和、高士廉等。冰球队的训练格外艰苦,他们不怕苦不怕累,"冬练三九"练就一身本领称霸北国冰坛,是有资格参加产业系统和省队云集的专业赛事的唯一大学生冰球队。它还远征长春、沈阳、北京、天津等地,扩大哈工大的知名度。

1960年8—9月上旬,南下体育宣传队继哈工大红色文工团之后赴京会演,宣传队由足球、男子篮球、女子篮球、乒乓球、羽毛球等小队组成,在党支部书记带领下,访问长春、沈阳、大连、天津、北京等地的8所兄弟院校,召开座谈会,与他们进行友谊赛,交流大学生学习、生活情况和工作经验。

全国大学生田径通讯比赛的胜利举行,大大激发了青年学生的锻炼热情,学生们表示要同场竞技、交流经验、共同提高,以适应国际大学生文化体育交流的形势。于是,国家体委、高等教育部、共青团中央联合举办1961—1962年度全国首届大学生田径通讯比赛。哈工大田径队名列前茅,获得团体总分优胜杯,并有多个单项前六名和最高纪录创造者。

1962年夏,在东北农学院运动场首次举行了无级别差的全省大学生田径运动会,即体育院、系学生亦编在同一组比赛。哈工大田径队以绝对优势获得男女总分冠军。

### (二)体育竞赛

竞争是体育运动的重要特点,在竞争中可以锻炼人才、培养人才、发现人才。竞赛是有计划、有组织的体育运动比赛,其目的是推动群众性体育运动,丰富文化生活;检查教学、训练质量,交流经验,增进友谊。高等院校的竞赛活动分校际和校内两类。

校际:组建校队按规程参加大学生运动会(综合性的)和篮球、足球、排球、乒乓球、游泳、滑冰等单项锦标赛。

校内:以小型、多样、常规、简易为宗旨,设"三好杯"。有校运动会、游泳、滑冰、球比赛、环校或环城接力、体育节、趣味运动会等。

20世纪50年代校羽毛球队参加哈市羽毛球赛获男子双打第二名

# 第七节 哈工大学生田径运动会最高纪录表

哈工大学生田径运动会最高纪录

| 项 目 | 男 子 | | | 女 子 | | |
|---|---|---|---|---|---|---|
| | 成绩 | 创造者 | 时间 | 成绩 | 创造者 | 时间 |
| 100 米 | 11″ | 王世德 | 1959 年 | 12″9 | 王岫霁 | 1959 年 |
| 200 米 | 23″4 | 王世德 | 1959 年 | 27″5 | 沈肖明 | 1959 年 |
| 400 米 | 53″2 | 张茹麟 | 1959 年 | 1′5″8 | 陈剑尘 | 1959 年 |
| 800 米 | 2′0″2 | 张茹麟 | 1960 年 | 2′32″9 | 陈剑尘 | 1959 年 |
| 1 500 米 | 4′9″4 | 张茹麟 | 1959 年 | 5′39″6 | 左 兵 | 1978 年 |
| 3 000 米 | 9′ | 张茹麟 | 1958 年 | 12′28″ | 吕 研 | 1978 年 |
| 5 000 米 | 16′35″6 | 张茹麟 | 1958 年 | | | |
| 10 000 米 | 35′34″5 | 张茹麟 | 1958 年 | | | |
| 110 米栏 | 17″ | 王 枫 | 1980 年 | 100 米栏:19″4 | 崔 燕 | 1979 年 |
| 200 米栏 | 25″4 | 容国良 | 1959 年 | 80 米栏:13″ | 沈肖明 | 1959 年 |
| 400 米栏 | 58″6 | 容国良 | 1959 年 | | | |
| 5 000 米竞走 | 51′10″4 | 聂重申 | 1959 年 | | | |
| 马拉松 | 2.57′39″ | 张茹麟 | 1960 年 | | | |
| 4×100 米接力 | 45″8 | 校 队 | 1958 年 | 55″2 | 校 队 | 1959 年 |
| 4×400 米接力 | 3′32″4 | 校 队 | 1959 年 | 4′37″2 | 校 队 | 1980 年 |
| 跳高 | 1.81 米 | 李晋年 | 1980 年 | 1.46 米 | 沈肖明 | 1959 年 |
| 跳远 | 6.45 米 | 刘公直 | 1959 年 | 5.05 米 | 沈肖明 | 1959 年 |
| 三级跳 | 13.25 米 | 孙天德 | 1959 年 | | | |
| 铅球 | 11.67 米 | 刘玉岑 | 1959 年 | 9.60 米 | 韩玉华 | 1964 年 |
| 铁饼 | 33.00 米 | 刘玉岑 | 1959 年 | 29.05 米 | 韩玉华 | 1964 年 |
| 标枪 | 48.82 米 | 董 斌 | 1980 年 | 27.64 米 | 胡玉琴 | 1959 年 |
| 手榴弹 | 63.20 米 | 陈 瑞 | 1977 年 | 41.49 米 | 金淑敏 | 1959 年 |
| 撑竿跳高 | 3.04 米 | 张永玺 | 1952 年 | | | |
| 三项全能 | | | | 1 932 分 | 沈肖明 | 1959 年 |
| 五项全能 | 2 100 分 | 崔国祥 | 1959 年 | 3 517 分 | 沈肖明 | 1959 年 |
| 十项全能 | 3 789 分 | 朱 宁 | 1959 年 | | | |

# 第八节 体育场馆建设

体育场馆建设,是实施学校体育教学的基本物质条件,是上体育课的教室,当时的体育场馆还没有达到国家对普通高等学校建设规划标准,满足不了上体育课和学生锻炼身体的需要。

**哈工大运动场所变迁(1950—1966年)**

| 时间 | 名称 | 属性、规格、使用情况 |
|---|---|---|
| 1950 | 沙曼屯预科体育场 | 校建;400米标准场;冬季浇冰场 |
| | 预科球场、体操场 | 校建;教学楼周围;篮排球场、单双杠 |
| | 预科风雨操场 | 校建;与俱乐部共用 |
| | 土木楼地下体育室 | 校建;篮排球场;可供一个班(队)上课 |
| | 土木楼地下体育室后院运动场 | 校建;篮排球场、冬季浇冰场 |
| 1951 | 火车头体育场 | 租用;300米田径场、冰场;上课、课外活动用 |
| | 铁路文化宫后院 | 租用;球场、冬季浇冰场 |
| 1952 | 南岗体育场 | 租用;400米田径场、冰场、各种球场;上课、课外活动用 |
| | 狩猎合作社 | 学校材料科货场,利用其空地、空闲时上课 |
| | 二工地体育场 | 新建;现哈工大运动场、综合性多用途标准场、篮排足球场、体操场、冬季浇冰场 |
| | 夹树街体育场 | 就地开辟;250米跑道、球场、冰场;研究生专用 |
| 1953 | 土木楼体育馆 | 新建;球类、体操兼用;上课、训练、比赛均可 |
| | 体育馆周围廊道 | 利用;风雨天上体操课 |
| | 铁道学院运动场 | 接收;现机械楼、电机楼、原主楼、逸夫楼用地 |
| 1956 | 化学楼楼内 | 阅览室改用;做医疗体育教室 |
| | 化学楼运动场 | 新开辟;球场、体操区、冰球场 |
| | 物理楼球场 | 新开辟;球场、武术练习场、保健课用场 |
| 1957 | 第二体育场 | 现体育馆、正心楼;300米跑道、冰球场、单双杠 |
| | 室内体操房、靶场 | 改建;原旧教工俱乐部、现第九公寓 |
| 1958 | 田径室内练习场 | 食堂改建;现中央红·小月亮 |
| | 机械楼地下室 | 体操房、上课及体操队训练用 |
| 1960 | 体育馆 | 食堂改建;教工俱乐部、水磨石地面、大厅多用途球场、侧厅小球类室;用至1995年 |
| 1966 | 游泳池 | 新建;50×25米泳池两个 |

# 第三章 体育教学改革与素质教育阶段

哈爾濱工業大學
HARBIN INSTITUTE OF TECHNOLOGY
—— 1920-2020 ——

# 第三章　体育教学改革与素质教育阶段

## 第一节　领导体制和组织结构

1981年至1988年6月,体育教研室组织实施全校学生体育教学、课外体育活动、运动训练和学生竞赛活动等工作。1988年6月成立体育部,根据校令字〔88〕17号文件:赖有才同志任体育部主任、关鹏飞同志任副主任。根据《关于组建体育部的决定》校人字〔88〕第262号文件决定,组建体育部。由原体育教研室、武装部组成。1990年体育部调整班子,根据校令字〔1990〕第14号文件:关鹏飞同志任体育部主任。根据校令字〔1990〕第15号文件:孟宏震同志任体育部副主任。体育部分一、二教研室,女生教研室,研究生教研室,军事教研室(武装部)。各教研室主任和后勤组组长各负其责。

根据《关于艺术教研室划归体育部的决定》校人字〔1995〕第530号文件决定,将艺术教研室划归体育部。

军事教研室和艺术教研室因其专业性较强,体育部根据学校各阶段对该项工作的具体事项提出要求,只是代管过程,具体事宜还由教研室主任和主管校长负责。

**体育部干部一览表**

| 姓名 | 性别 | 职务 | 任职时间 |
| --- | --- | --- | --- |
| 赖有才 | 男 | 教研室主任 | 1981年—1987年3月 |
| 赖有才 | 男 | 体育部主任 | 1988年6月—1990年8月 |
| 谭学儒 | 男 | 教研室副主任 | 1981年—1987年3月 |
| 马永昌 | 男 | 教研室副主任 | 1984年5月—1988年7月 |
| 关鹏飞 | 男 | 党支部书记 | 1981年—1984年5月 |
| 关鹏飞 | 男 | 教研室副主任 | 1984年5月—1987年3月 |
| 关鹏飞 | 男 | 教研室主任 | 1987年3月—1988年7月 |
| 关鹏飞 | 男 | 体育部副主任 | 1988年6月—1990年8月 |
| 关鹏飞 | 男 | 体育部主任 | 1990年9月—2000年10月 |
| 孟宏震 | 男 | 教研室副主任 | 1987年3月—1988年7月 |
| 孟宏震 | 男 | 党支部书记 | 1988年8月—2000年10月 |
| 孟宏震 | 男 | 体育部副主任 | 1990年9月—2000年10月 |

续表

| 姓名 | 性别 | 职务 | 任职时间 |
|---|---|---|---|
| 章 民 | 男 | 党支部书记 | 1984年5月—1988年7月 |
| 刘志信 | 男 | 武装部副部长兼军事教研室主任 | 1988年6月—2000年10月 |
| 于 宁 | 男 | 第一教研室主任 | 1990年9月—2000年10月 |
| 王 珂 | 男 | 第二教研室主任 | 1990年9月—2000年10月 |
| 徐 枫 | 女 | 女生教研室主任 | 1990年9月—2000年10月 |
| 马永昌 | 男 | 研究生教研室主任 | 1990年9月—2000年10月 |
| 季秀萍 | 女 | 艺术教研室主任 | 1995年11月—2001年12月 |
| 田世英 | 女 | 艺术教研室副主任 | 1995年11月—2001年12月 |
| 邵满库 | 男 | 体育馆馆长 | 1996年4月—2000年9月 |

## 第二节 课程建设和教学改革

根据国务院颁发的《高等教育管理职责暂行规定》、国务院批准发布的《学校体育工作条例》和国家教委印发的《全国普通高等学校体育课程教学指导纲要》，在总结四十年来哈工大体育课程建设和十多年来体育教育改革实践经验的基础上，哈工大1985年以来，对体育课程建设进行了几次改革。

### (一)改革的十年

1980年前，哈工大长期恪守内容繁杂的综合课，随着形势的发展，这些课程已经不能适应新的需求，学生体质不佳情况日趋严重。据1985年统计，哈工大学生《国家体育锻炼标准》达标率在全省普通高校中列第23位，与哈工大整体地位极不相称。

1984年体育课教学改革用"有重点的综合课"取代了综合课，但仍不能适应改革形势发展，不能体现学生生理和心理特点，不能充分发挥教师的特长和有效地利用教学设备。为此将"有重点的综合课"为二年级开设，一年级仍上"综合课"，其课的内容基本上仍是中学体育教材的重复。由于哈工大面向全国招生，生源大部分来自各省、区、市的重点中学，他们接受过规范的中学体育课教学，具备一定的体育基本知识和运动能力。经对新生的体质测试，发现他们的体育基础较好，二年级开始的"有重点的综合课"还不能适应教学改革的发展。

1986—1987年又进行一次教学改革，实施了"哈工大学生体育培养规格"，并且按照国家教委颁发的《工科四年制本科教育培养目标和本科生的基本规格》(征求意见稿)。提出了工科四年制学生的培养目标："培养社会主义需要的德、智、体全面发展的获得工程师基本训练的高级工程技术人才。"根据这个培养目标，体育教研室认真分析了学校体育现状及弊端,着眼于未来,要使体育教育改革不断深入和发展,必须建立体育方面的具体培养规格。1986年11月5日哈工大本科生培养目标、基本规格研讨会上,体育教研室提出了哈工大学生体育培养规格,并在黑龙江省高校体育教学研讨会上与兄弟学校交流。1987年9月,"有重点的综合课"被列入教学大纲,定为一年级实施。

1990年9月,根据学生的体质及爱好、兴趣从一年级就开设选项课。这项措施有助于推动学生学习的积极性,提高学生锻炼的自觉性,发挥教师的特长,有效地利用现有的教学设施,不断地提高教学质量,基本上取得了哈工大学生体育培养规格的良好效果。

### (二)1985—1986学年制定本、专科生体育教学大纲

教学大纲的制定从哈工大的实际出发,落实哈工大学生体育培养规格:使学生懂得体育在提高民族素质和两个文明建设中的重要作用;认识体育是人类生存、发展中不可替代的重要组成部分;了解体育的基本规律和特点;掌握独立进行身体锻炼的知识、技能和科学方法,把增强体质和掌握体育运动技术有机地结合起来;具有勇于拼搏、不断进取的开拓精神;并养成身体锻炼的兴趣和习惯;成为身心健康、体质强壮、精力充沛、适应当前形势和未来社会需要的全面发展人才。

**1. 体育教学目的**

体育是学校整个教育过程的重要组成部分,其目的是通过体育教学和课外活动等各种环节,增强学生的体质,培养学生成为德智体全面发展、又红又专、体魄健全的高级专门建设人才。

**2. 体育教学任务**

促进学生身体的正常发育和身体素质的全面发展;使学生掌握体育的基本理论和卫生、保健知识;进一步发展、提高学生的基本活动能力,并在此基础上,使学生熟练地掌握一两项经常锻炼的体育技术、技能;使学生具有独立的锻炼能力。体育是精神文明建设的重要内容,通过体育教学和运动竞赛等环节,提高学生的体育文化素养,培养学生勇猛、顽强、勇于拼搏的意志品质和社会主义体育道德风尚。

**3. 授课对象**

根据学校实际条件,对本科生开设两年体育课,共106学时;专科生开设一年体育课,共53学时。开设有重点的综合课,即以一两项球类为重点将田径、体操、武术、滑冰、游泳等项目有机地结合进去。本科生理论课学时为14学时,专科生为7学时,并列入考试范围。实行《国家体育锻炼标准》,是我国实行的一项体育根本制度,是国家对青少年体质方面的基本要求,其项目列为课程,编进大纲。建立学生体质、健康卡是国家对学校体育的重要规定,并把检测和素质锻炼的学时列入大纲。

### 4. 各项课程的时数分配

**本科生课程的时数分配**

| 课程名称 | 总时数 | 按学期分配时数 | | | |
|---|---|---|---|---|---|
| | | 一 | 二 | 三 | 四 |
| 基本理论、卫生保健知识 | 14 | 2 | 5 | 2 | 5 |
| 体能测定 | 4 | 2 | | 2 | |
| 田径 | 10 | 10 | | | |
| 体操 | 男子 8 | | 男子 8 | | |
| | 女子 10 | | 女子 10 | | |
| 武术 | 男子 10 | | | | 男子 10 |
| | 女子 12 | | | | 女子 12 |
| 滑冰 | 20 | 10 | | 10 | |
| 游泳 | 4 | | 2 | | 2 |
| 球类 | 男子 36 | | 男子 14 | 男子 14 | 男子 8 |
| | 女子 32 | | 女子 12 | 女子 14 | 女子 6 |
| 素质锻炼 | 每课 10 分钟 | 同前 | 同前 | 同前 | 同前 |
| 总　计 | 106 | 24 | 29 | 28 | 25 |

**专科生课程的时数分配**

| 课程名称 | 总时数 | 按学期分配时数 | |
|---|---|---|---|
| | | 一 | 二 |
| 基本理论、卫生保健知识 | 7 | 2 | 5 |
| 体能测定 | 4 | 2 | 2 |
| 田径 | 6 | 6 | |
| 武术 | 男子 10 | | 男子 10 |
| | 女子 12 | | 女子 12 |
| 滑冰 | 10 | 10 | |
| 游泳 | 2 | | 2 |
| 球类 | 男子 14 | 男子 4 | 男子 10 |
| | 女子 12 | 女子 4 | 女子 8 |
| 素质锻炼 | 每课 10 分钟 | 同前 | 同前 |
| 总　计 | 53 | 24 | 29 |

**5. 体育课的考查、考试**

体育课的考查、考试，第一、三学期为考查，二、四学期为考试。考试评分按全学年两个学期总和计算。学生体育课的出勤率为体育课评分的条件，缺课超过该学期学时数三分之一者，均不予评分，须重修该学期体育。体育课考试采用百分制的综合评分法：技术、技能（每学期两项，每学年四项）40分，体育理论、卫生、保健知识（二、四学期笔试）20分，素质四项30分，课堂表现（学习态度、纪律等）10分。

### (三) 1989年秋季学期修订本、专科生体育教学大纲

**1. 体育教育的目的**

增强学生体质，促进学生身心全面发展，培养学生的运动能力和良好的思想品德，使学生在学校能更好地完成学习任务，达到学校教育的要求，成为具有现代精神的社会主义建设人才。

**2. 体育教育的任务**

增进学生的健康，增强体质，提高抵抗疾病与适应环境变化的能力，促进学生全面发展。激发学生参加体育锻炼的兴趣，使学生掌握体育卫生的基本知识和科学锻炼身体的方法，提高体育文化素养与能力，培养良好的锻炼习惯与卫生习惯，为终身体育奠定良好的基础。提高身体素质和运动能力，掌握评价自身心理和生理变化的方法，科学指导锻炼。陶冶情操、锻炼意志，培养爱国主义和集体主义精神，增强组织纪律性，提高思想品质和社会主义的道德风尚。在普及的基础上，提高运动技术水平。

**3. 课程的设置**

本科生开设两年体育课，共106学时，每周一次课，每课2学时100分钟；专科生开设一年体育课，共54学时，每课2学时100分钟。本、专科生每课里有15分钟课课练时间，内容以身体素质锻炼为主。

**4. 课程的类型**

前三学期选修一项大球（篮球、排球、足球），辅以田径（中跑）、体操、滑冰、武术、游泳等项目，第四学期选第二项大球；专科生两学期只选一项大球，辅以滑冰、游泳等项目。男、女生分班上课，男生保持原教学班，女生则超越原教学班另行编班，原则上在各系内编班，少数跨系编班，每班人数不多于25人。本科女生课是着重突出女生特点的专项课：一、三学期选球类，二、四学期选艺术体操或健美操，其他项目与男生相近，武术教材为初级剑。辅导课每周安排一次，为正课的延续。开设保健课，内容为武术或气功，参加对象为有诊断书的患者或残疾者。学生多时则一、二年级分班，少时则合班，没有时则不设。理论课共12学时，每学期2学时，第一学期另加2学时的滑冰电教课，第二学期另加2学时的游泳电教课，理论课不考试。第一学期的"体育概论"由教研室主任或教授统一讲大课，其他学期由任课教师按教学班授课。建立学生体质、健康卡片，把测验内容和时数列入大纲，逐年测验，建立档案。

**5. 体育课的考试与考查及成绩评定**

体育课的考查、考试以学年计算。第一、三学期为考查，二、四学期为考试，考试评分

按全年两个学期总和计算。学生体育课的出勤率为体育课的先决条件,无故旷课三次或三次以上者,缺课(包括事、病假在内)超过该学期学时数三分之一者,均不予评分,须重修该学期体育课。体育课考试采用百分制的综合评分法:技术、能力 50 分;素质五项 30 分;课内外表现 20 分。

**6. 教学计划**

**本科生教学计划**

| 课程名称 | 课时数 | 各学期分配课时数 | | | |
|---|---|---|---|---|---|
| | | 一 | 二 | 三 | 四 |
| 体育基本知识 | 12 | 4 | 4 | 2 | 2 |
| 体能测验 | 4 | 2 | | 2 | |
| 田 径 | 男子 6 | 2 | | 4 | |
| | 女子 3 | | | 3 | |
| 体 操 | 男子 10 | | | | 10 |
| | 女子 22 | 8 | | | 14 |
| 武 术 | 男子 10 | | 10 | | |
| | 女子 14 | | 14 | | |
| 滑 冰 | 20 | 10 | | 10 | |
| 游 泳 | 4 | | 2 | | 2 |
| 球 类 | 男子 40 | 6 | 13 | 10 | 11 |
| | 女子 27 | | 篮球 9 | 排球 11 | 篮球 7 |
| 总 计 | 106 | 24 | 29 | 28 | 25 |

**专科生教学计划**

| 课程名称 | 课时数 | 各学期分配课时数 | |
|---|---|---|---|
| | | 一 | 二 |
| 体育基本知识 | 8 | 4 | 4 |
| 体能测验 | 4 | 2 | 2 |
| 田 径 | 6 | 6 | |
| 武 术 | 男子 10 | | 男子 10 |
| | 女子 12 | | 女子 12 |
| 滑 冰 | 10 | 10 | |
| 游 泳 | 2 | | 2 |
| 球 类 | 男子 14 | 男子 4 | 男子 10 |
| 体 操 | 女子 12 | 女子 4 | 女子 8 |
| 总 计 | 54 | 26 | 28 |

### (四)1998年12月确定了哈工大研究生体育课教学大纲与教材

研究生体育课是高等学校体育教育的组成部分。哈工大研究生体育课自1983年开设以后,通过实践对研究生体育课教材的内容、学时以及教学形式等进行了调整和改革。大纲、教材内容分理论和实践两大部分。根据哈工大研究生的需求和教学场地器材条件,选择了乒乓球、羽毛球、网球、健美和太极拳5个项目,每项都编写了教学目的和任务、教材纲要、实践部分的基本技术,每学期都有具体的教学内容、学时安排及课时教学计划等。

硕士研究生体育课在第一学年开设,为必修选项课,每周1次,每次课2学时。要求学生每学期可随机上课,满20学时即可获得2学分,缺课三分之一者不给学分。博士研究生每学期开设12学时的选修课,每周2次,每次课1学时,不计学分。

季节课为选修课,如滑冰课、游泳课,分普通班和提高班,教师给予辅导。

## 第三节 体育科研成果

### (一)优秀科研论文获奖

**优秀科研(论文)获奖一览表**

| 序号 | 姓名 | 时间 | 获奖内容 | 获奖等级 |
|---|---|---|---|---|
| 1 | 赖有才 | 1982年12月 | 《国家体育锻炼标准》项目和评分标准的研究 | 国家体委科研成果二等奖 |
| 2 | 孟宏震 | 1986年1月 | 我国城市居民体育锻炼的现状与发展 | 黑龙江省优秀论文二等奖 |
| 3 | 马永昌 | 1988年12月 | 高校体育教师管理体系的探讨 | 黑龙江省高校第四届论文报告会二等奖 |
| 4 | 于 同 | 1988年12月 | 关于跨栏运动员跑速的研究 | 黑龙江省高校第四届论文报告会三等奖 |
| 5 | 杨国财 | 1988年12月 | 想象练习机理的研究及应用 | 黑龙江省高校第四届论文报告会三等奖 |
| 6 | 章 民 | 1988年12月 | 试谈情绪对体育教学的作用 | 黑龙江省高校第四届论文报告会三等奖 |
| 7 | 郝秀艳 | 1988年12月 | 谈体育教师的自身建设适应改革的需要 | 黑龙江省高校第四届论文报告会三等奖 |
| 8 | 于 同 | 1990年12月1日 | 论如何提高运动能力培养锻炼习惯 | 黑龙江省第七届论文报告会一等奖 |
| 9 | 左 斌 | 1990年12月1日 | 浅谈计算训练法在短跑运动员速度训练中的应用 | 黑龙江省第七届论文报告会三等奖 |
| 10 | 仇 慧 | 1990年12月1日 | 诸排球技术动作的错误分析 | 黑龙江省第七届论文报告会二等奖 |
| 11 | 历祥英 | 1990年12月1日 | 提高普通高校选项课教学质量的探讨 | 黑龙江省第七届论文报告会一等奖 |
| 12 | 历祥英 | 1990年12月1日 | 试论普通高校课余训练问题 | 黑龙江省第七届论文报告会三等奖 |
| 13 | 关鹏飞 | 1992年9月 | 体育教育的实施与管理体系的改革 | 哈尔滨工业大学教学成果一等奖 |

## (二)体育教材

为加强教材建设,自1978年至1991年由赖有才、谭学儒、孟宏震等教师编写了体育教学大纲、体育教学指导书、体育理论基本知识、大学体育原理、青年身体测量的评价及羽毛球、垒球等方面的教材10余本,供教学使用。

## (三)教师发表论文

据统计,1979—1995年教师在不同刊物发表论文103篇(见附录)。

# 第四节 加强师资队伍建设

体育部历来重视师资队伍建设,20世纪80年代末就对师资队伍建设进行认真分析,认为到20世纪末高校的体育教师应侧重于质量上的提高,要使教学理念由技术型、竞技型、智能型向教育型转变。

## (一)教师基本情况

1981—1999年,体育部教职工在职人数为106人,其中教师82人(军事教研室7人,艺术教研室6人),教辅24人。

**1. 教师学历状况**

研究生3人,本科生7人,大专生12人。

**2. 教师毕业院校**

北京大学、沈阳体育学院、哈尔滨体育学院、哈尔滨师范大学、东北师范大学、牡丹江师范学院、沈阳音乐学院、哈尔滨工业大学、空军技术学院、陆军参谋学院。

**3. 职称结构**

教授8人,副教授41人,讲师27人,助教6人。职称结构趋向基本合理,高级职称比例略低些。从学历状况看,大部分教师为本科毕业,要想适应高等教育的需要,增加研究生学历的教师是当务之急。

## (二)重在提高内涵

1991年根据学校总体要求和实际情况制定了《哈工大体育部"八五"发展规划》,1995年12月制定了《哈尔滨工业大学体育部"九五"规划纲要》,师资的培养和提高是保证教学质量的重要环节。

**1. 严格要求,严格管理,提高内涵**

加强师资队伍的建设,除对青年教师做常规要求外,将重点放在知识和能力等的要求及培养上,明确重点掌握马克思主义理论知识和扎实的基础知识,其中包括教育科学、生物科学、应用和横向知识。能力方面重点提高体育教师的特殊能力和综合能力,包括体育教育、教学指导、群体指导、运动训练和体育科研能力等。

助教以上的教师均要从事科研工作,每年必须写一篇教学总结和一篇论文。体育部每年召开一次科研论文报告会。"八五"期间,体育部获省优秀教学成果一等奖一项,科学进步三等奖一项,学校优秀教学成果一等奖两项;发表论文 114 篇,其中三分之二以上发表在核心刊物上。获得科研经费 3.5 万元。

**2. 重视教师的进修和提高**

根据学校的总体要求和实际情况,教师的进修和提高以校内在职进修为主,并使之制度规范化。每周安排一次集体备课和业务提高,先后进行了排球、篮球、足球、田径、羽毛球、乒乓球、网球、游泳、滑冰、健美等项目的提高,并组织了几次撰写科研专题讲座。几年来,1 人去日本考察访问,3 人自费出国留学,4 人脱产学外语,30 余人外出参加短期学习班,10 人次外出讲学。1986—1987 年体育部在教学紧张的情况下,派出 8 名青年教师到哈尔滨体育学院进修和助教进修班学习 6 门硕士研究生课程并结业。外请 6 名专家学者到体育部讲学。对新来的教师实行"导师制",指导青年教师过好"教学关""群体关""劳动关",试用期满由导师提交可否转正的报告。

**(三)建设一支热爱体育教育的专业教师队伍**

"九五"期间是"211 工程"在哈工大实施阶段,是各项工作上水平的重要时期,体育工作应该适应学校发展的总体水平。为此,体育部"九五"规划的总目标和指导思想是:加强团结,调动一切积极因素,抓住机遇,乘势而上,为使哈工大体育工作达到全国重点高校一流水平而奋斗,体育部做了如下工作规划。

1.在学生人数相对稳定的情况下,体育教师人数应在 62 人的基础上增加到 70 人以上。

2.坚持教师每周一次集体备课和每周一次业务提高,集体备课按教学进度进行,业务提高按总体规划进行。

3.安排好教学研究和科学研究活动,提高教师教学能力和科研能力。搞好每年的体育教学比赛和每年一次的"科研论文报告会"。

4.有计划地派出青年教师参加外语班学习和有关计算机的学习,加强 CAI 课件研究

1995 年哈工大体育部教师冰球队

工作并运用到理论课的教学上。

5. 鼓励青年教师报考研究生,并每年派出 2～4 名教师报考北体和东北师大的研究生班。

6. 加强"导师制"对青年教师的指导。

7. 到"九五"期末,体育部教师达到研究生学历 8～10 人,教授 6～8 人,副教授 25～30 人,讲师 15～20 人,建设一支有较高学术水平、职称梯次结构合理的教师队伍。

1996 年东北地区高校体育协会教师篮球赛在哈工大体育馆举行,哈工大获冠军

### (四)优秀教师及体育部工作获奖情况

1992 年 10 月 1 日,赖有才教授获国务院政府特殊津贴。

1993 年 10 月 1 日,谭学儒教授、关鹏飞副教授获国务院政府特殊津贴。

1997 年 9 月,关鹏飞教授被学校聘为首批基础教学带头人。

1999 年 10 月 15 日,章民获全国体育卫生工作先进个人,受教育部和国家体育总局表彰。

1983 年,李兴汉获冰球运动健将称号(健将证号:0013485)并获国家体委颁发的三级体育运动奖章(证书号:83055)。

1989 年,许振松获国家体委颁发的国家级游泳教练员称号。

1990 年,张春晖获国家体委颁发的速滑运动健将称号。王力获国家体委颁发的国家级田径教练员称号。

1991 年,体育部获校教学成果一等奖。

1992 年,体育部获黑龙江教学成果一等奖。

1996 年 8 月,哈工大受到国家教委表彰,获"贯彻《学校体育工作条例》优秀学校"光荣称号。

### (五)体育学会兼职

赖有才:任中国学位与研究生教育学会体育工作委员会理事长(1985—1996 年),黑龙江省高校体育教学研究会主任(1986—1997 年)。

马永昌:任中国学位与研究生教育学会体育工作委员会秘书长(1985—1996 年)。

关鹏飞:任黑龙江省高校体育教学研究会副主任(1989—1999 年)兼哈尔滨市高校体

1996年在西安举行的全国大学生运动会上,哈工大被评为"贯彻《学校体育工作条例》优秀学校"

育教学研究会分会主任(1989—1999年)。

边疆:任中国体育科学学会体质研究会委员、科技专家(1990—2000年),黑龙江省体育科学学会理事(1990—2014年),黑龙江省体质研究分会主任委员(1990—2014年)。

### (六)1981—1999年在职人员(体育)

教师:赖有才、谭学儒、张朝贵、黄恕民、王平周、陈尧胜、陈登枢、高世廉、李育春、方玉林、刘贵生、姜锡中、韩树生、关维珞、韩禹学、娄启生、马永昌、林秀玉、许振松、邵满库、尹洪生、徐枫、王力、郑坤慧、孟宏震、樊树林、娄福恩、章民、杨国财、关鹏飞、张国志、李惠恩、于同、王珂、于宁、黄锷、李跃年、厉祥英、王国滨、郝秀艳、仇慧、安宏、李兴汉、崔延武、马晓天、柳洪涛、李征宇、关亚军、夏洪海、孟述、董平、赵秀云、周毅、左斌、罗大林、蒋强、王大力、吕岩、刘志书、陶永纯、崔煜、谷化铮、董杰、冯伟、牛荣利、高宝泉、张建中、陈玲、王忠波。

教辅:王福海、武兆红、陈焕凯、金信玉、孙传厚、王业滨、孟繁英、赵凤英、张声国、郑玉华、孟繁清、付文学、吴勇志、计亚惠、孙丹、陈佰才、高秉正、王承敏、张丽苹、杨兴田、付业军、崔延龙、张晓明、张敏。

军事教研室(武装部):刘志信、张德文、谢邦华、卢崇金、易凯、王明明、李建伟。

艺术教研室:季秀萍、田世英、张一凡、范美娟、藤青、李文静。

(以上名单中有个别教职工在此间调入或离开体育部)。

## 第五节 课外体育活动

课外体育活动是学校体育工作的重要组成部分,是体现学校体育目的的重要途径之一。开展课外体育活动,能够巩固和提高课堂上获得的知识、技术和技能,养成锻炼身体的习惯,丰富课余文化生活,发展个性和才能,有利于身心健康发展。

## (一)课外体育活动的实施

1990年实行了教师全院系体育辅导课上课表和指导小班课外活动的"体育班主任"责任制,是建立和实施改革成功的一环。由体育部根据各院系的学生人数和班数,派1~2名教师负责该院系的群体工作,所有教师除了承担教学任务书下达的教学任务之外,还分别负责几个小班的课外辅导和课外体育活动的组织。由于"体育班主任"制度的实施,课外体育活动落到了实处,对增强学生体质、提高体育知识、培养体育能力、学风班风建设都取得了明显的效果,使《国家体育锻炼标准》的达标率多年来一直稳定在93%左右。

1996年出台了《院(系)体育工作评比条例》并使其成为综合评比院(系)体育工作的重要依据,在很大程度上加强各院(系)领导对体育工作的重视,并纳入到他们的日常工作。每年在校田径运动会上都要对各院(系)评出的先进单位进行表彰和奖励。

各单位"体育俱乐部"的建立是群体活动改革又一新的尝试。有健美、足球、网球、羽毛球、乒乓球等十几个单项俱乐部,俱乐部实行会员制,对学生自觉锻炼起到了积极的推动作用。

体育部坚持体育设施对学生开放,各俱乐部不收场地费,免费对学生开放。教师指导课外活动由体育部发放一定的补贴,这样使学生同教师直接接触,提高了学生锻炼的积极性。

## (二)课余体育训练和竞赛

体育训练和竞赛是检验学校体育工作的重要组成部分。为了更好地开展课余训练和竞赛,提高学校体育运动技术水平,除开展校际友谊比赛外,哈工大还开展了10项全校性体育竞赛,已达到制度化、规范化,并形成传统。

各项竞赛均设"流动杯"和"体育道德风尚奖",以增强竞争意识,激发学生的集体荣誉感。培养学生勇敢顽强、遵守纪律、尊重对手、服从裁判的良好品质。

校内每年安排的10项竞赛:迎春长跑接力赛,"三好杯"篮球赛,"三好杯"排球赛,"三好杯"足球赛,"三好杯"羽毛球赛,"三好杯"乒乓球赛,全校田径运动会,游泳赛,新生运动会,冰上运动会。

校内竞赛能活跃校内的体育文化生活,有助于提高学生的运动技术技能,选拔优秀

1993年哈工大第三十届校运会开幕式(老体育场)

运动员参加省市高校和全国大学生比赛,以取得最佳成绩,为哈工大争光。

每年评选校"十佳运动员",在本年度校运动会上颁发证书和奖金,以资鼓励。被评为"十佳运动员"的学生继续刻苦训练,继续保持荣誉,为哈工大争光。

## 第六节 招收国家功勋运动员

按照2002年9月29日国家体育总局、中央编办、教育部、财政部、人事部、劳动保障部颁发的《关于进一步做好退役运动员就业安置工作的意见》(体人字〔2000〕411号文件)精神。哈工大1997年6月招收乒乓球世界冠军孔令辉,1999年9月招收优秀运动员姚伟丽、王辉、张仁洲等,2007年招收短道速滑世界冠军高鸣、张志强,分别入管理学院和人文学院国际经济与贸易专业学习。姚伟丽1993年6月在山东济南举行的全国田径锦标赛暨运动会和全运会选拔赛上跳出了7.01米的好成绩,成为亚洲第一个突破7米大关的女运动员,保持了27年的亚洲纪录至今无人能破。孔令辉入校后举行了入学仪式,与校队队员挥拍交流和指导球技。在四年中孔令辉多次为贫困学生赞助运动服装和运动鞋等,深受同学们的欢迎。他们入学后由李广和老师和钟晓兵老师安排课程,并利用寒暑假及比赛、训练回来后的时间进行一对一授课,指导作业和毕业论文等。

## 第七节 体育运动竞赛成绩

1981—1999年,哈工大学生多次参加全国、省、市高校体育竞赛。

1981年6月12—13日,哈尔滨师范大学主办,在黑龙江省体育场举行哈尔滨市高校第十六届田径运动会。哈工大学生组获团体总分第一名,教工组获团体总分第三名。12月11—15日,哈尔滨建筑工程学院举办哈尔滨高等学校乒乓球锦标赛,比赛项目有男女团体和男女单打4个项目。哈工大男子团体获第四名,女子团体获第二名,男子单打杜淼获第三名,女子单打于慧敏获第二名。12月28—29日,黑龙江大学主办秋季学期高校速滑比赛。哈工大张亦慧(女)获500米第三名、1 000米第三名、1 500米第二名、3 000米第二名、全能第二名,孙家铭获500米第七名。

1982年8月15—20日,北京举行中华人民共和国第一届大学生运动会。哈工大有9名运动员组成黑龙江省大学生代表队参赛(田径),其中5名田径运动员获得名次:姬敬1 500米4′8″7第八名、3 000米9′11″2第六名,牛健800米1′59″9第四名、1 500米4′6″9第五名,黄宝忠10 000米34′14″9第二名、5 000米16′4″4第八名,李晋年跳高1.85米第八名,陈国祥十项全能5 197分第四名、女子4×100米接力第八名。还有刘波、金宵、唐降龙、赵晶等同学参加了赛会。

1983年6月15—17日,黑龙江大学承办黑龙江省第三届大学生田径运动会。哈工大获团体冠军,打破1项全国大学生纪录和2项黑龙江省大学生纪录。11月20—28日,

辽宁大学举行全国大学生"孔雀杯"篮球邀请赛。哈工大男子篮球队获第六名。

1985年10月12—16日,黑龙江省高教研究会主办高校篮球选拔赛,哈尔滨船舶工程学院承办,男女共有10个队参赛。哈工大男子篮球队获第一名,女子篮球队获第四名。

1987年8月23—25日,黑龙江大学举行黑龙江省第五届大学生运动会。哈工大乒乓球男子团体获第一名,女子团体获第五名,男女团体总分获第三名。10月4日,哈尔滨市高校足球锦标赛在黑龙江中医学院举行,哈工大队获第二名。10月15—25日,黑龙江省第五届运动会艺术体操比赛在哈尔滨师范大学举行。哈工大获团体第五名;女子全能杨宇红获第四名,李响获第五名;单项曾会杰获绳操第三名。

1989年10月8—12日,哈尔滨师范大学举行黑龙江省第六届大学生运动会。哈工大男子团体获第三名,女子团体获第五名;获团体总分第三名。

1990年11月3—9日,哈尔滨船舶工程学院举行哈尔滨高校乒乓球赛。哈工大男女团体均获第一名。男子单打孙林获第三名,申赤兵获第六名,王旭东、张磊获第八名;女子单打王萍获第一名、张军获第六名。

1991年1月9—10日,哈尔滨市人民体育场举行黑龙江省大学生冰上运动会。哈工大男女团体均获第一名。单项比赛:温爱红(女)500米51″69破纪录获第一名、1 500米2′55″37获第一名、1 000米1′5″66获第一名、3 000米6′14″08破纪录获第一名、全能227.732分获第一名。苏彦东500米46″92破纪录获第二名、1 500米2′29″22破纪录获第一名、3 000米5′20″75破纪录获第一名、5 000米9′15″54获第一名、全能205.652分破纪录获第一名。邢韬韬1 500米2′34″84获第三名、3 000米5′38″41获第三名、5 000米9′34″1获第二名。7月20日,黑龙江省举行第七届大学生田径运动会。哈工大男女队以457分获男女团体总分冠军;11人破9项黑龙江高校运动会纪录,在41个项目中获22项第一名。

1995年8月1日,全国"研究生杯"羽毛球赛在哈工大体育馆举行,有14所大学代表队参赛。哈工大研究生获男子团体第一名,女子团体第二名。12月8日,哈尔滨工程大学举行黑龙江省第九届大学生运动会乒乓球比赛。哈工大获男子团体、男子单打、男子双打、混合双打4块金牌,并获2块银牌和4块铜牌。

1997年1月13日,在黑龙江省大学生冰上运动会上,哈工大速滑队包揽速滑比赛项目全部冠军,并获男子团体、女子团体和男女总分第一名。共有13人次打破6项省大学生冰上运动会纪录。7月25日,在黑龙江省第十届大学生运动会上,哈工大17人次打破黑龙江省大学生运动会纪录,获得19项冠军,第七次蝉联黑龙江省大学生运动会团体总分第一名。

1999年7月8日,哈工大举行黑龙江省第十一届大学生运动会篮球比赛。哈工大男女篮球队双双获得冠军,并获体育道德风尚奖。

## 第八节 体育场馆建设

20世纪90年代以来,在学校领导的重视与关心下,哈工大体育场馆硬件建设借助几次发展契机,加快了步伐,取得了质和量的飞跃变化,为体育教学与训练提供了良好的条件,为全校师生改善了体育锻炼的环境,丰富了校园体育文化活动。同时为全国、省、市提供了全优标准的体育比赛场馆。

1995年建成了建筑面积6 300平方米、使用面积2 958平方米的综合性体育馆,邵逸夫先生赞助500万港元,学校也做了相应的投资。同年,体育馆投入使用。

1995年哈工大体育馆落成典礼

20世纪90年代哈工大的体育馆、游泳池

体育场是1999年学校79周年校庆和2000年两校军体部合并前开始筹划的,在时任副校长张大成的支持下,取得了1 200万元的赞助。学校在不到一年的时间里完成了体育场的设计和施工。体育场拥有12 400多个座位,可作为全国性田径比赛和足球比赛的标准场地,同时也为教学与训练创造了良好环境。

2000年体育场投入使用后,为了满足教学和学生课外活动需要,学校又建了第二体育场,其中包括13个篮球场、7个排球场、6个网球场。同时在体育场外又建成一个小足球场,冬天可浇冰场,用于冰上教学。

2000年一校区体育场建成投入使用

体育场落成典礼

## 第九节　加强党支部建设，发挥党员先锋模范作用

自从《关于建国以来党的若干历史问题的决议》发表以来，教研室党支部抓住有利时机，通过学习提高了贯彻党的路线的自觉性，同时通过谈心活动，做了艰苦细致的思想工作，理顺各种关系，较好地完成了学校交给的各项工作任务。

教研室党支部按学校的要求，在规定的时间认真安排每周的学习，并改变学习方法，采取集体学习和分组学习相结合、学习和辅导相结合、集体学习和个人针对性学习相结合的方式。学习理论联系实际，开展自我批评，求同存异，用"决议"精神统一思想，促进教学工作的开展。

党支部要求每个党员认真做思想工作，要求一名党员带2~3名群众，每学期谈1~2次话，通过谈心活动沟通思想，消除隔阂，增强了团结。

20世纪80年代初，党支部一直坚持"三会一课"制度，曾集中安排了三次党课学习，并坚持每学期两次组织生活会，认真开展批评与自我批评，要求群众做到的，党员首先要做到，树立为人民服务宗旨，多奉献、少索取。党支部每年都多次安排义务劳动，如清理冰场、刷游泳池、场地画线、修理器材、修冰鞋、打扫卫生等，带动了不少党外同志一起参加劳动。党支部加强对入党积极分子培养和发展新党员的工作。十三届三中全会前，党支部 28 年只发展了一名党员。十三届三中全会后 11 年,党支部已发展了 11 名新党员,其中有老同志也有年轻同志,入党后他们都发挥了巨大的作用。

1988 年教研室党支部被评为学校先进党支部。

1994 年体育部党支部再次被评为学校先进党支部。

# 第四章 课程建设与教学管理阶段

# 第四章 课程建设与教学管理阶段

2000年6月2日哈尔滨工业大学与哈尔滨建筑大学合并,组建新的哈尔滨工业大学。2000年秋季学期两校军事体育部(以下简称军体部)顺利合并,教职工投入正常工作。

## 第一节 领导体制与组织机构

军体部直属学校主管副校长领导,定期召开体育工作专题会,对学校体育工作的中长期发展规划和重大问题进行研究决策,及时部署和调整领导班子的组织机构。两校军体部合并后,根据校人发〔2000〕611号文件决定:原哈工大军体部、原哈建大体育部和武装部组建军体部。根据校干〔2000〕562号文件决定:章民同志任军体部主任(2000年10月20日)。校干〔2000〕649号文件决定:肖同岐同志任副主任,王国滨同志任副主任(2000年11月3日)。

2000年11月经学校机关党委批准,军体部成立党总支委员会,隶属机关党委,肖同岐同志兼任党总支书记。

军体部工作实行党政分开,各负其责,重大工作事项由部务会讨论研究,再召开各教研室主任及中层干部组成的行政会,每1~2周召开一次全体教职工例会,落实部务会各项工作。

军体部分一、二两个教学区,下设七个教研室。一校区有一、二教研室,研究生教研室,女生教研室;二校区有体育教研室,军事教研室和艺术教研室。设五个党支部,一校区为第一、二、综合党支部,二校区为党支部和武装部党支部。军体部由三个单位组成,即体育部、武装部(军事教研室)和艺术教研室。

**军体部干部一览表**

| 姓 名 | 性别 | 职 务 | 任职时间 |
|---|---|---|---|
| 章 民 | 男 | 军体部主任 | 2000年10月20日—2006年7月 |
| 肖同岐 | 男 | 军体部副主任兼党总支书记 | 2000年11月3日—2006年7月 |
| 王国滨 | 男 | 军体部副主任 | 2000年11月3日—2006年7月 |
| 刘志信 | 男 | 武装部部长兼党支部书记 | 1996年5月—2002年1月 |
| 马泉沂 | 男 | 武装部部长 | 2002年1月—2006年7月 |
| 汪树斌 | 男 | 武装部副部长 | 2006年3月—2006年7月 |
| 于 同 | 男 | 军体部主任助理 | 2000年11月—2006年7月 |

续表

| 姓　名 | 性别 | 职　务 | 任职时间 |
|---|---|---|---|
| 崔延武 | 男 | 一校区第一教研室主任<br>一校区体育场场长 | 2000年11月—2003年7月<br>2003年7月—2006年7月 |
| 李征宇 | 男 | 一校区第二党支部书记<br>一校区第一教研室主任 | 2000年11月—2003年7月<br>2003年7月—2006年7月 |
| 王　珂 | 男 | 一校区第二教研室主任<br>军体部办公室主任 | 2000年11月—2002年9月<br>2002年9月—2006年7月 |
| 许振松 | 男 | 一校区第二教研室主任 | 2002年9月—2006年7月 |
| 戴炳德 | 男 | 二校区教研室主任 | 2000年3月—2002年3月 |
| 盛俊林 | 男 | 二校区教研室主任 | 2003年3月—2006年7月 |
| 历祥英 | 女 | 女生教研室主任 | 2000年11月—2006年7月 |
| 于　宁 | 男 | 一校区综合党支部书记<br>研究生教研室主任 | 2000年11月—2004年6月 |
| 郑坤惠 | 男 | 研究生教研室主任 | 2004年6月—2004年12月 |
| 杨国才 | 男 | 研究生教研室主任 | 2004年12月—2006年7月 |
| 邵满库 | 男 | 军体部工会主席<br>一校区体育馆馆长 | 2000年11月—2006年7月 |
| 李惠恩 | 男 | 一校区体育场场长 | 2000年11月—2003年7月 |
| 张成刚 | 男 | 二校区党支部书记<br>二校区体育馆馆长 | 2000年11月—2006年7月<br>2004年10月—2006年7月 |
| 王　力 | 男 | 一校区第一党支部书记 | 1997年9月—2005年9月 |
| 李兴汉 | 男 | 一校区第一党支部书记 | 2005年9月—2006年7月 |
| 陶永纯 | 男 | 一校区第二党支部书记 | 2003年7月—2006年7月 |
| 蒋　强 | 男 | 一校区综合党支部书记 | 2004年6月—2006年7月 |
| 季秀平 | 女 | 艺术教研室主任 | 1995年11月—2001年12月 |
| 田世英 | 女 | 艺术教研室副主任 | 1995年11月—2001年12月 |

根据校人发〔2001〕804号文件决定,艺术教研室由体育部划归人文学院领导(2001年12月4日)。

根据校人发〔2006〕295号文件,经学校十届十三次党委常委会议研究决定,原隶属于军事体育部的武装部划归学生工作处(部),调整为与学生工作处(部)合署办公,哈尔滨工业大学"军事体育部"更名为"体育部"(2006年6月5日)。

## 第二节 体育教学定位与发展规划

### (一)体育教学定位

哈工大是首批被国家列为"211工程"的重点建设学校,学校提出"建设世界一流大学"的宏伟目标,全面推进素质教育。哈工大体育教育在半个世纪的发展中,一直把课程建设和学科发展放在工作的首位,坚持以教学为中心,以增强学生体质健康为宗旨,实现体育教学向主体化、个性化、社会化、健身娱乐化方向发展;通过体育教学使学生掌握运动技能,学习健身方法,养成锻炼习惯,终身受益;并以教学、科研、群体、训练、竞赛为基本手段,构建适合工科学生的体育教学新体系、新模式,使体育教学向"国内一流的大学体育"目标发展。

### (二)发展规划

根据体育教学目的任务和《全国普通高等学校体育课程教学指导纲要》(本书简称《纲要》)精神,树立健康第一的指导思想,制订了"十一五"体育学科发展规划。

**1. 教学工作**

体育教学是学校体育工作的中心环节,是向全体学生进行体育教育的最重要的、最基础的组织形式。为实现体育教育目标,军体部搭建教学平台,深化教学改革,以课程内容、课程结构、课程评价和教学管理为重点,进一步拓宽课程内容,开设了六大类24项选项课,并把运动队训练和课外体育锻炼纳入体育课程,实现体育课内、外一体化。同时建立教学规范化管理,教学常规、教学质量评估和教师岗位聘任等制度。开发体育教学管理软件,通过感应卡和手持终端机将学生的体育考试成绩、课外锻炼次数和体质测试的数据等经无线传导系统直接输入计算机软件,实现体育教学"一卡通"管理。

**2. 学科建设**

加强体育学科建设,逐步从经验型、应用型,向深层次高水平学科研究转化。不断地优化师资队伍,提高教师的学历层次。选送青年教师到北京体育大学、东北师范大学、成都体育大学等体育专业名校攻读硕士和博士学位,并做好在职教师的提高工作。到2010年体育教师达75人,高职称比例占教师的64%(教授10人,副教授38人),引进和培养教学带头人3~4人,获硕、博学位和在读的教师占35%。进一步加强科学研究,成立体育科学研究所,建立体育学科硕士点,并做好体育教育训练学硕士点的招生和培养工作,争取到2010年确立两个以上专业的研究方向。完成国家级课题3~5项、省级课题6~8项、校级课题10余项,出版教材20余本,每年发表论文50余篇。

**3. 课外体育锻炼**

按照教育部、国家体育总局印发的《学生体质健康标准(试行方案)》及《学生体质健康标准(试行方案)实施办法》的通知精神,学校成立贯彻落实《学生体质健康标准(实施方案)》管理委员会。由哈工大领导、教务处、学工处、医院、体育部负责人成立领导小组负责落实。军体部制定了《哈工大学生体质健康标准测试规定》及测试项目、实施《学生体质健康标准》的具体措施。每年进行一次《学生体质健康标准》的测试,建立学生体质健康登记卡。把体育锻炼内容纳入体育课中,实行身体素质课课练。广泛开展学校体育竞赛,成立学生体育俱乐部和体育协会。提高晨练打卡效果,使课内与课外有机结合,提高学生体育锻炼的达标率。并把组织课外锻炼作为院系体育工作评比的重要内容,真正把"健康第一"落到实处。

**4. 招收高水平运动员,组建高水平运动队**

按照原国家教委颁发的《关于部分普通高等学校试行招收高水平运动员工作通知》〔(87)教学字 008 号文件〕精神,经学校同意,教务处支持,组建高水平运动队。实行公开、公平、公正体育技能测试,规范体育特长生的招生制度和管理办法,实行科学化训练,不断提高运动成绩。在三年内培养 7~8 名运动健将,参加全国和世界大学生比赛。田径队达到全国高校前三名,其他各队接近全国第六名。进一步整合运动项目的结构,优化组合教练队伍,加强培训、提高科学训练水平和工作责任心。并通过课余运动训练、竞赛,推动学校的群体活动,增强学生体质。

**5. 改善体育场馆设施**

从学科发展和课程建设出发,规划体育场馆,使每个校区都达到一场、一馆、一池,使体育场馆生均面积达到 5~6 平方米。2010 年建成设备齐全、结构合理、规模相当的国内一流设施体育场馆,使学校体育工作和整体水平得到全面发展。

## 第三节 课程建设与教学改革

军体部把体育课程建设放在教学的重要位置上,并根据《纲要》的精神,把"健康第一"作为课程内容的基本出发点,同时重视课程内容的体育文化含量,提出了课程建设以教材建设为龙头,以教法研究为切入点,以教学管理科学化为手段,以增强学生体质和提高健康水平为核心,以加强师资队伍建设、提高教师全面素质为重点,深化教学改革,提高教学质量。坚持高校体育培养人才、发展学科、服务社会的发展方向,最终达到健康育人的总目标。

### (一)课程建设

2003 年军体部重新修订了《哈尔滨工业大学体育课程教学大纲》,对课程的设置项目、结构等做了较大的改革与调整。

**1. 授课对象与课时**

一、二年级本科生,硕士生和博士生。一、二年级男女生开设两年体育必修课共 136

学时;三、四年级开设体育选修课 30 学时;研究生一年级开设健身体育课 36 学时;博士生开设体育辅导课 24 学时。

**2. 体育训练课**

实行常年训练,重点队 5 次/周,一般队 3 次/周,赛前集训一个月,工作量计算等同于普通体育课。

**3. 课外体育锻炼**

每学期安排 50～60 次锻炼,以个人锻炼与体育俱乐部相结合,定时定点专人辅导,并将完成次数计入体育课成绩。

**4. 开设体育课程项目**

男生选项课(13 项):篮球、排球、足球、网球、手球、羽毛球、乒乓球、田径、武术、散打、太极拳、体育舞蹈、游泳。

女生选修课(8 项):篮球、软式排球、网球、乒乓球、健美操、武术、体育舞蹈、游泳。

男女生选修课(8 项):健美、拳击、击剑、散打、网球、篮球、体育舞蹈、游泳。

季节课(4 项):游泳、滑冰、滑雪、雪地足球。

保健课(2 项):太极拳、太极剑。

训练课(5 项):田径、篮球、排球、乒乓球、速滑。

2003 年乒乓球课(原乒羽馆,现正心楼位置)

2004 年二校区滑冰场学生在滑冰

研究生羽毛球课

**5. 体育课课时分配和考试分值比例**

课时分配表

| 课型 | 第一学期 | 第二学期 | 第三学期 | 第四学期 |
| --- | --- | --- | --- | --- |
| 夏季选项课 | 16 | 20 | 16 | 20 |
| 冬季选项课 | 10 |  | 10 |  |
| 素质课 | 4 | 4 | 4 | 4 |
| 游泳课 |  | 4 |  | 4 |
| 理论课 | 4 | 6 | 4 | 6 |

考试分值比例表

| 课型 | 第一学期 | 第二学期 | 第三学期 | 第四学期 |
| --- | --- | --- | --- | --- |
| 夏季选项课 | 50 | 50 | 50 | 50 |
| 冬季选项课 | 20 |  | 20 |  |
| 理论课 |  | 10 |  | 10 |
| 体质健康标准 |  | 10 |  | 10 |
| 学习表现 | 10 | 10 | 10 | 10 |
| 课外锻炼 | 20 | 20 | 20 | 20 |

## (二)教学改革

《纲要》中提出:"根据学校教育的总体要求和体育课的自身规律,应面向全体学生开设多种类型的体育课程,打破原有的行政班级体制,重新组合,以满足不同层次、不同水平、不同兴趣学生的需要。"军体部在课程建设和体育教学方面做了一些改革与尝试。

**1. 选编课的方法**

体育课程以"健康第一"的指导思想作为选编教学内容的基本出发点,遵循大学生身心发展规律考虑大学生的兴趣、爱好以及地域、气候的特点,打破原有的系别、班级建制,重新组班上课,并开设多种类型和形式的体育课,以满足不同爱好、不同层次学生的需要。这种方法有利于教学,有利于素质教育的进行及创新实践能力的培养。

### 2. 选课方式

为使学生能在大学四年的学习期间得到充分的体育锻炼,同时保持体育锻炼的连续性,为一、二年级安排了两年选项课,即一年级(第一学期)选一次,二年级(第三学期)再选一次,并为三、四年级的学生增设了两年体育选修课。同时安排一定学时的体育理论课,使学生在运动实践教学中注意渗透相关的理论知识,提高认知能力,掌握常见运动创伤预防及处置方法。

### 3. 拓宽教学内容

在已开设的课程中,保留了学生喜欢的篮球、排球、足球、健美、健美操、武术等课程。新增加了网球、乒乓球、羽毛球、手球、击剑、散打、拳击、女子防身术、民族传统武术等课程,引进了现代体育舞蹈课、休闲娱乐课和季节性的滑冰、游泳等课程。将课外体育锻炼、运动训练、学生体质健康标准均纳入体育课中,同时利用校区周边及社会体育资源开设体育课程。如保龄球、滑雪等,满足不同层次学生、不同身体素质、不同季节的需要,丰富课程内容。

2004年军体部增添了20套滑雪教学器材,开设了本科生滑雪课。为了解学生对课程设立的看法和教学效果,下发了350张问卷进行调查,学生说得最多的一句话就是:"这样的体育课形式生动、活泼,调动了我们体育锻炼的热情。"该课程的开设,从准备、组织到进入课堂,都做了充分的工作,受到专家及广大学生的喜爱和好评。

哈工大滑雪课

2005年12月首次举办书记、院长、处长滑雪培训班,有17人参加培训,大家对这次活动的开展给予充分肯定,同时提出今后还要开设多种体育项目的培训班,使不同层次教职工得到锻炼,增进健康。

### 4. 教学方法

教学方法和教学手段是保证总体教学质量的重要环节。军体部重视学生在教学活动中的主体作用和教师的主导作用,提倡个性化、多样化,开展师生之间、学生之间的多边教学活动。改变以运动技术传授为中心的内容体系,建立以人为本,淡化竞技,注重健身,发展个性,培养体育能力。努力拓宽体育课的时间和空间,逐步实行自主选择课的内容、自主选择任课教师和自主选择上课时间的"三自"教学法,营造生动活泼主动的学习氛围。使教学理念从竞技型向智能型转变,从单纯的传授型向组织指导型转变,从封闭型向开放型转变。

**5. 组织公开课和观摩课**

坚持每学期组织教师开展体育公开课、观摩课的教学研究活动。2003年以来,先后对太极拳、武术、田径、排球、足球、篮球、健美操等课程进行观摩和评课,对教学内容、组织方法、手段、运动量、密度等进行系统分析。2004年学校教学督导组11名专家分批次对17名任课教师,8个项目逐一听课。通过专家检查,有6名教师达到优秀,11名教师达到良好,符合学校对体育任课教师教学质量的要求。教学督导组对军体部常年坚持每周一次集体备课、一次集体业务提高和每周一次课前审批教案制度的做法给予肯定,确认其为体育课教学的一大特色。

**6. 改革考试管理及方法**

学生成绩管理,实施"累加式"考试办法,学生可充分发挥自身的优势和特长,克服不足、优劣互补。各项单科成绩累加后达到60分即为及格。考试方法分为:突出对学生运动技能和认识程度(学习态度)相结合的考核。实行教学过程和教学一体化目标(课内课外)相结合的考核。采用定量和定性(技评和达标)相结合的考核。

### (三)体育教学管理

为了保证教学工作正常有序进行,提高管理水平、教学质量和办学效益,实现体育教学规范化管理。军体部制定教学质量检查制度,实行每年教学质量评估,2000年以来制定了以下7项教学管理制度。

**1. 2001年3月制定了《哈工大体育课教学常规》**

副教授以上职称的教师每学期要承担每周不少于12学时的课。凡经批准的任课教师,学期中间教研室一般不得擅自换人、停课。任课教师因公出差,经批准每学期不得超过一次,一次时间不得超过两周。教师必须按教学大纲和教学进度内容,在开课前一周写出教案,经教研室主任审阅、签字方可上课,教师无教案上课系违反教学纪律。教师必须在课前15分钟到场,穿着整洁的运动服装,在上课指定地点做好准备。教师上课时要讲解扼要,语言精练,声音宏亮,动作示范准确。凡漏课者均属严重教学事故,教师主动向教研室主任交书面检查。课堂因组织不当或安全保护方法欠妥,以致发生伤害事故属教学事故,必须向教研室主任报告,如教师属责任心不强而发生伤害事故属教师失误,自负全责。

**2. 2001年9月14日制定了《哈工大体育教学工作量管理办法》**

体育实践课90分钟计1.2分,代课计1.2分,合课计1.8分,选修课计1.2分。体育理论课主讲教师大班90分钟计3.5学时,课外辅导60分钟计0.6分,合班计0.9分。训练课90分钟计1.2分,周训练3次,赛前集训一个月每周计5次。停课后或假期训练课不计分,每次训练补助费40元。比赛期间教练和裁判员每天补助40元。群体下系教师每次补贴0.6分,每学期不超4次。备课和业务提高主讲教师每次0.6分。漏课一次扣

200元,事假代课扣20元。

**3. 2001年9月14日制定了《体育教师代课的若干规定》**

教师必须完成军体部下达的教学工作量,应服从安排,听从分配。教师外出须经军体部同意办理有关手续,病、事假代课经教研室主任批准。凡由军体部派出参加全国、省市高校体育竞赛,体育工作事宜和学术交流等,代课费由军体部负责。外单位邀请外出工作每学期不超过一次,第二次代课费由本人负责。教师在教学期间每次外出时间不超过两周,同时不得随意合课、代课。

**4. 2001年11月制定了《哈工大本科学生体育实践课考试管理条例》**

体育实践课考试范围涵盖选项课、选修课、保健课、课外体育锻炼和健康标准测试等。体育课考试实行累加式计分,允许单项不及格,但不能缺项,缺项者须补考,总分达到60分为及格,考试采用课内与课外技评和达标相结合的方法。每学期累加成绩不足60分或缺少考试要补考。特殊原因不能考试须持医院诊断或有关证明,向班任课教师申请缓考,经教研室主任同意,报军体部备案方可。因故缺课累计超过本门课程教学时数三分之一者、无故旷课三次者要重修。体弱、生理缺陷或患不宜参加剧烈体育活动学生,须有校医院诊断证明,报军体部审批后方可参加保健课学习,考试后满分80分。

**考试内容及分值比例**

| 课型 | 第一学期 | 第二学期 | 第三学期 | 第四学期 |
|---|---|---|---|---|
| 选项课 | 50 | 50 | 50 | 50 |
| 冰上课 | 20 | | 20 | |
| 理论课 | | 10 | | 10 |
| 课外锻炼 | 20 | 20 | 20 | 20 |
| 健康标准测试 | | 10 | | 10 |
| 学习表现 | 10 | 10 | 10 | 10 |

**5. 2001年11月制定了《哈工大体育理论课考试的规定》**

体育理论课考试采用笔试和口试两种形式,根据理论课教学大纲每学年考一次(第二、四学期)。命题由军体部统一安排,经部主任审阅签字方可生效。军体部与教务处安排教室和班级,考试前一天通知各班。口试由任课教师当堂组织进行,教师根据试题范围自制题签,学生抽签答题,教师根据题签标准答案,当场评分。

**6. 2003年3月20日制定了《哈工大体育教师工作量综合评估办法》**

内容包括:教学文件20分,教学常规5分,课堂质量40分(检查课20分,同行评估5分,学生评估15分),教学考勤20分,平时表现5分,科研工作10分(论文、教材、编著和科研立项)。每年以教研室为单位进行评估,按每项累计分数排列名次,第一名进行表彰和奖励500元。违反教学纪律者累计三次在军体部大会上检查,屡次出现教学事故或造成严重后果者,报请学校停止其教学工作一年,直至调离教学岗位。

**7. 2004 年与上海金教电子有限公司共同研制了体育教学管理软件**

该软件的功能是:学生网上选课;记录体育成绩;课外锻炼打卡和学生体质健康标准测试。通过感应卡和智能手持机将有关成绩和测试、考勤的数据储存,经无线传导系统直接输入电脑软件中,便于学生网上查询各项成绩。完善了体育教学软件的开发和实施,实现体育教学"一卡通"的管理。

## (四)教材建设

2001—2006 年为加强教材建设,本着"一纲多本的原则"博采众长编写了多种体育教材,其中体育专著、教材和音像教材等 25 部。编写了篮球、排球、足球选项课的教法范例 254 种。制作足球、篮球和滑雪等体育理论课教学软件,实行多媒体教学,改变了传统的体育课授课方式。

**2001—2006 年教师出版体育专著教材、音像教材**

| 序号 | 教材名称 | 作者 | 出版单位 | 出版时间 |
| --- | --- | --- | --- | --- |
| 1 | 《国防教育教程》 | 刘志信 | 哈尔滨工业大学出版社 | 2000 年 9 月 |
| 2 | 《体育游戏基本理论与实践》 | 朱宝峰 | 哈尔滨地图出版社 | 2003 年 3 月 |
| 3 | 《高山滑雪初级教程》(音像教材) | 关亚军 | 哈尔滨工业大学音像出版社 | 2003 年 4 月 |
| 4 | 《体育与健康》 | 王 菊 | 哈尔滨地图出版社 | 2003 年 5 月 |
| 5 | 《体育运动专项素质训练》 | 吕 岩 | 东北林业大学出版社 | 2003 年 5 月 |
| 6 | 《四段枪术》(音像教材) | 张亚东 | 河南音像出版社 | 2003 年 7 月 |
| 7 | 《新编军事教程》 | 马泉沂 | 哈尔滨工业大学出版社 | 2003 年 7 月 |
| 8 | 《武术》 | 朱宝峰 | 黑龙江省教育出版社 | 2003 年 9 月 |
| 9 | 《游泳》 | 董 杰 | 哈尔滨地图出版社 | 2003 年 9 月 |
| 10 | 《健美操基本教程》 | 陈 玲 | 哈尔滨地图出版社 | 2004 年 5 月 |
| 11 | 《体育与健康理论实践教程》 | 王国滨 | 哈尔滨地图出版社 | 2004 年 5 月 |
| 12 | 《篮球竞赛习题宝典》 | 夏洪海 | 哈尔滨地图出版社 | 2004 年 5 月 |
| 13 | 《门球健身运动》 | 杨国才 | 哈尔滨地图出版社 | 2004 年 5 月 |
| 14 | 《体育行为学》 | 李跃年 | 哈尔滨工业大学出版社 | 2004 年 7 月 |
| 15 | 《擒拿术》 | 张亚东 | 哈尔滨工业大学出版社 | 2004 年 7 月 |
| 16 | 《时尚减肥美体健身操》 | 郝秀艳 | 哈尔滨工业大学出版社 | 2004 年 7 月 |
| 17 | 《军事理论教程》 | 马泉沂 | 东北林业大学出版社 | 2005 年 1 月 |
| 18 | 《乒乓球教学与训练》 | 朱宝峰 | 人民体育出版社 | 2005 年 3 月 |
| 19 | 《篮球竞赛与裁判一点能》 | 夏洪海 | 哈尔滨地图出版社 | 2005 年 5 月 |
| 20 | 《冰雪运动技术教程》 | 李延亭 | 黑龙江教育出版社 | 2005 年 5 月 |
| 21 | 《大学体育科学健身》 | 马中权 | 哈尔滨地图出版社 | 2006 年 4 月 |
| 22 | 《运动营养学》 | 高宝泉 | 黑龙江人民出版社 | 2006 年 5 月 |
| 23 | 《普通高校体育课程教材》(篮球) | 仇 慧 | 哈尔滨工业大学出版社 | 2006 年 11 月 |
| 24 | 《普通高校体育课程教材》(足球) | 刘志书 | 哈尔滨工业大学出版社 | 2006 年 11 月 |
| 25 | 《普通高校体育课程教材》(滑雪) | 李延亭 | 哈尔滨工业大学出版社 | 2006 年 11 月 |

### (五)体育课程建设经费

2000—2006 年,学校下拨体育课程建设经费,经学校财务处核准总额为 596 万元(2000 年 47 万元,2001 年 86 万元,2002 年 96 万元,2003 年 98 万元,2004 年 93 万元,2005 年 89 万元,2006 年 87 万元),主要用于体育教学、体育科研、群体竞赛、高水平运动队训练比赛及部分体育器材、场馆设备的购入和维修等。

2004 年学校加大本科课程建设力度,为迎接全国本科教学水平评估、加强体育课程建设,又拨款 200 万元,用于专业建设与教学改革,集中建设 6 个项目。使学科建设在原有基础上得到更大改善,促进教学质量的提高,达到"以评促改,以评促建"的目的。

**专业建设项目明细表**

| 序号 | 建设项目名称 | 投资数额/万元 |
| --- | --- | --- |
| 1 | 本科生体育课程建设 | 53.56 |
| 2 | 本科生滑雪课程建设 | 13 |
| 3 | 本科生男子健美课 | 58.06 |
| 4 | 高水平运动队建设 | 20.62 |
| 5 | 课外体育锻炼与学生体质测试 | 13 |
| 6 | 基础设施建设 | 41.96 |
| | 合　计 | 200.2 |

建设成果如下:

(1)开设具有北方特色的滑雪课,经历两个学年的教学实践,参加学生人数达 1 000 人次;

(2)增加西方传统经典运动击剑课程;

(3)开设培养学生勇猛顽强精神的拳击课程;

(4)完成自编教材 3 部(篮球、足球、滑雪);

(5)制作多媒体课件 3 个(体育理论课、足球课、篮球课);

(6)配备 70 个座位的多媒体教室 1 个;

(7)建有高水平运动员损伤理疗室 1 个;

(8)改善男生健美课的器材设备;

(9)改善跆拳道、散打课的器材设备;

(10)更新乒乓球台 26 副;

(11)进一步完善课外体育锻炼及《学生体质健康标准》测试统计管理设备;

(12)改善体育基础设施篮球架、室外健身区域训练器械。

### (六)研究生体育教学

1983 年秋季学期,哈工大开设了硕士研究生健身体育课。1985 年,在教育部体卫司的关怀和支持下,由哈工大牵头成立了中国学位与研究生教育学会体育工作委员会,哈工大为理事长和秘书长单位,率先把研究生体育课列为研究生必修的一门有学分的基础课。2000年10月,王道平主编,赖有才主审,马永昌、章民等参编了全国高校研究生体育教材《研究生体育导学》,并由上海交通大学出版社出版发行。2001年哈工大又开设了博士研究生体育辅导课。

2004年12月,根据哈工大学生的实际情况重新编写《哈工大研究生体育课教材》和教学大纲,开设的课程有篮球、排球、足球、乒乓球、羽毛球、网球、保龄球、滑雪、滑冰、游泳等,课程的类型为选修课和季节课。硕士研究生课学时为36学时/年,博士研究生课学时为24学时/年(博士生无学分),参加上课的学生,经考试合格,成绩为通过。

### (七) 军事课教学

按照《军事课教学大纲》的规定和要求,军事课程的教学分集中和分散两个阶段。多年来哈工大在集中军事技能训练中,按照部队营、连、排、班的建制实施。军训团由学校主管领导和有关职能部门领导组成,按院、系编为军训营、连、排、班,进行军营一日生活制度管理,学习哈工大"规格严格,功夫到家"的校训,进行集中军事技能训练。训练中坚持三严标准,即严格训练、严格要求、严格管理。完成了2000级至2006级31 200余人次的本科生集中军事技能训练,以及14 560学时的军事理论授课任务,参训率达99.8%。在"十五"至"十一五"期间,把学生军训作为新生入学的第一课,将学生军训与素质教育相结合,实施全面育人培养计划。注重学生心理素质教育和应对突发事件能力的培养,并进行了消防安全演练避险、逃生、自救和互救等安全常识教育,强化了学生安全防范意识。

**军事课教学内容一览表**

| 军事技能训练课目 | | | | 军事理论课目 |
|---|---|---|---|---|
| 军事技能训练 | 队列训练 | 思想政治教育 | 军训政治动员 | 我国国防 |
| | 轻武器射击训练 | | 革命传统教育 | 军事思想 |
| | 单兵战术训练 | | 演讲比赛 | 高技术战争 |
| | 军体拳训练 | | 歌咏比赛 | 世界军事 |
| | 三防训练 | | 内务评比 | 军兵种知识 |
| | 综合拉练 | | 军体拳大赛 | 军事地形学与定向运动 |
| | 实弹射击 | | 安全防火演练 | 军事高技术 |
| | 分列式方阵训练 | | 军训成果汇报展示 | 我国国防科技工业 |

### (八) 艺术教学与演出

艺术教研室主要承担哈工大学生开设的艺术选修课、全校的文艺活动和指导教职工业余文艺活动,并对哈工大艺优生进行管理,指导艺术团排练和参加部分演出。

1974年3月7日,哈工大正式成立文艺宣传队。

1974年5月1日,组织学生举行"五一"歌咏会和文艺演出,有600多名师生员工参加演出。

1975年6月11日,哈工大文艺宣传队参加哈尔滨市文艺演出,被评为哈尔滨市职工业余文艺会演先进集体。

1980年12月15日,组织哈工大各部处12个单位40余个节目参加演出。

1980年1月5日,哈工大文工团一行22人赴京,有6个节目参加航天部职工首届文艺会调演。

1990年11月26日,由13个院、系1 600多名男女参加的大合唱专场演唱会,拉开了哈工大第四届学生文化艺术节的帷幕。

2004年11月25日,哈工大2004级博士研究生夏芳"华彩芳韵"专场音乐会在校礼堂举行。

2004年12月21日,第二届中国大学生校园歌手大赛全国总决赛,在北京师范大学落幕,哈工大学生高震极获金奖和最具潜质奖,付佳获铜奖。

(摘自哈尔滨工业大学大事记、年鉴以及有关资料。)

## 第四节 学科建设与科研工作

科学研究是高校的基本职能,是高校教师的基本任务。多年来军体部一直重视科研工作,以科研强部、科研兴部、科研促教学、科研促教改为目标,对军体部课程建设、学科发展起到一定的推动作用。

### (一)学科建设

1998年,军体部开始在青年教师中培养硕士研究生,2002年培养博士研究生。2000年制定了《哈尔滨工业大学军体部2001年至2005年工作规划与目标》,2005年制定了《军体部2005年—2010年"十一五"学科发展规划》,提出体育是一门学科,要发展体育教育,提升学科层次,建立学术梯队,出名师、出名课、出科研成果。要创新就必须有一支德才兼备、爱岗敬业、实力雄厚、结构合理的学术队伍来支撑学科发展。

**1. 学术队伍与体育硕士点**

军体部学术队伍:

基础学科教学带头人1人,教授6人,副教授36人,具有博士学位1人、硕士学位14人,在读研究生16人。

2005年军体部申报体育教育训练学硕士点。

2006年1月教育部正式批准体育硕士学位授予点。体育硕士点研究专业点有:(1)冰雪教学训练理论与方法,专题负责人王珂;(2)田径教学训练理论与方法,专题负责人于同;(3)高校体育与健康教学理论与方法,专题负责人章民。拟定2008年招收第一批硕士研究生。自2008年至2018年军体部硕士研究生导师为:章民、王珂、于同、郑坤惠、王国滨、李跃年、谷化铮、朱宝锋、陶永纯9位。一共招收47名研究生。

## 军体部硕士研究生名单

| 序号 | 年级 | 姓名/去处 |
|---|---|---|
| 1 | 2008 | 项磊/梅河口　贾连垫/威海　何孟良/珠海　杨帆/梅河口 |
| 2 | 2009 | 张庆丰/长春　褚绪/通化　王强/威海　李妍/哈工大 |
| 3 | 2010 | 张家宁/长春　张云龙/通化　吴胜安/长春　崔维文/枣庄　田爽/杭州　刘桥/大庆 |
| 4 | 2011 | 陈小唐/东师大　李殊佳/郑州　马至远/长春　徐琳/北京　陈儒刚/河内 |
| 5 | 2012 | 李冰/哈体院　赵菁/哈工大　张曦文/民航　王辰/鞍山　张昊/哈工大　赵信男/大庆 |
| 6 | 2013 | 陈绍卓/哈工大　赵明饶/哈尔滨烟厂 |
| 7 | 2014 | 赵健/哈工大　张颜崇/吉林　胡文/山东　孙志鹏/辽宁 |
| 8 | 2015 | 姜来/天津　卢雨泽/天津　杜松津/哈尔滨　聂子琛/哈工大 |
| 9 | 2016 | 赵翔/青岛　倪静娇/哈工大　韩庆萍/哈尔滨　王立安/广州　卢再水/哈工程 |
| 10 | 2017 | 常亚婷/上海　张莉莉/山东　刘展铭/哈工大　王丹丹/哈工大　刘凯元/广州 |
| 11 | 2018 | 2 人在校读研 |

**2. 科研与教学相结合**

为尽快提高教师的学术水平,搭建良好的教师科研工作平台,2001年初购买部分计算机,2003年又购入20台计算机,建立了计算机室,各项工作逐步实行微机化管理。同时建立了"中华冰雪网页",有助于各高校之间体育文化交流。2001年成立了体质研究室,对学生的体质进行追踪、监控和研究,进一步完善大学生体质健康标准的测试工作。

2001—2005年,军体部先后召开了3次体育教师科研论文报告会,建立教师学术交流常态化机制。2001年12月制定了《哈工大体育教师科研工作若干规定》,强化教师科研意识和能力,鼓励教师写论文,申报科研项目,多出成果。规定了不同职称教师每年完成不同级别和数量的论文及科研项目。制定了完成科研任务的奖励细则,把科研工作与岗位聘任挂钩,促进体育学科的发展。

2000—2006年,军事教研室(武装部)加强和规范制度建设,并实施教师教学考核办法,深化和推进科研学术工作。"十一五"期间,先后发表学术论文30篇;省高教学会科研立项3项,其中,重点课题2项、一般课题1项;主编教材5本,其中2本获黑龙江省优秀教育科学研究成果一等奖;主审教材1本。

### (二)科研工作与科研成果

军体部把科研成果作为衡量科研水平的主要标志,倡导严谨踏实的科研态度,倡导科研精品意识,鼓励教师多出精品成果。2002年1月9日,以李兴汉老师为组长的课题组研制了"露天冰场除冰屑扫雪车",黑龙江省科技厅组织的专家将该项技术成果鉴定为国家首创,处于国内领先水平。2003年3月10日该成果进一步创新为实用新型"皮带刷式冰场清雪车",报国家知识产权局审批获专利,专利号 ZL03212496.1,证书号为第

607222号,科研经费8.65万元。同时军体部还承接了国家体育总局科研项目、黑龙江省教育科学"十一五"规划课题和黑龙江省高教学会及军事课程教学改革重点课题等项目。

**1. 科研立项**

2001—2006年教师科研立项

| 序号 | 项目名称 | 主要成员 | 项目来源 | 项目起止时间 |
|---|---|---|---|---|
| 1 | 黑龙江城镇弱势人群健康投资观念的研究 | 孟 述 陶永纯 谷化铮 | 国家体育总局 | 2002年6月—2003年8月 |
| 2 | 东北地区少数民族传统体育项目开发与推广研究 | 孟 述 | 国家体育总局 | 2004年6月—2005年10月 |
| 3 | 露天冰场除冰屑扫雪车 | 李兴汉 | 黑龙江省科技厅 | 2000年7月—2003年3月 |
| 4 | 花样滑冰数据库的建立 | 盛俊林 | 黑龙江省自然科学基金 | 2001年1月—2002年12月 |
| 5 | 黑龙江省中日学生体质现状调查与研究 | 盛俊林 | 黑龙江省教育厅 | 2001年1月—2002年12月 |
| 6 | 双支点莱普冰刀技术结构的基础理论研究 | 关亚军 | 黑龙江省科技厅 | 2001年1月—2003年5月 |
| 7 | 普通高等学校青年长拳CAI及网络教学 | 关晓龙 | 黑龙江省教育厅 | 2002年1月—2003年7月 |
| 8 | 关于HIP—HOP健身项目的引进与动作技术发展研究 | 关晓龙 | 黑龙江省科技厅 | 2002年3月—2003年6月 |
| 9 | 提高学生健康水平,促进学生全面发展 | 于 同 | 黑龙江省高校"十一五"规划课题 | 2003年5月—2005年6月 |
| 10 | 普通高校体育教学中学生竞争意识的培养研究 | 邓振杰 | 黑龙江省中医药大学 | 2003年10月—2006年6月 |
| 11 | 离子注入冰刀刃面提高冰刀结构技术性能研究 | 关亚军 | 黑龙江省自然科学基金 | 2003年12月—2005年4月 |
| 12 | 对不同体质人群利用健身路径健身最佳运动处方 | 李 勇 | 齐齐哈尔市科委 | 2004年1月—2006年4月 |
| 13 | 我国优秀速滑运动员技术动作视频数据分析与应用 | 闫 生 | 哈尔滨市科技局 | 2004年3月—2005年12月 |
| 14 | 校园体育工作网络化研究 | 王 珂 | 黑龙江省教育厅 | 2004年4月—2005年12月 |
| 15 | 黑龙江省高校教学、竞赛工作网络化的研究与实践 | 王国滨 | 黑龙江省教育厅 | 2004年4月—2005年12月 |
| 16 | "案例型"课型在高校体育教学中的应用研究 | 张宝军 闫 生 | "十五"教育部规划课题子课题 | 2004年6月—2005年12月 |
| 17 | 利用运动营养检测手段监控我省速滑运动员体脂含量的攻关研究 | 闫 生 | 黑龙江省科技厅 | 2005年1月—2011年6月 |

续表

| 序号 | 项目名称 | 主要成员 | 项目来源 | 项目起止时间 |
|---|---|---|---|---|
| 18 | 黑龙江省高校足球选项课教学内容和教学方法的改革与实践 | 高宝泉 | 黑龙江省教育厅 | 2005年4月—2006年5月 |
| 19 | 中等职业学校女生体能标准研究 | 郑坤惠 | 黑龙江省教育科学"十一五"规划 | 2005年10月—2008年5月 |
| 20 | 优化高校体育健康课程结构的研究与实践 | 盛俊林 | 黑龙江省高教学会 | 2005年12月 |
| 21 | 发挥体育学科的优势促进大学生心理健康的研究 | 于 同 | 黑龙江省高教学会 | 2005年12月 |
| 22 | 高校体育课程教学内容方法改革与实践研究 | 闫 生 | 黑龙江省高校教育科技研究"十一五"规划课题 | 2006年1月—2007年7月 |
| 23 | 高校国防教育与学生思想政治素质培养 | 王明明 | 黑龙江省高教学会 | 2006年3月—2009年6月 |
| 24 | 高校军事教师教学能力的培养与研究 | 罗善华 | 黑龙江省高教学会 | 2006年3月—2008年9月 |
| 25 | 高校军事课教学改革研究与实践 | 齐永成 | 黑龙江省高教学会 | 2006年3月—2006年12月 |
| 26 | 对哈工大课外体育锻炼组织形式现状调查与分析 | 陶永纯 | 学校内立项 | 2001年7月—2002年8月 |
| 27 | 哈工大本科生体质现状与发展对策研究 | 于 同 | 学校内立项 | 2002年3月—2003年8月 |
| 28 | 推进素质教育深化哈工大体育教学改革 | 李跃年 | 学校内立项 | 2002年6月—2003年9月 |
| 29 | 关于体育课程实现网络化管理的开发和应用 | 章 民 | 学校内立项 | 2003年6月—2006年6月 |
| 30 | 关于《体育行为学》的研究与编写 | 李跃年 | 学校内立项 | 2004年4月—2005年12月 |
| 31～36 | 体育课程建设等6项课题 | 章 民 王国滨 肖同岐 | 学校内立项 | 2004年6月—2006年5月 |
| 37 | 媒体课件在太极拳教学中的实践研究 | 王忠波 | 学校内立项 | 2006年3月 |
| 38 | 哈工大体育数据库开发与应用 | 李 勇 | 学校内立项 | 2006年10月—2007年4月 |

**2. 科研成果获奖**

**优秀科研成果获奖一览表**

| 序号 | 姓名 | 时间 | 获奖内容 | 获奖名称 |
|---|---|---|---|---|
| 1 | 章 民 李跃年 | 2000年11月10日 | 关于开设博士生健身课的设想与实践 | 黑龙江省高校教育学会优秀教育科研论文二等奖 |
| 2 | 李兴汉 周 毅 柳洪涛 | 2000年11月18日 | 教与学一体化体育教学处理软件的设计与效果 | 黑龙江省高校教育学会优秀论文一等奖 |

续表

| 序号 | 姓名 | 时间 | 获奖内容 | 获奖名称 |
|---|---|---|---|---|
| 3 | 边疆 朱宝峰 韩秀华 张成刚 王晓伟 | 2001年3月20日 | 大学生太极拳健身教育模式研究 | 黑龙江省高等教育学会优秀科学成果二等奖 |
| 4 | 边疆 | 2001年3月20日 | 北方创新健人实验用书——体育和保健指导 | 黑龙江省高等教育学会优秀科学成果三等奖 |
| 5 | 仇慧 柳洪涛 郑坤慧 李兴汉 | 2001年3月20日 | 提高跨世纪人才终身体育锻炼能力 | 黑龙江省高等教育学会优秀科学成果三等奖 |
| 6 | 刘志信 王明明 | 2001年8月 | 《定向运动指南》 | 黑龙江省教育科学优秀成果一等奖 |
| 7 | 历祥英 王国滨 赵秀云 | 2001年12月8日 | 运用素质教育观构建学校体育教学目标体系的框架 | 黑龙江省高校教育学会优秀教育科研论文二等奖 |
| 8 | 刘志信 | 2003年1月 | 《高等学校军事课教材》 | 黑龙江省教育科学优秀成果一等奖 |
| 9 | 王国滨 冯韶文 | 2003年1月4日 | 对我国花样滑冰优秀运动员控制体重方法研究 | 国家第十四届冬季运动会科学大会优秀论文 |
| 10 | 王菊 | 2003年7月6日 | 普通高校体育理论教材构建的研究 | 黑龙江省优秀高等教育科学研究成果二等奖 |
| 11 | 章民 | 2004年7月20日 | 哈尔滨工业大学体育数据库开发与应用 | 黑龙江省第十三届大学生运动会体育科学论文二等奖 |
| 12 | 李跃年 肖同岐 | 2006年9月2日 | 关于现代大学生体育教育指导思想的研究 | 黑龙江省第十四届大学生运动会体育科学论文三等奖 |
| 13 | 高宝泉 | 2006年 | 普通高校速滑技术教学中训练手段最优化探析 | 黑龙江省高校教育学会科研论文二等奖 |

2000—2006年军体部教师发表论文数统计表  单位:篇

| 年度 | 论文数 |
|---|---|
| 2000 | 12 |
| 2001 | 16 |
| 2002 | 61 |
| 2003 | 60 |
| 2004 | 49 |
| 2005 | 27 |
| 2006 | 26 |

注：总计251篇,具体明细见表附录。

## 第五节　师资队伍建设与人员管理

### (一) 师资队伍结构

师资是教学工作的核心资源,是提高人才培养质量的重要保证。在军体部几十年的发展历程中,教师队伍发生了很大的变化。一些老教师先后退休,一批年轻优秀人才陆续补充进来,教师队伍的新老交替基本完成。师资队伍的建设重点不仅仅是数量,还要不断地优化人员的结构和质量。

据2000—2002年统计,专职教师79人,其中教授7人,副教授41人,讲师28人,助教3人。具有硕士研究生学历13人,在读硕博研究生16人。根据统计,教师40岁以下49人占62％,41～50岁23人占29.1％,50岁以上7人占8.9％(见2000—2002年教师队伍结构一览表)。根据2006年统计,体育教师69人,教授6人、副教授36人、讲师23人、助教4人,其中学科带头人2人,博士生1人,在读博士生1人,具有硕士学位13人,在读硕士研究生6人。已基本形成一支年龄结构合理、发展趋势良好的教师队伍。

**2000—2002年教师队伍结构一览表**

| 类别 | | 人数 | 比例/％ |
| --- | --- | --- | --- |
| 学历 | 研究生 | 13 | 16.4 |
|  | 本科生 | 65 | 82.3 |
| 职称 | 教授 | 7 | 8.9 |
|  | 副教授 | 41 | 51.9 |
|  | 讲师 | 28 | 35.4 |
|  | 助教 | 3 | 3.8 |
| 年龄 | 20～30岁 | 10 | 12.6 |
|  | 31～40岁 | 39 | 49.4 |
|  | 41～50岁 | 23 | 29.1 |
|  | 50岁以上 | 7 | 8.9 |

### (二) 学科梯队培养

为加强学科建设,提高教师学历层次,军体部有计划地培养有潜质的优秀的中青年教师骨干和学科带头人,逐渐形成一个合理的梯队结构。2000年以来选派青年教师到体育专业名校攻读硕士和博士学位,学校、军体部和教师本人三方分担学费,减免报考教师的工作量,同时提高在岗教师业务能力。自2001年以来已先后派29人参加全国学术交流和体育专业培训班学习及观摩全国重大体育比赛等。组织以学科带头人、高职称教师组成的导师队伍,实行青年教师导师制,全方位地加强教师学术梯队的培养和提高教师教学水平。

**2000—2006年军体部教师获得硕博学位一览表**

| 序号 | 姓名 | 性别 | 学位 | 授学位院校 | 获学位时间 |
|---|---|---|---|---|---|
| 1 | 谷化铮 | 男 | 硕士 | 东北师范大学 | 1998年6月 |
| 2 | 关亚军 | 男 | 硕士 | 悉尼工业大学 | 2000年5月 |
| 3 | 牛荣利 | 男 | 硕士 | 北京体育大学 | 2000年5月 |
| 4 | 孟 述 | 男 | 硕士 | 东北师范大学 | 2000年6月 |
| 5 | 冯 伟 | 男 | 硕士 | 北京体育大学 | 2000年10月 |
| 6 | 高宝泉 | 男 | 硕士 | 北京体育大学 | 2000年12月 |
| 7 | 陶永纯 | 男 | 硕士 | 北京体育大学 | 2001年12月 |
| 8 | 蒋 强 | 男 | 硕士 | 北京体育大学 | 2001年12月 |
| 9 | 刘勇强 | 男 | 硕士 | 北京体育大学 | 2001年12月 |
| 10 | 李 勇 | 男 | 硕士 | 北京体育大学 | 2003年10月 |
| 11 | 朱宝峰 | 男 | 硕士 | 成都体育学院 | 2005年7月 |
| 12 | 张宝军 | 男 | 硕士 | 东北师范大学 | 2005年5月 |
| 13 | 董 杰 | 男 | 硕士 | 北京体育大学 | 2006年5月 |
| 14 | 左 斌 | 男 | 博士 | 东北林业大学 | 2006年6月 |
| 15 | 王明明 | 男 | 硕士 | 哈尔滨师范大学 | 2005年1月 |

### (三)职称聘任

军体部重视职称的评审工作,充分发挥专业技术资格评审的导向作用。在职称评定工作中,按照学校有关专业技术资格评审规定,成立了由5人组成的教授委员会。2005年11月制定了教授委员会委员资格、职责、工作程序及组织管理等规定,同时也制定了职称评审细则,坚持公开、公平、公正,按细则标准逐项打分累计出结果。职称评审细则主要内容如下:

(1)政治思想10分。

(2)教学工作45分:教学质量15分,教学改革10分,教学能力10分,教学评估10分,每项得分均按3个档次评分。

(3)学术水平70分。①论文(必备条件)均在核心刊物发表的第一、二作者。申报中级职称2篇以上,申报副教授5篇,其中一级刊物至少1篇,为8分,超出部分一级刊物每篇加1分,满分10分。申报教授8篇,其中一级刊物至少3篇,为8分,超出部分一级刊物每篇加1分,满分10分。②正式出版的专著和教材(必备条件),副教授主编10万字以上,教授主编20万字以上,均为10分,副主编7分,参编5分。③科研成果。参加省部级科研项目并通过鉴定,负责人为10分,后四位作者依次递减2分,科研经费在万元以上,每万元加 1 分。④获省部级优秀教学成果一等奖,负责人为 10 分,后四位作者依次递减 2 分;获二等奖负责人 6 分,后两位作者依次递减 2 分。⑤获省部级科研发明创新奖 10 分。⑥获省部级科技进步二等奖 10 分。⑦获国家、省自然科学基金项目 10 分。

注:学术水平 70 分。1~3 项为必备条件;4~7 项可选其二,不重复加分。

(4)各项加分:获硕士学位加 1 分、博士学位加 4 分;获省部级优秀教师加 3 分、校级优秀教师加 1 分;国际级裁判员加 2 分、国家级裁判员加 1 分;获学校教学技能大赛一、二等奖均加 1 分。

(5)以上量化总分晋中级职称为 50 分,晋高级职称为 75 分,获参评资格。经军体部教授会投票获 4 票为通过。

(6)晋级职称人员必须参加学校的外语考试,得 40 分为通过,有效期 2 年。

**2000—2006 年教师职称晋级一览表**

| 年份 | 教授 | 副教授 | 讲师/助教 |
|---|---|---|---|
| 2000 | 边 疆 | 周 毅　左 斌 | 刘志信　关晓龙　简 萍　陈 玲 |
| 2001 | 王 珂 | 李兴汉　罗大林　王 菊 | 罗善华 |
| 2002 |  | 马晓天　孟 述 | 张春辉　张建中　张宝军　李 勇 |
| 2003 |  | 陶永纯　邓振杰 | 张成刚　朱宝峰　张 伟　徐 磊　董晓琪 |
| 2004 | 章 民 | 吕 岩　冯韶文 | 闫 生 |
| 2005 | 王国滨　李跃年 | 关亚军　夏洪海　谷化铮 | 王忠波　王晓伟 |

### (四)岗位聘任与岗位职责

2005 年 11 月 6 日,军体部根据学校"十一五"学科建设发展规划,实施人事制度改革方案,提出要立足现实、面向未来、竞争纳贤、按需设岗、择优聘用、严格考察,制定了《哈工大军体部"十一五"岗位设置方案》,对教师、党政管理干部和教辅后勤人员,分别制定岗位聘任的发展方向、目标、任务、条件、职责、工作量、考核方法等,建立有效的激励机制,进一步加强学科发展和师资队伍建设,全面提升军体部整体工作质量。

体育教师按教学与研究方向设岗,分别为田径教学与研究,篮、排、足球教学与研究,制定冰雪、游泳教学与研究,乒乓、羽毛、网球教学与研究,健美、健美操、武术教学与研究,体育理论与体质研究等方向。对于教授、副教授、讲师、助教岗位,教师可根据自己的研究方向和岗位职责申请职称和相应岗位。军体部根据申请者的条件和岗位职责予以聘任。

## 1. 教师岗位聘任条件及岗位职责

教师岗位聘任条件及岗位职责

| 岗位名称 | 聘任条件 | 岗位职责 |
|---|---|---|
| 体育学科带头人 | 把握学科发展方向,有同行公认某个研究方向的学术建树;<br>取得一定教学研究成果,发表若干篇高水平学术论文;<br>主持完成省部级重点科研项目的研究工作;<br>教学工作量饱满,教学效果优秀 | 配合军体部做好规划和学术梯队建设,培养青年学术骨干;<br>配合军体部做好教学、科研、场馆设计等;<br>主持和指导省部级课题,每年在核心刊物发表学术论文两篇以上 |
| 教授 | 教学工作量饱满,教学效果优秀;<br>主持某一项目体育教学与科研的研究方向,取得一定成果;<br>在省内外高校学科同行中有一定学术影响;<br>配合军体部完成课程建设和学科建设任务;<br>新晋升或聘任的教授,必须获国内、省内同行公认或有显著成绩,有标志性研究成果 | 协助军体部完成学科建设及对青年学术骨干的培养;<br>承担省、市或校内科研课题,每年在核心刊物发表论文两篇以上;<br>完成部下达学期教学任务,每周六次课左右,教学质量达到优秀;<br>每年组织一至两次本项目的教学实践、训练、竞赛及裁判等方面学术研讨 |
| 副教授 | 有一定教学经验和能力,承担本科生、研究生教学,工作量饱满,教学优良;<br>具有一定科研能力,是教学科研骨干,有较高的教学成果和科研成果;<br>编撰一部公开发行的教材或著作;<br>新晋升或聘任的副教授,应具备有影响的教学改革、教学研究方向的业绩 | 每学期承担本科生或研究生课程,每周七次,教学质量优良;<br>在教学研究方向上,有理论和实践经验,每年在核心刊物发表论文1~2篇;<br>配合军体部抓好课程建设、教学评价等工作,在教学环节中指导1~2名青年教师 |
| 讲师 | 是教学、科研骨干,某一项目基本技术扎实,理论较系统,具有可持续发展功底;<br>承担本科或研究生教学任务;<br>具备指导校内群体、竞赛能力;<br>协助或参与教学改革实践和编写教材任务 | 每学期承担本科生或研究生课程,每周7~8次,教学效果良好;<br>在本人研究项目方向上,每年发表核心刊物论文1篇;<br>积极完成组织校内各项竞赛、裁判工作及教学改革实践与评估工作 |
| 助教 | 具有完成本科生教学任务或群体竞赛组织工作能力;<br>胜任教学工作,工作量饱满,教学认真,效果良好,完成军体部、室分配的工作 | 每学期承担每周7~8次课,教学质量评估为良好;<br>结合教学实践及科研,每年完成论文1篇;<br>积极完成教研室交给的各项任务,虚心向中、老教师学习,过好教学关 |

## 2. 制定行政管理干部、教辅人员和工勤人员岗位聘任条件及职责

(1)高级行政管理岗聘任条件及岗位职责。

聘任条件:具备行政副处级以上职务相当于专业技术职称者;具有负责或分管某一方

面工作的能力,且有较强口述、文字表达和分析研究问题能力;具有起草各类规章制度、工作规划、方案的能力;能够开创性地开展工作,并有指导中、初级岗位人员工作的能力。

岗位职责:贯彻落实党的路线方针政策和学校的各项决定;认真组织本单位政治学习和宣传教育工作;加强党员教育和管理,促进党建和廉政建设;认真履行监督保障职责,做好党员和群众的思想工作,增强集体凝聚力,指导中、初级岗位人员完成本职工作。

(2)中级行政管理岗聘任条件及岗位职责。

聘任条件:具备行政副科级以上职务或相当于专业技术职称者;具备一定的文字及口述表达能力;工作认真、踏实、有特色,有解决问题、处理问题的能力,有爱岗敬业精神。

岗位职责:完成好各项任务;爱岗敬业,主动做好行政管理工作;熟悉管理工作特点及规程,讲究工作效率;注意提高自身素质,增强服务意识。

(3)教辅人员岗聘任条件及岗位职责。

聘任条件:具备中级专业技术职称;爱岗敬业,工作认真负责;熟悉工作规程,有独立工作能力。

岗位职责:熟悉图书资料类别收集、检索归档业务;建全人事档案,加强微机管理;做好工资调整、补贴发放及财务报销等工作,讲究质量与效率;协助做好退休人员的相关管理工作。

(4)工勤岗位聘任条件及岗位职责。

聘任条件:爱岗敬业,服务意识强;工作主动积极,工作量饱满;遵守劳动纪律;讲究工作效率。

岗位职责:做好场馆内外环境卫生清扫和体育设施维护及教学器材发放收回工作;遵守劳动纪律,不迟到不早退,有事提前请假;提高文明服务意识,自觉做好本职工作。

**3. 制定各级聘用岗位考核办法**

(1)教学、科研各岗位考核办法:根据各岗位应选定体育科学发展规划确定的6个教学与研究方向中的任意一个方向,作为本人教学科研方向,结合《哈工大体育部教师工作质量综合评估办法》的规定,实行每学期评价,每年排列名次,并与岗位聘任、评优等挂钩。

(2)行政管理干部考核办法:能履行聘用合同的职责和义务;每年在军体部教职工大会上述职、评议,并按学校党委组织部考核办法执行,同时参考《军体部党政管理干部考核办法》,依据得分排出优秀、合格、不合格,两次考核不合格,将予以解聘。

(3)工勤岗位考核办法:能履行聘用合同规定的岗位职责和义务;按《哈工大教辅人员工作质量评估办法》,依据得分排出优秀、合格、不合格,两次不合格者,将予以解聘。

## (五)军体工作获奖与社会兼职工作

**1. 优秀教师及教学奖**

优秀人才是学科发展的首要因素,所获奖项是体现教师业务水平的重要标志。在合理的教师管理制度和良好竞争机制激励下,对体育教育和国防教育工作发挥一定作用。

## 优秀教师一览表

| 序号 | 姓名 | 时间 | 获奖名称 |
|---|---|---|---|
| 1 | 王国滨 | 2000年9月8日 | 1999—2000年度学校优秀教师 |
| 2 | 关鹏飞 | 2002年6月28日 | 2000—2001年度学校优秀教师 |
| 3 | 王国滨 | 2004年5月14日 | 2002—2003年度学校优秀教师 |
| 4 | 章 民 | 2004年7月20日 | 黑龙江省高校优秀体育教师 |
| 5 | 于 同 | 2004年7月20日 | 黑龙江省高校优秀体育教师 |
| 6 | 盛俊林 | 2006年6月9日 | 2004—2005年度学校优秀教师 |

## 教学获奖一览表

| 序号 | 姓 名 | 时 间 | 获 奖 名 称 |
|---|---|---|---|
| 1 | 张成刚 | 2000年12月7日 | 2000年度学校教学成果二等奖 |
| 2 | 王国滨 | 2001年12月28日 | 2001年度学校优秀教学设计二等奖 |
| 3 | 李跃年 | 2001年12月28日 | 2001年度学校优秀教学设计二等奖 |
| 4 | 历祥英 | 2001年12月28日 | 2001年度学校优秀教学设计二等奖 |
| 5 | 张建中 | 2001年12月28日 | 2001年度学校优秀教学设计二等奖 |
| 6 | 陶永纯 | 2002年 | 2001—2002年度华为SMC奖教金三等奖 |
| 7 | 王 力 | 2002年 | 2000—2001年度华为五大湖校友奖 |
| 8 | 刘志书 | 2005年 | 2005年度学校SMC奖教金三等奖 |
| 9 | 李跃年 | 2006年7月16日 | 2006年度学校教学优秀二等奖 |
| 10 | 高宝泉 | 2006年 | 2006年度学校SMC奖教金三等奖 |
| 11 | 牛荣利 | 2006年 | 2006年学校青年教师基本功竞赛一等奖 |

### 2. 优秀裁判员、教练员名单

**优秀裁判员、教练员名单**

| 序号 | 姓名 | 运动项目名称 | 授予级别 | 授予年份 | 授予部门 |
|---|---|---|---|---|---|
| 1 | 张亚东 | 武术裁判 | 国际A级 | 2000 | 国际武术联合会 |
| 2 | 朱宝峰 | 短道速滑裁判 | 国家级 | 2000 | 国家体育总局 |
| 3 | 张 伟 | 网球教练员 | 一级 | 2002 | ITF国际网球国家体育总局 |

### 3. 军体部获奖

在半个多世纪的发展中,经过几代军体部教育工作者的不懈努力,军体部在各个方面取得了显著成绩。

2000年哈工大获教育部颁发的贯彻《高等学校体育工作暂行规定》先进学校和《学校体育工作条例》优秀高等学校称号。

2003年被评为黑龙江省高校体育工作优秀单位。

2003年获黑龙江省体育仪器学科研究贡献奖。

2003年被学校授予离退休服务管理工作先进集体。

2003年获学校工会工作先进集体。

2006年武装部荣获黑龙江省"全民国防教育先进单位"和全国"全民国防教育先进单位"。

**4. 体育学会**

章　民：任中国学校体育研究会(后更名为中国高等教育学会体育专业委员会)理事(2000—2011年)。

　　　　任中国学位与研究生教育学会体育工作委员会副理事长(2000—2011年)。

　　　　任黑龙江省高校体育教学指导委员会委员(2003—2006年)。

边　疆：任哈尔滨市体质研究会客座研究员(2005—2006年)。

　　　　任哈尔滨市国民体质监测中心咨询专家(2005—2006年)。

李　勇：任中国体育科学学会计算机分会委员、第六届委员(2004—2010年)。

　　　　任中国短道速滑裁判委员会委员(2004—2014年)。

张亚东：任中国武术协会裁判委员会委员(2004—2014年)。

　　　　任黑龙江省武术协会散打委员会主任委员(2000—2014年)。

　　　　任哈尔滨市武术协会副会长(2006—2009年)。

刘志信：任中国大学生国防体育协会理事(1999—2002年)。

　　　　任黑龙江省高等学校军事教育研究会副理事长(2001—2002年)。

马泉沂：任黑龙江省高等学校军事教育研究会副理事长(2003—2006年)。

## (六)军体部教职工名单及人员变动情况

军体部(由体育部、武装部、艺术教研室组成)2000—2006年教职员工名单及人员变动情况见下表。

**教职员工名单及人员变动(2000—2006)**

| 部门 | 教职工姓名 | | | | | 调入人员及时间 | 调出人员及时间 | 备注 |
|---|---|---|---|---|---|---|---|---|
| 第一教研室 | 崔延武 张春辉 吕　岩 夏洪海 | 李兴汉 王国滨 高宝泉 尹洪生 | 关亚军 关晓龙 王大力 | 刘志书 柳洪涛 蒋　强 | 周　毅 马晓天 王　力 | | 夏洪海 2005年11月 | |
| 第二教研室 | 王　珂 崔　煜 谷化铮 左　斌 | 许振松 刘勇强 张建中 冯　伟 | 李征宇 邵满库 罗大林 | 董　杰 王忠波 李跃年 | 陶永纯 孟　述 牛荣利 | | | |

续表

| 部门 | 教职工姓名 | 调入人员及时间 | 调出人员及时间 | 备注 |
|---|---|---|---|---|
| 二区教研室 | 盛俊林 李延亭 张亚东 戴炳德 闫 生<br>孟 巍 冯韶文 马忠权 李 勇 张成刚<br>徐 磊 朱宝峰 王剑虹 杜 强 边 疆<br>杨 剑 张宝军 张 伟 | 盛俊林<br>2001年4月<br>张 伟<br>徐 磊<br>2002年7月 | 杜 强<br>2006年3月 | 边 疆<br>2001年9月<br>退休<br>杨 剑<br>2000年12月<br>退休 |
| 女生教研室 | 徐 枫 历祥英 郝秀艳 仇 慧 赵秀云<br>简 萍 陈 玲 邓振杰 张霁虹 韩秀华<br>张仙娥 董 平 王 菊 王晓伟 董晓琪 | 张霁虹<br>2002年10月<br>董晓琪<br>2002年7月 | | |
| 研究生教研室 | 关鹏飞 章 民 于 同 李惠恩 郑坤惠<br>杨国财 安 宏 黄 锷 于 宁 | | 于 宁<br>2004年6月 | 关鹏飞<br>李惠恩<br>2005年7月<br>退休 |
| 行政管理 | 肖同岐 孙传厚 孙 丹 | | | |
| 教辅人员 | 张声国 杨兴田 付业军 张晓明 高秉正<br>陈佰才 王承敏 崔延龙 高 潮 孟繁英<br>张丽萍 张 敏 景续莲 | 景续莲<br>2000年6月 | | 孟繁英<br>2005年4月<br>退休 |
| 艺术教研室 | 季秀平 田世英 张一凡 范美娟 滕 青<br>李文静 | | 2001年<br>12月4日<br>划归人文学院 | |
| 武装部 | 刘志信 马泉沂 王明明 齐永成 李建伟<br>罗善华 王树斌 | 马泉沂<br>2002年1月<br>王树斌<br>2006年3月 | 2006年<br>6月5日<br>划归学生处<br>（部） | 刘志信<br>2003年7月<br>退休 |

注：哈尔滨建筑大学教职员工名单及人员变动情况见第六章

## 第六节 课外体育锻炼与学生体质健康标准

　　课外体育锻炼是实现学校体育教学目的的基本途径之一，是增强学生体质的有效措施，也是体育课不可分割的一部分。根据《纲要》精神"要把有目的、有计划、有组织的课外体育锻炼，校外活动，运动训练等纳入体育课，形成课内外有机联系的课程结构"。军体部联合校团委、学生会等具体负责组织实施，包括全校性的学生体育竞赛活动。各院系学生体育竞赛活动，由各院系自行负责组织实施，军体部派各下系教师给予指导。

### (一)课外体育锻炼基本概况

课余体育竞赛,通过体育竞赛促进和推动学校各项体育活动的开展,培养学生团结协作和勇往直前的坚强意志品质,活跃校园体育文化生活。学校每年组织传统的十大赛事,即体育节,田径运动会,新生运动会,迎春环校接力赛,"三好杯"篮球、排球、足球、乒乓球,健美操和冰上运动会,并按项目制订比赛预定日期、参加方式、承办单位、备注等实施计划。

迎春环校接力赛

冰上运动会

开设学生体育俱乐部和体育协会活动,有篮球、排球、足球、乒乓球、拳击、散打、太极拳、健身、健美操、自行车等项目,利用课余时间,有组织地练习。经常组织校内及校际友谊交流比赛。军体部给学生提供活动时间、项目、场地器材及辅导教师。体育俱乐部和体育协会每年制订锻炼计划,并不断扩大锻炼队伍,为推动校园体育课外活动起到积极作用。

2003年军体部投入了13万元购买手持测试仪器和体育软件等,建立学生课外活动站。每天晨练和下午课外活动时间,在一、二校区和土木楼设若干活动站,由教师轮流值班打卡签到。学生按每学期出勤率和完成的次数,计入体育成绩。

2001年为贯彻《学校体育工作条例》和《全民健身计划纲要》,推动群众体育工作的开展,增强学生体质,军体部制定了《哈工大院(系)体育工作综合评比条例》,同时制定了

《体育教师下院系工作条例》，由军体部选派教师，指导和协助各院系体育工作（包括制订体育工作计划、组织竞赛、裁判培训、代表队训练等）。这些条例的实施，已形成哈工大课外锻炼的长效机制。

### （二）学校田径运动会

田径运动会是哈工大师生每年期盼的体育盛会，运动会由军体部牵头，由校团委、各院系、学生会、校工会等单位组织协办。运动会为期两天，运动会项目如下。

学生男子组：100米、200米、400米、800米、1 500米、5 000米、10 000米、110米栏、400米栏、4×100米接力、4×400米接力、跳高、跳远、三级跳、铅球、铁饼、标枪（17项）

学生女子组：100米、200米、400米、800米、1 500米、3 000米、3公里竞走、100米栏、400米栏、4×100米接力、4×400米接力、跳高、跳远、三级跳、铁饼、铅球、标枪（17项）

教工男子青年组：100米、200米、400米、4×100米接力、跳高、跳远、铅球、铁饼、标枪（9项）

教工女子青年组：100米、400米、4×100米接力、跳高、跳远、铅球、铁饼（7项）

教工男子中年组：100米、400米、800米、跳远、铅球、铁饼（6项）

教工女子中年组：100米、400米、跳远、铅球（4项）

教工男子老年组：60米、1 500米、跳远、铅球（4项）

教工女子老年组：60米、铅球（2项）

教工男子娱乐项目：30米自行车慢骑、50米2人3足跑、30米四人集体托球跑（3项）

教工女子娱乐项目：30米自行车慢骑、50米2人3足跑、30米四人集体托球跑（3项）

2001—2006年，哈工大召开了四次田径运动会。2001年举行了第三十九届校运会，开幕式有千余人的教职工太极拳表演及老年太极扇和腰鼓表演。学生有武术操、健美操表演。比赛中有各院系自编自演的小型多样团体操、文艺节目，彩旗队、啦啦队鸣锣击鼓，呐喊助威，观众席上人浪起伏，呈现出一派热闹的景象。同时军体部还举行师生申奥签名活动。2002年举行了第四十届校运会。2003年由于"非典"未举行校运会，但秋季学期在学校成立基础学部和二校区塑胶田径场落成之际召开了新生运动会。按照学校提出的增强体质，抗击"非典"发挥体育优势，组织了小型体育活动，如："健康杯"篮球、健美操、击剑、环校内长跑等系列活动，活跃了校园体育文化生活。2004年为迎接国家本科教学水平评估工作，没有举行校运会。2005年举行第四十二届校运会。2006年举行了第四十三届校运会，并在每届校运会上对"十佳"运动员和院（系）群体工作先进单位进行表彰。

### 哈尔滨工业大学学生男子组田径项目纪录

| 项目 | 成绩 | 纪录保持者 | 年份 | 赛会名称、地点 |
| --- | --- | --- | --- | --- |
| 100米 | 10″7 | 王 岩 | 2001年 | 哈工大校田径运动会 |
| 200米 | 21″55 | 陈宏伟 | 2004年 | 黑龙江省第十三届大学生运动会 佳木斯 |
| 400米 | 47″2 | 李大光 | 2004年 | 全国大学生运动会选拔赛 哈尔滨 |
| 800米 | 1′48″61 | 迟毅男 | 2005年 | 全国田径锦标赛暨奥运会选拔赛 石家庄 |
| 1 500米 | 3′51″30 | 迟毅男 | 2005年 | 全国第十届大学生田径锦标赛 青岛 |
| 5 000米 | 15′12″30 | 窦志刚 | 2005年 | 黑龙江省大学生田径锦标赛 哈商大 |
| 10 000米 | 31′22″8 | 窦志刚 | 2005年 | 黑龙江省大学生田径锦标赛 哈商大 |
| 110米栏 | 15″10 | 孙大坤 | 2006年 | 黑龙江省第十四届大学生运动会 哈师大 |
| 400米栏 | 53″89 | 陶立权 | 1999年 | 全国大学生田径锦标赛 长春 |
| 3 000米障碍 | 10′10″2 | 王洪欣 | 2004年 | 黑龙江第十三届大学生运动会 佳木斯大学 |
| 5公里竞走 | 20′04″1 | 崔 进 | 2006年 | 黑龙江省第十四届大学生运动会 哈师大 |
| 10 000米竞走 | 40′47″3 | 崔 进 | 2006年 | 黑龙江省第十四届大学生运动会 哈师大 |
| 4×100米接力 | 41″73 | 高 沛 陈宏伟 李大光 张德鹏 | 2004年 | 黑龙江省第十三届大学生运动会 佳木斯大学 |
| 4×400米接力 | 3′13″29 | 尤 森 李大光 陈宏伟 迟毅男 | 2001年 | 全国大学生田径锦标赛 大连 |
| 跳高 | 2.04米 | 董秋实 | 2000年 | 全国大学生运动会选拔赛 哈尔滨 |
| 跳远 | 7.40米 | 肖 刚 | 2001年 | 哈工大校田径运动会 |
| 撑竿跳 | 3.80米 | 白 刚 | 1992年 | 全国大学生运动会 武汉 |
| 三级跳远 | 15.84米 | 赵 鹏 | 2006年 | 黑龙江省第十届全运会 牡丹江 |
| 铅球 | 15.74米 | 兰 洋 | 2006年 | 哈工大校田径运动会 |
| 铁饼 | 46.62米 | 郭孝明 | 2004年 | 哈工大校田径运动会 |
| 链球 | 40.70米 | 吴 野 | 1996年 | 哈尔滨市大学生田径运动会 哈尔滨建筑工程学院 |
| 标枪 | 62.15米 | 曹 俊 | 2002年 | 全国大学生田径锦标赛 大连 |
| 十项全能 | 5 179分 | 陈国祥 | 1987年 | 全国大学生运动会 大连 |

### 哈尔滨工业大学学生女子组田径项目纪录

| 项目 | 成绩 | 纪录保持者 | 年份 | 赛会名称、地点 |
| --- | --- | --- | --- | --- |
| 100米 | 12″1 | 张宁宁 | 2004年 | 黑龙江省第十三届大学生运动会 佳木斯大学 |
| 200米 | 25″89 | 秦 琴 | 2002年 | 全国大学生田径锦标赛 大连 |
| 400米 | 56″76 | 张宁宁 | 2005年 | 黑龙江省大学生田径锦标赛 哈商大 |
| 800米 | 2′10″3 | 武 肃 | 2004年 | 黑龙江省第十三届大学生运动会 佳木斯大学 |

续表

| 项目 | 成绩 | 纪录保持者 | 年份 | 赛会名称、地点 |
|---|---|---|---|---|
| 1 500米 | 4′25″3 | 武 肃 | 2005年 | 全国第十届大学生田径锦标赛 青岛 |
| 3 000米 | 10′22″25 | 田 霞 | 2006年 | 哈工大第四十三届田径运动会 |
| 5 000米 | 18′14″4 | 田 霞 | 2004年 | 黑龙江省第十三届大学生运动会 佳木斯大学 |
| 10 000米 | 37′58″7 | 田 霞 | 2006年 | 黑龙江省第十四届大学生运动会 哈师大 |
| 100米栏 | 14″6 | 张宁宁 | 2004年 | 黑龙江省第十三届大学生运动会 佳木斯大学 |
| 400米栏 | 59″77 | 张宁宁 | 2004年 | 全国第七届大学生运动会 上海大学 |
| 3公里竞走 | 14′30″ | 王树立 | 2006年 | 哈工大第四十三届田径运动会 |
| 5公里竞走 | 25′02″1 | 王树立 | 2006年 | 黑龙江省第十四届大学生运动会 哈师大 |
| 4×100米接力 | 48″7 | 张宁宁 牟 爽 王 雪 王 欣 | 2006年 | 黑龙江省第十四届大学生运动会 哈师大 |
| 4×400米接力 | 3′57″6 | 张宁宁 张 青 赫晓晨 武 肃 | 2004年 | 全国第十届大学生田径锦标赛 青岛 |
| 跳高 | 1.73米 | 柳春淑 | 2006年 | 黑龙江省第十四届大学生运动会 哈师大 |
| 跳远 | 5.77米 | 魏宇红 | 1999年 | 全国大学生田径锦标赛 长春 |
| 三级跳远 | 12.69米 | 孙丽颖 | 2001年 | 全国大学生田径锦标赛 广州 |
| 铅球 | 14.03米 | 张守芹 | 2005年 | 哈工大第四十二届校田径运动会 |
| 铁饼 | 45.05米 | 刘 敏 | 2005年 | 哈工大第四十二届校田径运动会 |
| 标枪 | 41.03米 | 那 娜 | 2004年 | 黑龙江省第十四届大学生运动会 哈师大 |

### 哈尔滨工业大学教工田径纪录

| 项目 | 男子 | | | | 女子 | | | |
|---|---|---|---|---|---|---|---|---|
| | 年份 | 姓名 | 成绩 | 单位 | 年份 | 姓名 | 成绩 | 单位 |
| 100米 | 1991年 | 罗大林 | 11″4 | 机关 | 2004年 | 王 菊 | 14″ | 机关 |
| 200米 | 1995年 | 蒋 强 | 24″2 | 机关 | 1981年 | 蔡 素 | 32″7 | 后勤 |
| 400米 | 1991年 | 金永锡 | 54″8 | 机关 | 1987年 | 李 平 | 1′12″1 | 后勤 |
| 800米 | 1983年 | 王 平 | 2′11″3 | 开发 | 1981年 | 赵香云 | 2′57 | 后勤 |
| 1 500米 | 1992年 | 王 平 | 4′28″1 | 开发 | 1991年 | 范文芳 | 6′3 | 外语 |
| 50 000米 | 1984年 | 毕凤华 | 17′45″1 | 后勤 | | | | |
| 10 000米 | 1982年 | 于 铭 | 36′37″9 | 六系 | | | | |
| 4×100米接力 | 1991年 | | 46″5 | 后勤 | 2005年 | 集体项目 | 59″63 | 后勤 |
| 4×400米接力 | 1992年 | | 3′37″9 | 机关 | 1999年 | | | |
| 跳高 | 1992年 | 刘德才 | 1.83米 | 机关 | 1999年 | 简 平 | 1.32米 | 机关 |
| 跳远 | 1991年 | 李飞宇 | 6.53米 | 市政 | 2006年 | 邱慧妍 | 4.46米 | 威海 |
| 铅球 | 1996年 | 牛荣利 | 12.48米 | 机关 | 1973年 | 迟慧珠 | 9.79米 | 后勤 |
| 铁饼 | 1987年 | 牛荣利 | 34.44米 | 机关 | 1997年 | 董 平 | 25.20米 | 机关 |
| 标枪 | 1985年 | 郭迎化 | 58.60米 | 机关 | 1983年 | 迟慧珠 | 25.48米 | 后勤 |

哈工大第四十三届田径运动会一万米比赛

哈工大第四十三届田径运动会铁饼比赛

### (三)学生体质健康标准

学生体质健康标准是检测学生体魄的有效措施,1975年5月经国务院批准,国家体委公布了《国家体育锻炼标准》,哈工大学校领导非常重视学生的体质,关心体育健康标准的测试和管理工作。为此专门下发文件,成立管委会。校发〔2004〕179号文件,通知全文如下:

#### 关于成立贯彻落实《学生体质健康标准(实施方案)》
#### 管理委员会的通知

各院(系)、部、处:

为更好地贯彻、落实教育部、国家体育总局关于印发《学生体质健康标准(试行方案)》及《〈学生体质健康标准〉(试行方案)实施办法》的通知(教体艺〔2002〕12号文件)精神,从2004年春季学期开始,将对全校本科生进行体质测试。这项工作规模大,涉及的人员与部门较多,牵涉到方方面面,需有关部门协调配合与支持:为此,学校决定成立哈尔滨工业大学贯彻、落实《学生体质健康标准(实施方案)》管理委员会,负责组织协调落实该项工作,人员组成如下:

主　　任：周　玉
副主任：章　民
委　　员：李　旦　　任晓萍　　杨晓明　　王国滨

二〇〇四年四月五日

学生体质健康标准测试

军体部根据《国家体育锻炼标准》(以下简称《标准》)的要求,制定《哈工大学生课外体育锻炼、体质健康标准实施方案》和《哈工大学生体质健康标准测试规定》,对本校学生每年进行一次《标准》的测试。其内容包括身高、体重、握力(男)、仰卧起坐(女)、立定跳远、肺活量、台阶跳等。测试的成绩记入《学生体质健康标准登记卡片》放入学生毕业档案,并与课程、毕业等有效挂钩。

为了落实《标准》的试行方案,使更多的学生达到体质健康标准,特定实施措施如下：
(1)订购了两套教育部统一规定的学生达标测试器材;建立一、二校区两个专用学生体质健康标准测试室。
(2)每学期将两周体育课时间定为一、二年级达标测试周;每周六、日为三、四年级达标测试日。
(3)未达标的学生,由下系教师和各院系辅导员有计划地组织学生晨练和下午课外活动锻炼,并及时补测。
(4)毕业班的学生未达标,利用暑假组织他们对达标内容进行培训,直至达标。
经对 2003—2005 级学生统计,学生体质健康标准测试达标率为 94%。

(四)国防体育与教育及人武工作

哈工大将国防体育比赛和国防教育作为一项重要工作来抓。多少年来积极参加教育部、省军区、省教育厅和省国防教育办组织的各项国防教育和体育活动。2001 年承办了第三届中国大学生国防体育节暨定向运动比赛,并设计创作了会旗、会标、会歌,主编了《定向运动指南》一书,作为培养定向运动员的参考用书,获黑龙江省教育科学一等奖,填补了黑龙江省缺少"定向运动"教材的空白。2005 年 7 月哈工大又承办了黑龙江省第五届学生定向越野比赛,从赛事的整体策划到各项技术的指标都达到了国际赛事标准,是黑龙江将中学生纳入定向越野比赛项目的一次突破。

2005年哈工大承办了黑龙江省首届高校国旗护卫队经验交流会暨队列及升旗表演赛,哈工大获得优秀表演奖。2006年在黑龙江省大学生纪念红军长征胜利70周年征文比赛和国防知识竞赛中,哈工大再次荣获优秀组织奖。朱春晓等19名同学荣获征文奖,王志等30名同学荣获国防教育知识竞赛奖。哈工大还组队参加了"万米长卷话国防"的万人签名活动、"保卫21世纪——国防教育"知识竞赛、演讲比赛和"心系国防——国防教育"征文比赛等活动。

武装部(军事教研室)除了承担本科生的军事课教学工作外,还承担着学校的人武工作行政职能,负责哈工大的专业技术民兵分队和预备役人员的管理、训练,以及人民防空、双拥、大学生征兵等工作。

## 第七节 承办国际、国内体育赛事和重大体育活动

### 一、承办世界女排大奖赛

2001年8月10—12日和17—19日,世界女排大奖赛(中国·哈尔滨工业大学赛区)第二站和第三站的比赛顺利进行。世界女排大奖赛是真正职业性的高水平女子排球赛,国际排球联合会主席鲁本·阿科斯塔博士,国家体育总局局长、中国奥委会主席、中国排球协会主席袁伟民,黑龙江省副省长王佐书,哈工大校长杨士勤,中国排球协会专职副主席徐利和黑龙江省体育局局长赵英刚等领导发来贺电。

2001年世界女排大奖赛哈工大站比赛

国际排球联合会主席鲁本·阿科斯塔贺词

# 第四章 课程建设与教学管理阶段

国家体育总局局长袁伟民贺词　　　　　　哈工大校长杨士勤贺词

  2001年世界女排大奖赛（中国·哈尔滨工业大学赛区）经国际排联批准，由中国排协、黑龙江省体育局和哈尔滨工业大学共同承办。此赛事得到亚洲排球联合会推广部主任李雪亮大力支持与帮助，得到了学校党委李生书记和杨士勤校长全力赞同。

  2001年1月22日，由组委会副主任、副校长石广济率领黑龙江省体育局竞赛管理中心主任纪志新、哈尔滨工业大学军体部主任章民、黑龙江省体育局竞赛管理中心办公室主任李玉学、哈尔滨工业大学体育馆馆长邵满库召开筹备会，并且得到了哈工大高新产业八达集团总经理张彩辉的应允，由下属环保科技股份有限公司鲍立新总经理负责出资支援赛会。

  根据国际排联对赛场的要求，学校调动了人力、物力、财力和媒体，紧锣密鼓地进行筹备。在短短的时间内解决了四大难题：赛场内增添了1 300个活动座位，解决了体育馆座位不足的问题；重新设计改造，解决了馆内灯光不足的问题；安装空调设备，使赛场温度控制在25℃以下；改进1 500平方米的比赛地板，铺上了丹麦进口山毛榉地板。

  2001年4月2日在哈工大邵逸夫科技馆举行比赛协议签字仪式。5月9日国家体育总局领导到哈工大检查赛场，体育总局局长袁伟民说："排球的主要群体在大学，顽强拼搏的女排精神等口号也是率先从大学喊出来的，本次赛会显然有助于排球运动在大学校园推广。"国家体育总局排球管理中心副主任张蓉芳说："体育馆地板、灯光等条件非常好，哈工大在外语人才、电脑技术等方面为高水平赛事提供了保证。"

  2001年6月19日，国际排联技术代表香瑞（泰国）在中国排球协会副秘书长刘文斌的陪同下，到哈工大对筹备工作进行为期3天的考察，这是国际排联最后一次考察。香瑞对筹备工作给予充分肯定，认为所有条件设施达到国际排联要求，没有其他城市能与哈尔滨相比，整个工作简直无可挑剔。

  这次比赛参赛队有：中国、巴西、古巴、日本、韩国、美国和德国7个国家女子排球队。比赛历经半年筹备和6天的赛程。8月10日在哈工大体育馆鸣哨开球，胸前印有"哈尔滨工业大学"字样的中国女队高歌猛进，以六战全胜的佳绩，夺得两站比赛的冠军，并以积分第一的排名,参加澳门总决赛。

两站比赛均采用单循环制。第二站比赛名次:中国、巴西、日本、德国分别获得1~4名。第三站比赛名次:中国、美国、古巴、德国分别获1~4名。比赛受到各省、市及国内新闻媒体的广泛关注:《人民日报》《新华每日电讯》《光明日报》《工人日报》《中国体育报》《大公报》《澳门日报》《北京晚报》《浙江日报》《文汇报》《中国教育报》《中国青年报》《黑龙江日报》等36家媒体进行报道。2001年4月6日,《黑龙江日报》体育新闻栏目以《燃情与先河》为题,报道了承办世界女排大奖赛(中国赛区)的来龙去脉,展示了龙江人民的形象和哈尔滨工业大学的实力。这次世界女排大奖赛是黑龙江第一次承办世界水平的单项体育赛事,开创了我国高等学校举办国际比赛的历史先河。

## 二、承接全国性和省级体育比赛

2000年至2004年承接了全国性的乒乓球超级联赛、2002年飞利浦中国大学生足球联赛、2003年11月全国足球甲级赛部分比赛、全国太极柔力球、武术比赛和第二十一届世界大学生运动会黑龙江火炬传递活动等。2000—2006年,每年承办黑龙江省高校CUBA大学生篮球赛。2001年7月27日承接教育部大体协主办的第三届中国大学生国防体育节暨第三届中国大学生定向越野锦标赛。哈工大获得女子标准距离金牌。2005年8月4日承接黑龙江省教育厅主办的第五届大学生定向越野暨高级中学第一届定向越野比赛。通过体育比赛和大型体育活动,扩大哈工大对外的影响和声誉,推动了哈工大体育运动的发展,使更多的师生积极参加体育锻炼,更热爱、关心体育。

校足球队参加2002年飞利浦中国大学生足球联赛

## 第八节 高水平运动队建设与管理

### 一、招收高水平运动员

哈工大是经教育部备案的具有招收高水平运动员资格的普通高等学校,可招收田径、篮球、排球、乒乓球和速度滑冰等高水平运动员。按照国家教委1987年颁发的《关于部分普通高等学校试行招收高水平运动员工作的通知》〔(87)教学字008号文件〕精神,招收高中阶段或省级以上体育竞赛获前六名以及获二级运动员以上证书者,经文化考试,成绩在当地本科控制分数线以下50分以内择优录取。文化考试成绩在当地本科控制分数线以下200分以内,可录取为预备班学员,补习文化课一年,经学校考试合格转入本科学习。2004年根据教育部关于印发《全国普通高等学校音乐(教师教育)本科专业课程指导方案》的通知(教体艺〔2004〕12号文件)附件1——《2005年普通高等学校招收高水平运动员的办法》精神,招收高级中等教育学校毕业,获二级运动员证书和在省级以上比赛获集体项目前六名的主力队员或个人项目获前三名者;经文化考试成绩达到考生所在由本省(自治区、直辖市)本科第二批次录取控制分数线60%的由招生学校决定是否录取;该考生不得超本校录取高水平运动员人数的15%,并规定了从2005年起不再招收预备班学员。同时对获得一级运动员、运动健将、国际健将及武术武英级以上称号,并且招生学校对其进行文化考核认为能够完成专业培养教学任务的考生,可免于参加普通高等学校招生统一考试,由招生学校对其进行全面考核后决定是否录取。

根据以上文件要求,学校组织学工部、教务处、团委、纪委和军体部等成立体优生测试领导小组。由军体部负责制定各项体育专项技术测试细则,并组织实施。测试结果和文化考试成绩,经学校审核,报黑龙江省招生办公室审批,合格方可录取。

## 二、2000—2006年高水平运动员二级(一级)名单

### 2000年高水平运动员名单

| 性别 | 姓 名 | | | | |
|---|---|---|---|---|---|
| 男 | 曹 恒 | 关 懿 | 刘思勃 | 隋 波 | 徐昊若 |
| | 常 强 | 韩 旭 | 刘 洋 | 孙大鹏 | 杨 鹏 |
| | 陈建宇 | 姜冰冰 | 宁 磊 | 孙世博 | 杨争光 |
| | 迟毅男 | 金 涛 | 牛 犟 | 索建刚 | 于 洋 |
| | 初洪波 | 景大为 | 裴大烈 | 陶 凯 | 张 阳 |
| | 崔天宇 | 李大光 | 朴 一 | 王 宇 | 张大为 |
| | 董健博 | 李佳林 | 史 磊 | 王治军 | 张恒崇 |
| | 范 喆 | 李 洋 | 宋翔宇 | 肖 刚 | 张 亮 |
| | 陈宏伟 | 陈 亮 | 王 川 | 邢振楠 | 张国峰 |
| | 薛英男 | 王 浩 | 赵德伦 | 孟令东 | 左乾正 |
| | 沙 漠 | | | | |
| 女 | 鄂 蕊 | 李 冰 | 秦 琴 | 孙莉颖 | 杨 静 |
| | 冯 冲 | 李菁菁 | 宋 娜 | 王海竟 | 牛 薇 |
| | 胡娅娜 | 李 妍 | 孙传琪 | 王 娜 | 王 蕊 |
| | 黄 楠 | 娄子姣 | 孙佳岩 | | |

### 2001年高水平运动员名单

| 性别 | 姓 名 | | | | |
|---|---|---|---|---|---|
| 男 | 庞 砣 | 纪象新 | 孟昭新 | 冯 迪 | 鲁 明 |
| | 李京洋 | 尤 森 | 台 磊 | 陈 冰 | 梁 鑫 |
| | 程续峰 | 付治强 | 张 旭 | 田金龙 | 金 明 |
| | 周 辉 | 李纪明 | 雷 鸣 | 杨 光 | 崔雄俊 |
| | 张 磊 | 张宗来 | 张 诚 | 隽子男 | 崔 涛 |
| | 郭智炜 | 步海洋 | 康 迪 | 李 冬 | 黄志国 |
| | 国忠岩 | 孟 维 | 柴 跃 | 王欣盟 | 李百克 |
| | 于振波 | 黄碧中 | 赵水杉 | 朴俊浩 | 阚勇刚 |
| | 王伟峰 | 朱 巍 | 王 斯 | 崔 峰 | |

## 第四章 课程建设与教学管理阶段

**续表**

| 性别 | 姓　名 | | | | |
|---|---|---|---|---|---|
| 女 | 孟　维 | 关晓蕾 | 张　蕾 | 王　琦 | 韩　微 |
| | 王婷婷 | 于　艳 | 陆晓晔 | 张　姝 | 崔　瑶 |
| | 盛　洁 | 张也弛 | 金美英 | 李　雪 | 魏晓川 |
| | 刘　荻 | 孙　静 | 贾　珊 | 刘　朋 | 李媛媛 |
| | 刘　云 | 韩牡丹 | | | |

**2002年高水平运动员名单**

| 性别 | 姓　名 | | | | |
|---|---|---|---|---|---|
| 男 | 刘振辉 | 郭孝明 | 王宇珅 | 万　勇 | 贾明鑫 |
| | 王洪欣 | 田晓东 | 历　鹏 | 刘广杰 | 张东旭 |
| | 孔凡生 | 曹英男 | 宋　开 | 高　沛 | 郭　涵 |
| | 韦大明 | 孙师帅 | 徐　琛 | 周长海 | 徐凌云 |
| | 关晓光 | 贾明鑫 | 韩　峰 | 姜海波 | 张晖宇 |
| | 王　海 | 王　迪 | 姜　博 | | |
| 女 | 刘　敏 | 江　红 | 严　彦 | 刘丹丹 | 郭　琳 |
| | 崔世媛 | 武　肃 | 牟　元 | 刘竟男 | 魏　铮 |
| | 李　莉 | 王树立 | 那　娜 | 辛　路 | 宛文娟 |
| | 曲文婷 | 沙迪迪 | 艾冬梅 | 贾　纯 | 徐　渴 |

**2003年高水平运动员名单**

| 性别 | 姓　名 | | | | |
|---|---|---|---|---|---|
| 男 | 周树楠 | 张　鹏 | 宋立文 | 侯　键 | 董秋实 |
| | 刘佳杰 | 王孟涛 | 吕　达 | 侯嘉星 | 丁　瑞 |
| | 郑　磊 | 王　程 | 刘志强 | 韩　露 | 陈　淼 |
| | 赵　雷 | 王倍嘉 | 李　磊 | 郭又毓 | 毕　勇 |
| | 张　阳 | 孙达元 | 李鸿楠 | 窦志刚 | 于　磊 |
| 女 | 周　博 | 张宁宁 | 田　霞 | 刘　佳 | 戴瑞雪 |
| | 赵　爽 | 徐博懿 | 栾　蕊 | 赫晓晨 | 毕研慧 |
| | 张守芹 | 吴　限 | 娄　媛 | 董文娟 | 白　雪 |
| | 张　青 | 王　悦 | 谢　葳 | | |

### 2004 年高水平运动员名单

| 性别 | 姓名 | | | | |
|---|---|---|---|---|---|
| 男 | 王智宽 | 夏慕超 | 孟昭一 | 曾庆欣 | 田 野 |
| | 史绪博 | 刘 洋 | 孙菁昊 | 高 原 | 张兴朕 |
| | 曹春明 | 李卓实 | 苍立赫 | 封文涛 | 张 钊 |
| | 郑济锋 | 王 卓 | 刘 双 | 胡博闻 | 杜天民 |
| | 张 放 | | | | |
| 女 | 范 荻 | 曹偲佳 | 牟 爽 | 徐 瞳 | 许 琳 |
| | 隋 昕 | 孙明娇 | 孙 巍 | 唐 岩 | 史 册 |
| | 贾 晶 | 陆景昱 | 周思铭 | 董 珊 | 郝慧媛 |
| | 许 诺 | | | | |

### 2005 年高水平运动员名单

| 性别 | 姓名 | | | | |
|---|---|---|---|---|---|
| 男 | 赵 鹏 | 王 野 | 孙高升 | 马平鑫 | 高强盛 |
| | 王子硕 | 王修明 | 宋晓宇 | 李佳斌 | 兰 洋 |
| 女 | 张 欣 | 王 欣 | 马 雪 | 胡 巍 | 陈晓淼 |
| | 于思洋 | 王 琪 | 柳春淑 | 陈瑶瑶 | 陈 虹 |
| | 王 悦 | 屠海艳 | 李聪悦 | 陈 新 | |

### 2006 年高水平运动员名单

| 性别 | 姓名 | | | | |
|---|---|---|---|---|---|
| 男 | 王 睿 | 刘 桥 | 姜 昂 | 廉 博 | 崔 进 |
| | 李重园 | 田 爽 | 王明洋 | 张成鑫 | 吉利祥 |
| | 黄 金 | 牧 原 | 闻英男 | 李长龙 | 魏 超 |
| | 马思聪 | 齐续岩 | 王宝鑫 | 张 浩 | 曲 良 |
| | 杨 旭 | 孙大坤 | 王钰鑫 | | |
| 女 | 李心歆 | 刘子明 | 张 茜 | 段思宇 | 孟 颜 |
| | 王 雪 | 韩蕊萌 | 陈梦雪 | 王 超 | 王丽君 |
| | 刘美薇 | 张 聪 | 于文丽 | 杨 帅 | 崔 妍 |
| | 周婷婷 | 袁 帅 | 史晓蕾 | 于嘉宝 | 秦 艳 |

## 三、学校体育工作的管理

哈工大领导一直重视体育工作,并纳入学校工作的一部分,关心体育教学、群体活动、体育竞赛和学生体质健康,以及高水平运动队的建设与管理。每年高水平运动员的招生、测试、录取等都亲临现场指导与支持。为加强哈工大的体育管理工作,学校颁发《关于成立哈工大体育工作管理委员会的通知》校发〔2000〕297号文件,通知全文如下:

各院(系)部、处:

为加强哈工大的体育管理工作,经学校研究决定,成立哈工大体育管理工作委员会,具体组成人员名单如下:

主 任 委 员:周　玉　副校长
副主任委员:李绍滨　副书记
委　　　员:武高辉　教务处处长　　孟　庄　团委书记
　　　　　　张炳奎　学工处处长　　章　民　体育部主任
　　　　　　王彩琴　工会副主席　　肖同岐　体育部书记
　　　　　　唐淑琴　校办副主任

二〇〇〇年九月六日

## 四、体优生学籍管理

**1. 2000年体优生学籍管理办法**

2000年4月12日制定《哈尔滨工业大学高水平运动员学籍管理规定》,具体规定如下:

(1)参加黑龙江省教育厅和黑龙江省体育运动委员会组织比赛的运动员,本学期课程可免试20%,免试科目成绩按及格记载;参加全国高校体育比赛的运动员,参赛学期课程再免30%,减免考试课程每学年不能超过本学年所学课程的50%。

(2)参加省、市高校比赛及省体委组织的比赛获前8名的运动员,如学习困难,经本人提出申请,经军体部核定及教务处主管领导批准,四年期间课程可减免15%～20%学分,仍未通过的必要时学制可延长一年。

(3)省级运动比赛单项获前8名和集体项目获前3名的主力队员,毕业时未通过全国大学英语四级考试,仍可授予学士学位。

(4)在校期间获"十佳"运动员称号,本科毕业平均学习成绩在75分以上,按一定名额,经军体部、教务处共同商定人选,报主管校长批准,可推荐免试研究生。

(5)对旷课、不努力学习、违反学校纪律、不训练、比赛和比赛中违纪的高水平运动员也做出了规定。

**2. 2004年体优生学籍管理办法**

2004年初,军体部与人文学院等有关学院商定,经主管校长同意,提出对高水平运动员单列计划培养管理办法。

(1)高水平运动员高考分未达到本科线录取者,一律编入指定专业四年制,单编班学习。

(2)单编班的运动员原则上"上午学习,下午训练",课程减少,难度降低,有利于学习和保证训练时间。

**3. 2006年3月5日,经校长办公会通过,3月23日正式下发《关于印发哈尔滨工业大学特长生管理办法的通知》(校教发〔2006〕149号文件)**

该文件包括文、体优生学习管理办法。对高水平运动员单列计划培养管理办法做出明确规定,同时在原有实施的管理办法中做了一些具体的课程安排,将不适宜按照高水平运动员待遇培养的学生并入指定专业按四年制培养,享有学校高水平运动员的免补考政策。提出了由军体部根据学生训练和比赛情况核准体育课学分,以及任课教师额外教学工作量酬金的核定等措施。

## 五、"十佳"运动员评选及名单

2001年11月秋季学期,制订了《哈工大"十佳"运动员评选条例》,鼓励各体育代表队和运动员创造优异成绩为哈工大争光。评选"十佳"运动员基本条件:当年运动成绩突出,单项积分最多者;集体项目获省大学生比赛冠军队中成绩最突出的主力队员;文化课学习成绩良好;积极参加学校及院系、班各项体育活动,无违纪者。由军体部提出预选名单,并组织教务处、学生处评选,经主管校长批准,在本年度学校运动会上进行表彰和奖励。"十佳"运动员在评"三好"学生、评优、评奖、保研和毕业分配中给予优先考虑。

经统计,2001年至2006年,免试保送高水平运动员读研有19人,他们是:陶立权、王少鹏、乔祥红、张传芳、张诚、陈迪、徐铭辉、苏钰、远振海、闫鹏、王继隆、韩钰、马震、迟毅男、李大光、陈宏伟、宋旭生、纪象新、贾纯。

## 六、教练员队伍建设

为进一步加强普通高等学校高水平运动队教练员队伍建设,提高教练员敬业精神和科学训练水平,进一步优化组合教练员队伍,整合运动项目结构,军体部实行教练员聘任资格认定。2002年制定了《哈尔滨工业大学教练员工作条例》和《哈尔滨工业大学教练员业务培训计划》。从2002年至2005年军体部派出篮球、田径、乒乓球等教练员,分别参加全国体育协会承办的教练员学习班,听取国家队资深教练员的专题讲座。

## 七、体育运动成绩

几年来在教练员和运动员的共同努力下,各项目运动员在国际、全国以及省、市高校比赛中取得优异成绩,为哈工大赢得了荣誉。现有4人达到国家运动健将水平,21人达到一级运动员水平。获得金牌89枚、银牌63枚、铜牌38枚,获体育道德风尚奖21次,获最佳运动员称号8人。2004年迟毅男同学在全国田径锦标赛暨奥运会选拔赛800米赛上以1′48″61的成绩获全国专业组冠军,并两次打破全国大学生纪录。2005年1月5日史册同学(女)参加在澳大利亚墨尔本举行的世界第二十届聋奥会,获乒乓球项目3枚金牌,1枚银牌。

2005年史册参加墨尔本第二十届聋奥会,获乒乓球赛3金1银

运动健将证章

迟毅男荣获2004年全国田径锦标赛暨奥运会选拔赛800米冠军证书

1995—2017年，哈工大田径队连续获黑龙江省大学生运动会男女团体总分冠军。1996—2017年，男子篮球队连续获黑龙江省大学生篮球赛冠军，并每年参加全国CUBA篮球联赛。2004—2005年，女子篮球队获黑龙江省大学生CUBA选拔赛第一名，男子排球队获黑龙江省大学生排球赛五连冠。2005年，速度滑冰队获黑龙江省大学生运动会男女团体第一名和六个单项第一名。2006年，乒乓球队获全国高校乒乓球锦标赛专业组男子团体第三名、男子双打第三名和男女混合双打第三名，并获黑龙江省第十四届大学生运动会7个单项中的6项冠军。2005年10月23日，周丹同学在全国高校大学生滑雪挑战赛上获女子组冠军。

田径队荣获2004年黑龙江省第十三届大学生运动会团体总分第一名

校乒乓球队参加2006年黑龙江省第十四届大学生运动会

校女篮参加2004年黑龙江省第十三届大学生运动会

# 第九节　体育场馆建设与管理制度

## 一、体育场馆建设

体育场馆是体育教学主要设施,是体育课程建设硬件支柱和必备的物资基础。哈工大体育场馆面积为 152 077 平方米,其中室外面积为 121 657 平方米,室内面积为 30 420 平方米,运动场人均面积为 4.83 平方米。2004 年 3 月二校区破土动工新建了 21 000 平方米文体活动中心,其中体育馆面积为 5 189 平方米。同年一校区将原来两个露天游泳池和一个乒、羽体育馆拆除盖起教学楼(正心楼),地下配套体育馆面积 5 000 平方米。2007 年建成上下两层标准池的游泳馆。经过几年的努力,学校体育教学条件得到了不断改善。

学校两个校区三个体育场馆分布如下:

**哈工大体育场馆分布表**

| 类别 | 室内体育场馆/个 | | | | | | | | 室外体育场/个 | | | | | | | | | | |
|---|---|---|---|---|---|---|---|---|---|---|---|---|---|---|---|---|---|---|---|
| | 体育馆 | 健美操房 | 健身房 | 体育舞蹈室 | 散打室 | 乒乓球室 | 拳击室 | 武术馆 | 塑胶体育场 | 草坪足球场 | 三合土足球场 | 冬季冰场 | 地下跑道 | 单双杠场地 | 篮球场 | 排球场 | 网球场 | 羽毛球场 | 乒乓球台 |
| 一校区 | 1 | 1 | 2 | 1 | 1 | 2 | 1 | 1 | 1 | 1 | 1 | 1 | 1 | 2 | 14 | 10 | 6 | 21 | 34 |
| 二校区 | 1 | 2 | 1 | | | 1 | | 2 | | | 1 | | | 1 | 13 | 3 | 7 | 12 | 14 |
| 土木楼 | 1 | | 1 | | | | | | 1 | 1 | 1 | 2 | | 1 | 2 | 1 | | | 12 |
| 合计 | 3 | 3 | 4 | 1 | 1 | 3 | 1 | 3 | 2 | 2 | 3 | 3 | 1 | 4 | 29 | 14 | 13 | 33 | 60 |

## 二、其他设施

(1)体育资料室面积 51.8 平方米,图书与期刊总藏量为 1 687 册,体育专业图书 72 种 520 册,中文图书 1 158 册,外文图书 36 册,科技期刊 46 种。订购期刊和购置图书经费平均每年 3 000 多元。

(2)计算机 20 台。

(3)拥有 70 个座位的多媒体教室 1 个。

(4)学生体质健康标准测试室 4 个。

(5)运动损伤理疗室 1 个。

军体部阅览室

### 三、体育场馆设施管理制度和行政管理制度

健全体育场馆设施管理制度,加强体育场馆的使用效果和使用年限,为教学、科研和师生体育锻炼提供良好的条件和保障。体育场馆由场馆长专人负责,各项规章制度上墙,同时加强对行政人员和教辅人员的管理。几年来建立体育场馆设施和行政管理制度共 19 项,即《哈工大体育馆管理制度》《体操馆管理制度》《健身训练室管理制度》《哈工大军体部计算机房管理制度》《哈工大体育俱乐部管理制度》《哈工大军体部办班管理制度》《资料室管理制度》《哈工大体育场使用管理制度》《军体部多媒体教室使用规章制度》《哈工大体育运动损伤理疗室管理制度》《军体部国有固定资产管理制度》《哈工大体育器材赔偿制度》《哈工大体育馆安全防火、防盗制度》《军体部行政管理干部岗位设置职责及考评办法》《哈工大体育教师考勤管理办法》《哈工大军体部教职工公出有关规定》《军体部教辅人员工作质量评估办法》《哈工大体育场馆工作人员岗位责任》等。

## 第十节 党的建设工作与工会工作

### 一、党建工作

2000 年 10 月,军体部成立党总支委员会,隶属机关党委,党总支下设 5 个党支部。

党总支和党支部主要工作是学习和贯彻党的路线、方针、政策,执行上级党组织的决议,遵守党的纪律,履行党的义务,充分发挥党组织的战斗堡垒作用和党员先锋模范作用,开展正常的组织生活,积极做好党员的发展工作和培养党的积极分子工作。认真做好教职工的政治思想工作,保证和推动完成学校及军体部的各项工作。

2003年3月20日,军体部根据《中国共产党普通高等学校基层组织工作条例》并结合军体部的具体情况,制定了《军体部党总支委员会工作职责》,同时制定了《军体部党政管理干部岗位设置职责及考评办法》,每年对党政干部进行考核,并设置各项管理岗位及考评办法。

2002年党总支为加强党员的政治理论学习,提高党员素质,组织党员、教职工学习江泽民总书记"三个代表"重要思想,进一步理解共产党员的先进性意识、执政和服务意识。2004年3月9日学校党委做出"关于开展向马祖光院士学习的决定",党总支组织党员教职工学习马祖光院士先进事迹,联系实际贯穿到全年工作中。学习采取了集体与分组学习相结合的方式,并召开学习交流会,通过学习增强党员和广大教职工热爱体育教育事业的责任心和使命感。

党总支重视加强党员党性、理想信念和全心全意为人民服务的宗旨的教育,坚持两周一次的组织生活,在庆祝中国共产党成立八十周年之际,开展举行党支部书记集中培训,组织党员进行党的基本知识学习和测试,组织党员参观东北烈士纪念馆、参观日军第七三一部队罪证陈列馆及参观学校博物馆等活动。

几年来,党总支注重发展党员和培养党的积极分子工作,开展党员与入党积极分子一帮一的活动,发展了4名新党员,逐渐壮大了党员的队伍。

两校合并后,党总支要求党支部努力做好教职工的思想工作,党员分头找教职工谈话,使大家心往一处想,劲往一处使,建立一个和谐的工作环境,开展教学改革和教学研讨活动,保证了军体部的工作平稳进行。

2000年以来军体部离退休教职工已达41人,军体部专门指派一名联络员,建立寻访情况记录,登记老同志的联络方式、家庭住址、身体健康状况和生活情况等信息。每月进行一次联谊活动,以不同的方式帮助老同志做一些力所能及的工作。每年元旦召开退休职工新年联欢会,部领导通报学校的发展情况和一些新政策,介绍军体部这一年的工作,并征求老同志的建议和意见。

2003年军体部被学校授予离退休服务管理工作先进集体光荣称号。

## 二、工会工作

工会是共产党领导的职工自愿结合的群众组织,是党联系职工群众的桥梁和纽带,是党员和职工利益的代表。军体部工会主要以开展经常性的福利工作、康乐活动、排忧解难和师德教育为主。

按照学校工会的要求每年开展"五讲四美""文明礼貌"活动和"五好家庭"评选活动。建立教职工活动室,有棋牌室、阅览室,开展各种球类活动等充实教职工的业余文化生活。

深入贯彻实施全民健身计划,开展丰富多彩的文体活动,动员更多的教职工参加学校组织的运动会和各项球类比赛。积极参加校工会组织的每年一次的"拥抱春天——体验美好生活"哈工大退休职工春季文化月系列活动。军体部工会每年举行教职工乒乓球、羽毛球、钓鱼等比赛,元旦举行游艺活动,增进教职工友谊和交流。

开展各项扶贫送温暖工作,工会同志每年多次进行教职工家访,对生活有困难和生病住院的教职工进行调查摸底,帮助联系医院,扶老人看病、体检,帮助他们购物、搬家等。每年春节和部领导一起走访慰问老同志,为军体部组织各项活动出谋划策,购买纪念品、奖品,安排出行交通工具等。

工会协助党支部做好教职工的思想工作,帮助青年教师提高业务水平,过好教学关,并主动与中小学校、幼儿园联系,帮助教师解决孩子入学、入托的实际问题,使大家感到工会是真正的"教工之家"。2003年军体部工会获哈工大工会先进集体奖。

# 第五章 深化教学改革与可持续发展阶段

哈爾濱工業大學
HARBIN INSTITUTE OF TECHNOLOGY
—— 1920-2020 ——

# 第五章　深化教学改革与可持续发展阶段

体育部在部领导班子的带领和全体教职工的共同努力下,秉承"规格严格,功夫到家"的校训,继承发展,积极创新。在体育教学、竞赛、师资、群体、科研、后勤等各方面不断得到提升,深化教学改革,开设了传统项目、新兴项目及冰雪特色的本科生、研究生体育课程 20 余门;推出了校级优秀课及省级创新课、精品课、精品在线开放课;完成了国家、省部级科研课题多项;出版了体育专著多部、发表论文多篇;多名教师参加了全国及国际体育赛事的裁判工作。高水平运动队多人次在全国大运会田径项目及大学生田径锦标赛中荣获冠军、打破赛会纪录、达运动健将标准。在新的历史发展时期,体育部加强师资队伍建设和管理,重视群体工作和校园体育文化发展,建立健全体质测试与监督体系,广泛开展校内体育活动,为哈工大创建世界一流大学贡献力量。

## 第一节　领导体制与组织机构

### 一、领导体制

按照学校对干部任职期限的有关规定以及体育部工作需要,从 2006 年 7 月至 2017 年,体育部进行了三届领导班子的调整。

根据校党发〔2006〕82 号文件决定:王国滨同志任体育部主任,肖同岐同志任体育部副主任,王珂同志任体育部副主任,李征宇同志任体育部副主任(7 月 5 日)。

根据校党发〔2006〕85 号文件决定:章民同志任体育部党总支书记兼副主任(7 月 5 日)。

根据校党发〔2012〕49 号文件决定:李征宇同志任体育部党总支书记(12 月 3 日)。

根据校党发〔2012〕50 号文件决定:王珂同志任体育部主任,李征宇同志任体育部副主任(兼),陶永纯同志任体育部副主任(12 月 3 日)。

根据哈工大党任〔2017〕61 号文件决定:孙慧丽同志任体育部党总支书记兼副主任(7 月 5 日)。

根据哈工大党任〔2018〕8 号文件决定:陶永纯同志任体育部副书记(兼)(2017 年 12 月 11 日)。

根据哈工大任〔2018〕52 号文件决定:陶永纯同志任体育部主任(2017 年 12 月 11 日)。

根据哈工大任〔2018〕462 号文件决定:张宝军同志任体育部副主任(9 月 27 日)。

体育部行政干部一览表

| 时间 | 主任 | 副主任 |
|---|---|---|
| 2006年7月—2012年11月 | 王国滨 | 章 民 肖同岐 王 珂 李征宇 |
| 2012年12月—2017年11月 | 王 珂 | 李征宇(兼党总支书记) 陶永纯 |
| 2017年12月至今 | 陶永纯 | 孙慧丽(兼党委书记) 张宝军 |

体育部党总支(党委)干部一览表

| 时间 | 书记 | 副书记 | 党总支(党委)委员会 |
|---|---|---|---|
| 2006年7月—2012年11月 | 章 民(党总支) | | 章 民 王国滨 王 珂 李征宇 许振松 盛俊林 柳洪涛 |
| 2012年12月—2017年6月 | 李征宇(党总支) | 王 珂 | 李征宇 王 珂 陶永纯 柳洪涛 蒋 强 张成刚 张宝军 |
| 2017年7月至今 | 孙慧丽(党委) | 陶永纯 | 孙慧丽 陶永纯 张宝军 关亚军 蒋 强 张成刚 高宝泉 |

## 二、组织机构

2006—2012年设两个教学区(下设教研室)、学位与研究生教育中心、体育设施管理中心、群体竞赛训练管理中心、体育部办公室、体育科研所等。

| 部门 | 负责人 | 部门 | 负责人 |
|---|---|---|---|
| 第一教学区 | 主任:许振松<br>副主任:<br>李兴汉(兼第一教研室主任)<br>陶永纯(兼第二教研室主任) | 第二教学区 | 主任:盛俊林<br>副主任:<br>李延亭(兼第一教研室主任)<br>邓振杰(兼第二教研室主任) |
| 体育部办公室 | 主任:孟 述 | 学位与研究生教育中心 | 主任:于 同 |
| 体育设施管理中心 | 主任:关亚军 | 体育科研所 | 所长:谷化铮 |
| 一校区体育馆<br>一校区体育场 | 馆长:邵满库<br>场长:崔延武 | 二区体育馆<br>二区体育场 | 馆长:张成刚<br>场长:马忠权 |
| 群体竞赛训练管理中心 | 主任:左 斌 | 游泳馆 | 馆长:许振松 |

2012—2017年设两个教学区(下设教研室)、体育科研所、学科建设办公室、游泳馆和后勤办公室、行政办公室、群体办公室、竞赛办公室等。

| 部门 | 负责人 | 部门 | 负责人 |
| --- | --- | --- | --- |
| 第一教学区 | 主任:李兴汉<br>副主任:崔　煜、董　杰 | 第二教学区 | 主任:李延亭<br>副主任:张亚东、邓振杰 |
| 训练教研室 | 主任:左　斌<br>副主任:蒋　强 | 体育科研所 | 所长:谷化铮<br>副所长:朱宝峰 |
| 游泳馆 | 馆长:许振松<br>副馆长:肖同岐 | 后勤办公室 | 主任:关亚军 |
| 一校区体育场 | 场长:罗大林 | 二区体育馆<br>二区体育场 | 馆长:张成刚<br>场长:马忠权 |
| 竞赛办公室 | 主任:孟　述 | 群体办公室 | 主任:盛俊林 |
| 学科建设办公室 | 主任:于　同 | 行政办公室 | 主任:吕　岩 |
| 教学督导组 | 关鹏飞、章　民、王　珂、李征宇、于　同、李兴汉、李延亭、左　斌 | | |

2017年设第一教研室(大球类)、第二教研室(小球类)、第三教研室(形体、武术)、第四教研室(特色运动)、体育教学与训练研究中心、体育人工智能仪器开发研究中心、体质健康研究中心、体育竞赛与校园体育文化中心、综合办公室、教务办公室、体育场馆与教学保障中心。

| 部门 | 负责人 | 部门 | 负责人 |
| --- | --- | --- | --- |
| 第一教研室 | 书记:高宝泉<br>主任:蒋　强<br>副主任:高宝泉、杨　鹏<br>秘书:周　剑 | 第二教研室 | 书记:朱宝峰<br>主任:张成刚<br>副主任:朱宝峰、刘　松<br>秘书:张　伟 |
| 第三教研室 | 书记:赵秀云<br>主任:邓振杰<br>副主任:赵秀云、闫　生<br>秘书:李卓嘉 | 第四教研室 | 书记:牛荣利<br>主任:左　斌<br>副主任:牛荣利、王　海<br>秘书:赵　健 |
| 教务办公室 | 主任:李　勇<br>副主任:赵　璇<br>文秘:赵　菁、陈绍卓、牟善蕾 | 体育教学与<br>训练研究中心 | 主任:谷化铮 |
| 体质健康研究中心 | 负责人:闫　生 | 体育人工智能仪器<br>开发研究中心 | 主任:陶永纯(兼) |
| 体育竞赛与校园<br>体育文化中心 | 主任:孟　述<br>副主任:盛俊林<br>秘书:李　刚、张　昊 | 综合办公室 | 主任:吕　岩<br>副主任:刘志书 |
| 体育场馆与<br>教学保障中心 | 主任:关亚军 | | |

### 三、制度建设

**1. 体育部党政联席会议**

体育部党政联席会议是体育部的重要工作事项,重大事件均应由党政联席会议决策,如有需要还应召开党政联席扩大会议。党政联席会议实行民主集中制原则,按照"集体领导,民主集中,个别酝酿,会议决定"的原则开展工作。党政联席会议实行例会制度,由主任或书记主持。

**2. 体育部党总支委员会**

党总支会议按照"集体领导、民主集中、个别酝酿、会议决定"的原则开展工作。党总支委员会实行例会制度,根据工作需要定期召开。2019年体育部党总支升格为体育部党委。在学校党委的领导下,体育部党委充分发挥政治核心作用,保证监督党的路线方针政策及上级党组织决定的贯彻执行,把握好教学科研管理等重大事项中的政治原则。

**3. 体育部教授委员会**

为适应学校改革和创建世界一流大学的要求,进一步发挥教授在治理体育部事务中的作用,特成立体育部教授委员会。体育部教授委员会在学校人力资源委员会的指导下,讨论和辅助决策体育部的重大事务。教授委员会由教授和体育部班子部分成员组成。教授委员会设主任委员1人,副主任委员1~2人,秘书1人。

## 第二节 党务工作与工会工作

### 一、党务工作

体育部党总支(党委)重视政治理论学习,组织全体党员学习党的十七大、十八大、十九大会议精神。党总支做了"两学一做"部署,要求各党支部制订学习计划,定期组织学习、讨论,并与体育教学相结合,增强事业心和责任感。

2007年11月8日和2009年4月3日,两次邀请哈工大党校常务副校长董嵩斌教授做了题为"世界瞩目的历史新起点"和"树立科学发展观,如何解决首要问题"的专题讲座。董教授讲了党的十七大崭新历史起点的重要背景,解读了诸多新思想、新提法、新内容,指出了充分认识开创中国特色社会主义事业新局面具有重要的现实意义和深远的历史意义。2017年11月23日,邀请学校纪委副书记、监察处李仁福处长为全体教职员工做了"十八届中央纪律检查委员会工作报告"学习辅导报告。

## 第五章 深化教学改革与可持续发展阶段

2017年12月13日,为进一步贯彻落实《中共中央关于认真学习宣传贯彻党的十九大精神的决定》和《中共哈尔滨工业大学委员会学习宣传贯彻党的十九大精神工作方案》,体育部党总支理论学习中心组集体学习党的十九大精神。党总支书记孙慧丽做专题辅导报告。体育部党总支委员、教工党支部书记和教学、训练、后勤部门负责人参加会议。

2017年12月21日,体育部党员大会在一校区体育馆会议室召开,党总支书记孙慧丽做了题为"凝心聚力 开拓创新 开创体育部工作新局面"的工作报告。校党委书记王树权出席会议并讲话,体育部全体党员参加会议,非党成员、民主党派代表和非党师生代表列席会议。

体育部党员大会,校党委书记王树权出席会议并讲话

为深入学习贯彻习近平新时代中国特色社会主义思想和党的十九大精神,全面加强基层党建工作,提高统战工作能力和水平,体育部特邀请校统战部常务副部长张淑娣做"统一战线基本理论和方针政策"专题报告。为保证党的各项工作在支部能够顺利执行,体育部严格党内政治生活,认真落实"三会一课"制度;认真贯彻落实党风廉政建设责任制,并与相关人员签订了党风廉政建设责任书和防控方案;坚持公平、公正、公开,发挥体育部党总支的监督功能;认真学习执行中央"八项规定"精神,持之以恒纠正"四风";逐步完善党政联席会议制度,保证"三重一大"制度的执行。2018年1月15日,党总支召开体育部领导班子民主生活会并请校纪委副书记、监察处处长李仁福出席。

2016年1月12日上午,体育部召开"三严三实"专题民主生活会,会上传达了中央和学校关于做好"三严三实"工作的指示、学校第十二次党代会精神。体育部结合实际就"三严三实"的基本内涵及重要意义进行了认真学习和讨论,并进行了民主测评。2018年6月29日,体育部全体党员和部分教职工参加了哈工大十九大精神宣讲团,专家组成员、马克思主义学院院长助理巩茹敏教授受邀在一校区体育馆会议室做了题为"打铁必须自身硬——全面从严治党"的十九大精神辅导报告。2018年7月1日,体育部党总支举行"七一"表彰大会,纪念中国共产党建党97周年,进一步提升体育部全体党员的党性修养,激励党员发挥先锋模范作用,并组织参观了大庆铁人王进喜纪念馆。

2019年7月1日,为隆重纪念中国共产党成立98周年,进一步学习贯彻党的十九大精神和习近平总书记系列重要讲话精神,扎实推进"不忘初心、牢记使命"主题教育,体育

部与工会联合举办"不忘初心、牢记使命"主题党日活动,参观了哈尔滨高新·松北规划展览馆等。2019年10月19日,体育部党委组织教职工参观了哈尔滨铁路局一面坡红色教育基地、中国土改文化第一村暴风骤雨纪念馆和抗日烈士赵尚志、赵一曼纪念馆,追寻红色足迹,接受革命精神洗礼。

体育部为充分发挥党委的监督保障作用,不断提升全面从严治党能力,严格执行民主集中制原则,不断完善体育部各项规章制度,充分发挥党委会、党政联席(扩大)会议、教授委员会作用,重大事项集体决策,坚持公平、公正、公开。发挥党总支的监督功能,监督权力的运行,为民解难题;清正廉洁,发挥表率作用。

加强师德师风建设,落实立德树人根本任务。体育部党总支邀请校党委常委、党委宣传部兼教师工作部部长吴松全为全体教职工做了"关于加强师德师风建设"专题报告。2019年6月17日,为深化思政课程教育教学改革创新,加强体育课与思政课的深度融合,体育部邀请哈工大马克思主义学院院长助理巩茹敏为教师们做了题为"探索'课程思政'与'思政课程'互动的思考"的专题讲座。2014年7月9日,体育部党总支组织爱心活动,为人文学院2012级国贸一班赵兴萌同学患重病的母亲治病筹款,共收到教职工捐款一万五千余元,部领导还到医院看望其母亲,帮助赵兴萌同学渡过难关。

2019年6月28日,体育部党总支举办"不忘初心、牢记使命"党的十九大知识竞赛暨"七一"表彰大会。体育部全员参加哈尔滨工业大学庆祝新中国成立70周年——我和我的祖国合唱比赛,通过排练、参赛及展演,提升了体育部全体教工的凝聚力和集体荣誉感,受到校领导和师生们的好评。

体育部参加国庆70周年全校大合唱比赛

## 二、工会工作

工会是共产党领导下的群众组织,是党和教职工群众联系的桥梁和纽带,其工作内容为维护教职工的权益,加强工会规范化管理,促进师德师风建设。

2013年12月23日,按照校党委有关文件精神,根据《哈尔滨工业大学二级教职工代表大会实施办法》及工作要求,体育部召开第一届教职工暨工会会员大会。纪委书记才巨金、工会常务副主席张国宏、副主席徐阳等应邀出席大会。大会审议了部主任王珂《继

承发扬　团结务实　进一步推进体育部事业发展》的报告,审议了体育部教职工暨工会工作报告、提案征集与处理工作报告、工会会费收缴与使用情况审查报告、体育部部分规章制度修改报告。选举产生了这届教代会执委会委员和工会委员会委员,并对体育部领导进行了测评。

2019年1月3日,体育部第一届教职工大会第三次会议暨工会会员大会在体育馆会议室召开。陶永纯主任做了题为"团结奋进、共创未来"的2018年度体育部行政工作报告。会议审议了2018年体育部工会工作报告、工会会费收缴与使用情况报告、提案征集处理报告。

2019年体育部第一届教职工暨工会会员大会

2018年9月在校工会的帮助下,一校区体育部"职工小家"装饰一新,为全体教工提供了开展活动和沟通交流的优越环境。为庆祝"三八"国际劳动妇女节,体育部举行了座谈会,体育部领导、工会主席及女教工参加了座谈。同时,体育部举办了羽毛球趣味比赛暨厨艺课堂活动,30余名教工参加了活动。

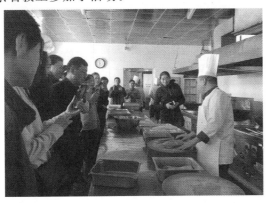

2019年体育部工会组织三八节厨艺课堂

为深入贯彻全民健身计划,体育部开展丰富多彩的文体活动,组织教职工参加学校运动会及乒乓球、羽毛球、钓鱼比赛。2017年11月6日,由哈工大工会主办,计算机学院承办,体育部、教职工篮球协会协办的哈工大2017年"光熙杯"教职工篮球联赛在一校区体育馆结束,体育部荣获冠军。

2017年11月3日,校工会主办、体育部承办的两校区教职工体育课堂培训班开班。本次活动按照校"教职工身心健康发展年"活动安排,举办了羽毛球、乒乓球、排球、健美操、瑜伽项目的初级培训,每个项目20个学时,共有百余名教师参加。2019年12月12日上午,由体育部工会主办、部教工台球协会承办的体育部教职工台球比赛有40余名教职工参加了比赛。

体育部重视、关心退休教职工的生活和健康。2008年1月11日,体育部在一校区会议室举行离退休教职工新年茶话会。体育部主任王国滨,党总支书记章民,副主任肖同岐、王珂及退休教职工参加了会议。每年春节,部领导和部工会同志都到家慰问老同志,慰问病故教工家属;中秋节、端午节慰问老同志;定期派人到省医保局,为有需求的老同志报销住院、门诊票据;协调银行工作人员,到家中为体育部5名行动不便的退休人员开通银行卡服务,积极为他们排忧解难送温暖,这些工作已成为体育部工会每年的常态化工作。

2014年至2015年7月,体育部工会组织退休教职工去松花江游江、到九站公园野游。2019年9月8日上午,体育部工会组织教工前往拜泉县同乐村了解当地情况,体验乡村生活,开展了一次有意义的扶贫调研活动。

## 第三节 课程建设

哈工大体育课程是学校课程体系的重要组成部分,是学校体育教学的中心环节,是实施素质教育和培养全面发展人才的重要途径。近年来,体育部重视体育课程建设,继承发展,深化教学改革,提高教学质量,不断适应现代社会对高素质人才的需求。

### 一、教学定位

按照《全国普通高等学校体育课程教学指导纲要》《高等学校体育工作基本标准》《国务院办公厅关于强化学校体育促进学生身心健康全面发展的意见》,体育教学坚持以立德树人为根本任务,坚持本科教学的基础地位,秉承"规格严格,功夫到家"的校训,落实"以学生为中心,学生学习与发展成效驱动"的教育理念。体育部以增强体质和身心健康为出发点,坚持课堂教学与课外活动相结合;注重学生个性发展,坚持培养兴趣与提高技能相促进;坚持全面推进与分类指导相结合,选择学习内容和发展方向;坚持群体活动与运动竞赛相协调,逐步形成体系健全、制度完善的特色大学体育发展格局。

### 二、培养目标

以增强学生体质和身心健康为出发点和目标,激发学生体育学习和锻炼的兴趣,使学生基本形成终身体育意识,积极参与各种体育活动,养成自觉锻炼的习惯,形成正常的生活方式,具有健康的体魄。学生能科学地进行体育锻炼,掌握两项以上健身运动的基本方法和技能,有效提高身体素质。学生通过体育活动树立良好的体育道德和合作精神,改善心理状态,养成积极乐观的生活态度,在运动中体验乐趣和成功。

## 三、课程目的与任务

课程目的:以身体练习为基本手段,通过合理的体育教学方式、多元化的体育锻炼方法以及科学的自我监督过程,增强学生体质和身心健康水平,激发学生参与体育活动的兴趣,提高体育能力;培养他们终身参与体育锻炼的意识和习惯,使他们树立"健康第一"的意识,并成为在德、智、体、美等方面全面发展的合格人才。

课程任务:全面发展学生体能,传授体育运动技术、技能和基本理论知识,使学生掌握常见运动创伤预防和处置方法,具有一定的体育文化素养和体育欣赏能力;使学生掌握几种有效的健身运动锻炼方法,培养独立从事体育活动的能力,并结合自己的兴趣爱好和身体实际制订个人锻炼计划,养成良好健康的锻炼习惯;加强学生的素质教育,使学生学会在体育运动中调节身心,培养良好的体育道德观和团结进取、勇于拼搏的意志品质。

## 四、课程设置

体育部按照《全国普通高等学校体育课教学指导纲要》精神,以"健康第一"为指导思想,坚持以教学为中心,在总结和更新课程的基础上,不断深化教学改革。2018年重新修定了《哈尔滨工业大学体育课程教学大纲》。

### (一)课程内容

**1. 2007年开设体育课程**

男生选项课:篮球、排球、足球、网球、手球、羽毛球、乒乓球、田径、武术、散打、太极拳、体育舞蹈(男、女)、游泳。

女生选项课:篮球、软式排球、网球、乒乓球、健美操、武术、游泳。

男女生选修课:健美、拳击、击剑、散打、网球、篮球、体育舞蹈、游泳。

季节课:游泳、滑冰、滑雪、雪地足球。

保健课:太极拳、太极剑。

训练课:田径、篮球、排球、乒乓球、速滑。

**2. 2012年体育课程设置**

本科生一、二年级开设的体育课程是必修的公共基础课程,四个学期共3.0学分,修满方可毕业,总学时为120学时;三、四年级及研究生开设体育选修课,共设置22门课程,学生成绩实行累加式考核。

特色课程:滑冰、游泳、滑雪、太极拳。

双语教学:羽毛球、乒乓球。

精品课程:篮球竞赛与裁判(省精品课程、省创新课程)、芭蕾形体(校精品课,省级教学成果二等奖)、太极拳(省优秀课程)、滑雪(校优秀课程)。

体育课类型:训练课、专项课、选项课、基础课、健身课。

### 3. 2019年课程设置

体育训练课:田径、篮球、游泳、乒乓球、足球、羽毛球、冰壶、速滑、武术等。

体育专项课:篮球、足球、羽毛球、武术、跆拳道、游泳、乒乓球、网球、自行车、冰壶、陆地冰球、芭蕾形体、搏击健身等。

体育选项课:篮球、篮球裁判、排球(气排球、软排球)、足球(雪地足球)、乒乓球、羽毛球、网球、武术、散打、防卫技巧、健美、健美操、芭蕾形体、体育舞蹈、瑜伽、游泳、轮滑、自行车、户外、陆地冰球、冰壶、冬季户外徒步、滑冰、滑雪、雪地球、雪合战等。

体育基础课:基础田径、徒步、自行车、游泳。

体育健身课:太极拳、导引养生、八段锦、徒步、游泳。

自行车选修课户外骑行

雪地球课

雪地足球课

雪合战课

### (二)课程教学形式(2019)

(1)基础素质教学与练习
(2)专项素质教学与练习
(3)专项技能教学与练习
(4)课外辅导
(5)课外自主锻炼
(6)体育社团活动

### (三)课程教学安排

**2007年体育课时分配**

|  | 第一学期 | 第二学期 | 第三学期 | 第四学期 |
| --- | --- | --- | --- | --- |
| 夏季选项课 | 16 | 20 | 16 | 20 |
| 冬季选项课 | 10 |  | 10 |  |
| 素质课 | 4 | 4 | 4 | 4 |
| 游泳课 |  | 4 |  | 4 |
| 理论课 | 4 | 6 | 4 | 6 |

### 2019年体育课程设置学时数表

| 年级 | 学期 | 组织形式 | 学时数 |
|---|---|---|---|
| 大一 | 第一学期 | 体育基础理论教学 | 4 |
| | | 学生测试分班 | |
| | | 基础素质教学与练习 | 4 |
| | | 专项素质教学与练习 | 14 |
| | | 冬季课程教学与练习 | 10 |
| | | 课外辅导 | 规定次数 |
| | | 课外自主锻炼 | |
| | 第二学期 | 体育基础理论教学及考试 | 6 |
| | | 专项技能教学与练习 | 26 |
| | | 体育社团活动 | |
| | | 课外辅导 | 规定次数 |
| | | 课外自主锻炼 | |
| 大二 | 第三学期 | 体育专项理论教学(随堂) | |
| | | 学生体质健康测试 | |
| | | 专项技能教学与练习 | 22 |
| | | 游泳选项课 | |
| | | 冬季课程教学与练习 | 10 |
| | | 体育社团活动 | |
| | | 课外辅导 | 规定次数 |
| | | 课外自主锻炼 | 规定次数 |
| | 第四学期 | 体育基础理论教学及考试 | 6 |
| | | 专项技能教学与练习 | 26 |
| | | 游泳选项课 | |
| | | 体育社团活动 | |
| | | 课外辅导 | 规定次数 |
| | | 课外自主锻炼 | 规定次数 |

### (四)课程教学要求(2019)

课外体育锻炼:按照体育部《课外体育锻炼规定》完成。

专项技能教学:大一、大二学生,开设篮球、排球(气排球、软排球)、足球(雪地足球)、乒乓球、羽毛球、网球、武术、散打、防卫技巧、跆拳道、健美、健美操、芭蕾形体、体育舞蹈、瑜伽、游泳、轮滑、自行车、户外、陆地冰球、冰壶、冬季户外徒步、滑冰、滑雪、雪地球、雪合战、体育健康课、体育保健课等三十多个运动项目。专项技能教学实施教师指导、分层次教学、分类实施,每学年秋季学期网上选课。

课外辅导:教师每周安排两个时间段对学生进行课外体育锻炼的指导。

课外自主锻炼:学生自由结合、自行安排,利用课余时间,预约使用场地和器材,自主进行体育锻炼,教师每周进行两次专业指导。

体质健康测试:面向全体学生,每学年秋季学期均进行一次体质健康测试,根据测试结果,在体育课内外开展针对性辅导与锻炼。

体育社团活动:面向全体学生,建立专门协会和俱乐部,实行自主管理。体育部指派指导教师,组织开展形式多样、内容丰富的体育训练或竞赛活动。

## 五、课程的组织实施

### (一)2006年课程组织与管理

对学生参加课外体育锻炼次数进行分析处理,生成成绩报表。建立"学生体质健康标准"测试数据库,可进行综合分析处理,生成各单项和总成绩汇表,为研究学生个体、集体的体质健康状况提供准确有效的科学依据。对学生体育课程各单项成绩进行处理,生成单项成绩表。对上述三项内容进行综合分析、判断、处理,生成期末体育课成绩表:①体育课选项班成绩表;②上报学校行政班成绩表和体测成绩表。将缺项、补考、缓考和重修的学生列入明细表,以备补考。

### (二)2012年课程组织与管理

上课时间增设早上、中午、晚上(体育部健身俱乐部)、周六、周日时间段和夏季学期(对有一定运动基础的学生)等时间段,灵活多样,让学生有更多的选择,满足学生不同需求。

**1. 体育训练、专项课**

免修体育课:体育拔尖的学生,包括校体优生,经过体育部考核认证的具有运动员证书的学生,按训练考勤要求、获校内外大学生比赛优秀成绩,并每学期期末要参加体育课综合测评的学生,方可获得体育课成绩。

参加校级和院级体育协会:体质健康、测试优秀的学生分流到校级或院级学生体育协会(须经体育部认证),可不上体育课,但须参加规律性和持续性的体育活动与培训,为学校普通大学生体育代表队选拔提供后备力量,也为学校和院系体育文化活动培养各级体育骨干。每学期由协会负责人和体育指导教师共同对学生进行综合评定。

专项俱乐部:对体质测试成绩优秀的学生,体育部为其组织开设热门体育单项俱乐部,由资深专项教师进行指导和管理,在灵活的时间段定期规律地组织俱乐部活动,每学期对学生进行综合评定。

**2. 体育选项课**

对体质健康测试合格的学生,体育部为其开设各类适合学生体质发展和兴趣需要的单项选项课,对于技术要求比较高的运动项目,如足球、篮球、排球、羽毛球等,原则上应选满 4 个学期。对于兴趣性较强的项目,如健美、瑜伽、体育舞蹈等,可以自愿选择。参加该课程的学生要参加一定的课外锻炼,每学期由本选项班教师根据相关评定标准给予综合评定。

### 3. 体育基础课

对体质健康测试不合格者,开设以发展其基本身体素质、增强体质、培养运动习惯为目的的体育基础课。当学生身体素质得到提高并且通过下一年度体质测试后,方可获得选择其他类型体育课的资格。每学期末由本班体育教师根据相应的测试成绩和表现进行综合评定。

### 4. 体育健身课

对原有的或突发的患病、有伤以及特殊体质的学生,开设体育健身课,由教师指导其进行有针对性的锻炼与康复,参加该类课程的学生由本班体育老师根据实际情况给予综合评价。

(三)2019 年课程组织与管理

大一和大二的学生必须完成规定的课外锻炼次数,如未完成,按照体育部相关规章制度处理。体育课成绩实施基础素质和专项运动技能考核,逐项制定考核评价标准。贯彻体质健康标准评价,按照《国家学生体质健康标准》执行年度测试,定期发布测试结果。

## 六、考核与评价

**2007 年体育课考试分值比例表**

|  | 第一学期 | 第二学期 | 第三学期 | 第四学期 |
| --- | --- | --- | --- | --- |
| 夏季选项课 | 50 | 50 | 50 | 50 |
| 冬季选项课 | 20 |  | 20 |  |
| 理论课 |  | 10 |  | 10 |
| 体质健康标准 |  | 10 |  | 10 |
| 学习表现 | 10 | 10 | 10 | 10 |
| 课外锻炼 | 20 | 20 | 20 | 20 |

2012 年体育课成绩考核情况如下。

体育训练课:学生如入选校代表队且表现良好,其体育课可免试,成绩记为 90 分以上;学生如具有二级运动员以上水平且表现良好,其体育课可免试,成绩记为 90 分以上;学生参加校级以上比赛获前三名,其成绩经体育部确认后,可于参加比赛的学期免修体育课,成绩记为 90 分以上。

体育专项课:学生期末参加体能测试,项目为引体向上、3 000 米跑以及相应项目的技评与达标考核。早操晨练可用平时训练考勤替代。

体育选项课、体育基本课：体育课考核延续体育课成绩考核办法执行。学生期末同样参加体能测试，项目为引体向上（女生仰卧起坐）、3 000米跑以及相应项目的技评与达标考核。体育基本课学生期末考核内容为体能测试，即引体向上（女生为仰卧起坐）和3 000米跑。考试形式按照累加式和运动成绩提高幅度记分，参照专项课和体育课体能项目考试标准，结合成绩提高幅度给分。特体学生可选俯卧撑、仰卧起坐、双杠等项目替代。

体育健身课：完成教学要求即视为通过，成绩最高记为60分。学生凭相关证明，可不参加体质健康测试。

**2019年体育课程考核内容及其权重（A 专项班和 B 选项班）**

| 考核内容 | 各项内容所占比重/% | | | |
| --- | --- | --- | --- | --- |
| | 第一学期 | 第二学期 | 第三学期 | 第四学期 |
| 身体素质 | 30 | 30 | 30 | 30 |
| 专　　项 | 40 | 50 | 40 | 50 |
| 冬季课程 | 20 | — | 20 | — |
| 体育理论 | — | 10 | — | 10 |
| 学习过程 | 10 | 10 | 10 | 10 |
| 课外锻炼 | 规定次数 | 规定次数 | 规定次数 | 规定次数 |

**2019年体育课程考核内容及其权重（C 体育基础健康班）**

| 考核内容 | 各项内容所占比重/% | | | |
| --- | --- | --- | --- | --- |
| | 第一学期 | 第二学期 | 第三学期 | 第四学期 |
| 身体素质 | 40 | 40 | 40 | 40 |
| 冬季课程 | 20 | — | 20 | — |
| 体育理论 | — | 10 | — | 10 |
| 学习过程 | 10 | 20 | 10 | 20 |
| 课外锻炼 | 30 | 30 | 30 | 30 |

注：每次有效锻炼得1分，最多可得40分；额外加分后总成绩不超过75分。

**2019年体育课程考核内容及其权重（D 体育保健康复班）**

| 考核内容 | 各项内容所占比重/% | | | |
| --- | --- | --- | --- | --- |
| | 第一学期 | 第二学期 | 第三学期 | 第四学期 |
| 太极拳 | 55 | 45 | — | — |
| 八段锦 | — | — | 55 | 45 |
| 体育理论 | — | 10 | — | 10 |
| 学习过程 | 10 | 10 | 10 | 10 |
| 课外锻炼 | 自主锻炼 | 自主锻炼 | 自主锻炼 | 自主锻炼 |

## 七、教学督导工作

教学督导工作是学校教学质量监控和保障体系的重要组成部分,是强化教学管理、建立保证提高教学质量的长效机制。根据《哈尔滨工业大学本科教学督导委员会章程》,为提高体育部教师教学的总体水平和质量,实行教学督导。

**1. 教学督导的实施**

2007年,体育部聘请关鹏飞、方玉林、姜锡仲、章民、于同等教师组成第一届教学督导组。首先督导组制订了每学期教学督导工作计划、体育课教学质量评价表及教学督导看课表等。根据体育部教师实际情况,对不同年龄、不同职称、不同类型课和项目,分批进行看课。督导工作坚持"以导为主、以督为辅、督导结合、重在指导"的方针开展工作,课后及时与授课教师交流意见,并填写教学质量评价表,按细则评出优秀、良好、中等、及格、不及格档次。

2007年学校和体育部教学督导组看课

2012年下半年体育部重新调整督导组成员,章民、王珂、李征宇、陶永纯、于同、李兴汉、李延亭、左斌等组成第二届教学督导组,体育部为以上教师颁发了聘书。根据校发〔2012〕345号关于印发《哈尔滨工业大学本科课堂教学准入条例》的通知文件精神,加强课堂教学环节和教师资质的规范化管理,自觉提高教学水平和课堂教学质量。督导组在不断总结工作的同时提出,要提高教学督导工作的效果,修订了《体育课教学质量评价表》,调整了教学质量评价的细则,每项的分值按A、B、C三级评定。教学督导工作坚持"以人为本",采取"督、导、评"三结合的方式,本着公开、公正、合理的原则,按标准评价每一节课,采取"抓两头带中间"的方法,加强青年教师的指导,重点关注"新人、新课",尤其是准入教师的课、当年评职称教师的课,对他们在教案书写格式和教学组织、教法方面的不当之处提出改进建议,并提供一些好的教学方法与手段。

2016年督导组在"抓两头带中间"的基础上,结合部、区、室三级教学公开课和检查课,拓宽督导形式。同时对青年教师实行追踪督导,每学期安排不少于两次的督导课,要求上课的前一周审核教案,合格方可上课。对申报省、市高校、学校优秀课程及汇报展示课的教师严格要求。同时督导组采取三不(不定期、不定时、不告知)的看课方式,使其更好地体现真实教学水平,以增强教师的责任心。

### 哈尔滨工业大学体育课教学质量评价表

| | | 评价内容 | 评价等级 | | |
|---|---|---|---|---|---|
| | | | A | B | C |
| 教学准备 20 | 课前准备 | 任课教师提前到达上课地点,检查场地器材是否落实到位 | 20 | 15 | 10 |
| | 教案书写 | 教案书写规范工整,教学内容层次安排合理,教学目标明确,符合教学大纲和教学进度要求;教学方法手段运动得当,条理清楚,语言简练,时间分布合理,运动心率控制准确合理 | | | |
| 准备部分 15 | 课堂常规 | 教师精神振奋,情绪饱满,服装整洁,教态端正;携带教案以及教学用品,不随意代课、调课;严格遵守上下课时间;认真点名,检查学生上课的服装、鞋等,处理好见习生 | 15 | 12 | 8 |
| | 准备活动 | 准备活动内容合理,有针对性、实效性,使学生充分达到热身目的 | | | |
| 基本部分 30 | 教学组织与教学方法 | 教学组织合理,课堂调控应变能力强,能调动学生练习的积极性;运动量安排合理,充分利用体育场馆、器材,安全措施到位;教学方法合理、得当、灵活多样、有新意,讲解简洁、示范动作规范,做到精讲多练,师生互动,纠错积极热情,营造良好的教学氛围 | 30 | 25 | 20 |
| | 整理与小结 | 做有针对性的放松练习,整理放松身体关节、肌肉效果好;课堂小结概括性强,语言精练,重点突出,提出优缺点,布置课外作业 | | | |
| 结束部分 10 | 技术掌握 | 学生能够理解教学内容的基本要求,掌握一定的基本技术、技能,完成教学目标 | 10 | 8 | 6 |
| | 主动参与 | 学生能主动参与练习,学会体育锻炼的方法,提高自觉锻炼的意识,发挥体育健身的能动性 | | | |
| 教学效果 25 | 发展个性 | 以教学育人为主线,遵循学生身心的发展规律和兴趣爱好,培养学生互帮互学、团结进取的学风 | 25 | 20 | 15 |
| | 身体素质 | 运动强度、密度安排合理,加强对心血管系统的练习,练习量达到30%,发展身体肌力、体力、耐力等素质 | | | |

2018年秋至2020年春,体育部成立教学督导委员和教学指导委员会,对教学进行全方位管理和督导,并调整督导组成员,由孙慧丽、陶永纯、张宝军、蒋强、董平、左斌、高宝泉、李征宇、王大力、李勇、李延亭、刘松、董杰、郝秀艳、邓振杰、赵秀云、张亚东、闫生、王海、张成刚等组成第三届教学督导组。每届聘期三年,可连聘连任。根据《哈尔滨工业大学教学督导工作条例》校本教研〔2017〕25号有关文件精神,体育部实行教学督导制度,加强教学管理、促进教学改革、提高教学质量。体育部督导组的主要职能是对教育教学各环节进行监督检查、研究分析、咨询指导、考核评估等。督导组秉持以人为本的理念,坚持督、导、评结合,以督、评为手段,以导为目的;坚持立德树人的价值取向,将创新创业教育等融入教学过程,采取新的教学模式;坚持学习、调研,掌握教与学状态,把好教学质

量关。

2020年春季学期受新型冠状病毒肺炎疫情的影响,不能正常开展体育课。为贯彻教育部"停课不停教、停课不停学"的指导思想,体育课转为线上教学,线上教学督导。督导组制订相应的督导计划和督导看课表,对教师进行全覆盖督导看课。体育部主任、教研室主任等每周巡查看课,共同努力完成了特殊时期教学督导任务。

**2. 督导工作结果统计**

2013—2017年间,体育部教师65人,参加督导课的有105人次。督导组每学期安排任不同类型、不同项目课的教师约10人进行督导。据统计,参加督导的教师,优秀(90分以上)64人、良好(80分以上)33人、及格(60分以上)8人。

2018年秋季学期共完成教学督导工作量252学时,看课68人次;2019年春季学期共完成教学督导工作量148学时,看课60人次;2019年秋季学期共完成教学督导工作量84学时,看课42人次;2020年春季学期共完成教学督导工作量264学时,看课132人次。这三年间督导工作量计748学时,看课计302人次。经过实践证明,教学督导是加强课程建设、促进教学管理和监控、提高教学质量必不可少的一项工作。教学督导工作要持之以恒,建立教学督导长效机制,完成以"健康第一"、以"教学为中心"的体育教育任务。

## 第四节 教学改革

2006年体育部深化教学改革,以课程内容、课程结构、课程评价和教学管理为重点,开设了24类选项课,把运动队训练和课外体育锻炼纳入体育课程,实现体育课内、外一体化;实行教学规范化管理,进行体育教学常规评估和教师教学质量评估;开发体育教学管理软件,运用感应卡和手持终端机将学生的体育考试成绩、课外锻炼次数和《国家学生体质健康标准》测试的数据等,经无线传导系统直接输入电脑软件中,实现了体育教学"一卡通"的管理。

体育部充分利用学校游泳馆条件,把游泳项目列入一校区大二年级必修课程(一学期选项课,一学期游泳课),使大部分学生学会了游泳,同时,积极创造条件开展滑雪、雪地足球、滑冰等冬季特色课程。

2007年1月16日,哈工大学生滑雪课在哈尔滨市欧亚之窗滑雪场开课,受到多家媒体关注。当日新华社、《新晚报》、黑龙江《新闻夜航》栏目等对此进行了采访和报道,这是哈工大第三年开设滑雪课。

2007年10月24日,按黑龙江省普通高等学校实行"阳光体育运动"的要求,全省共70余所普通高等学校、高职高专、独立学院100多人参加了"阳光体育运动"哈工大现场会。与会代表观摩了哈工大"快乐晨练"及新型体育课。

2007年12月11日,按照教务处《关于深入讨论哈工大第十三次本科教育工作会议主报告的通知》精神,体育部认真学习了周玉副校长《巩固成果,深化改革,不断完善研究型大学创新人才培养体系》的报告,拟订教学研讨提纲,组织各教研室教师讨论教学中的难点、重点和新授课内容的教法。转变教学理念,即从竞技型向智能型转变,从单纯的传

第五章　深化教学改革与可持续发展阶段

浇冰场

2005年哈工大滑雪课

2007年女生滑冰课教学

授型向组织指导型转变,从封闭型向开放型转变。根据《全国普通高等学校体育课程教学指导纲要》精神加强课程建设,满足不同水平、不同层次学生的需要,将课外体育锻炼、运动训练、学生体质健康标准均纳入体育课程中。开设了培养篮球一级裁判员特色课,同时利用校区及社会体育资源新增游泳、保龄球课等。2008年5月17日,黑龙江省篮球一级裁判员哈工大学生授予仪式暨2008年学生篮球联赛闭幕式在一校区体育馆举行,33名学生被授予篮球一级裁判员。

2007年一校区滑冰场

2007年省高校"阳光体育运动"哈工大现场会

2007年保龄球课

  2012年,根据学生身体素质、基本运动技术、运动技能以及兴趣爱好等因素,增设旱地冰球和轮滑本科生体育课程。同时根据学生体质和体育素质基础,体育课程教学目标又分别设立三个等级:基础目标、提高目标和发展目标。

  基础目标:对入学时身体素质较弱且运动基础较差(体测成绩不及格)的学生,以提高身体素质、体测达标为目的,培养其自主锻炼的能力和习惯。

  提高目标:对身体素质较好且有一定运动基础的学生(体测成绩在及格和良好之间),进一步提高其身体素质,培养其运动项目基础和能力。

  发展目标:对部分学有所长和身体素质好且有较好运动基础的学生(体测成绩良好

2008年第一批学生篮球一级裁判与校领导合影

以上)确定的,可将其作为大多数学生的努力目标。

2014年,体育部积极配合学校实施三学期制教学模式,有效调整体育教学进度、排课方案和教学大纲;增加发展学生心肺功能的素质学习,并纳入考试内容;修订了体育课考试内容与评分标准;制定了体育课要求及规定;制定了体育课课外活动管理条例。

2015年8月6日,哈工大体育工作委员会第一次会议在行政楼213会议室召开,会议听取了学校本科生体育教学改革实施方案,实行"三自主"选课的重要举措。2015年在大一学年试行,2016年秋季学期在本科生教学中全面铺开。

哈工大积极配合"冰雪进校园"的号召,为实施"三亿人上冰雪"的计划,大力推进哈工大冰雪体育特色课程建设。在本科生中开设了滑冰、滑雪、雪地球、雪地足球、户外徒步、雪合战、越野滑雪及旱地冰球选项课。

由于深化教改,体育部拓宽课程,坚持课堂教学与课外锻炼相结合。2018年春季学期体育课外锻炼有7 140人参加,秋季学期有6 890人参加;秋季学期17级学生试用了手机app打卡管理方式,参与人数3 923人,总跑步次数49 681次125 126.96公里,人均12.26次,人均31.9公里;18级采用了测试卡课外锻炼,总人数3 706人,总里程157 895.2公里,人均42.6公里,两项跑步人均公里数均远远高于以往学期的人均15.4公里。

学生体质测试

2016年体育部完成了"高山滑雪"和"冰壶"两门MOOC的建设,在学堂在线平台上线,成为全国普通高校同类课程最早上线的冰雪体育MOOC。截至2019年底,另外四门慕课"尚派形意拳——初级""芭蕾形体""篮球竞赛与裁判课"和"金羽飞扬——世界冠军的羽毛球课堂"也相继在好大学在线、中国大学 MOOC 平台上线。目前"高山滑雪""冰壶""尚派形意拳——初级"已被评为黑龙江省级精品在线课程。

## 第五节　体育研究生教育

### 一、体育教育训练学硕士生培养工作基本概况

2006 年,经国务院学位办正式批准,体育部成为体育教育训练学硕士研究生学位授予点;2008 年正式招生,至 2019 年共培养硕士研究生 55 人;2019 年划归人文学院法学专业,体育教育训练学专业取消。

该学科是体育学二级学科,研究培养方向包括冰雪、田径、篮球、游泳教学训练理论与方法和高校体育教学与体质健康理论与方法。原有专任教师 12 名,其中硕士生导师 4 名,教授 3 名,副教授 9 名,具有博士学位 2 名。每年计划招生 6～8 人。体育教育训练学硕士生培养年限为 2 年,第一年是课程学习,包括公共学位课 3 门,学科基础课 4 门,学科专业课 2 门,选修课程 6 门,专题课 2 门,第二年是教学实践和毕业论文。经过两年的学习,学生修满 32 学分方可毕业。

### 二、体育硕士研究生培养教育实施

**1. 课程体系建设**

课程体系的建设必须符合体育教育社会发展需要,知识结构应是多元化的知识结构,要具有完整性和有序性。在课程科目的安排上,注重加强专业基础课和专业课的课程建设。如学科基础课安排了体育社会学、体育学原理、体育教学论等;专业课安排了运动训练学,体育教育训练学理论与方法。在选修课中加强教学实践与掌握体育科学研究的基本方法。在两个方面增加体育实践环节:一是增加体育教学实践学时和学分,二是参加社区体育指导员培训和各类体育竞赛实践。

**2. 体育实践能力的培养**

(1)体育教学和训练实践课为选修课,2 学分。硕士生第二学期在指导教师的指导下,为本科学生上 3 周的教学实践课或训练课,其中包括按教学进度备课、写教案、上课等。指导教师负责对教学和训练实践全过程进行考核。(2)完成 1～2 项校内竞赛的组织编排、临场裁判、赛后总结工作。指导教师对其竞赛工作情况进行考核。(3)体育社会实践课为选修课,1 学分,硕士生到体育科研所和社区参与体质科研测试及社会群众体育活动辅导,时间为 4～6 周,一般安排在第三至第四学期进行。社会实践活动后要写出实践总结,并由指导教师和基层导师进行考核。

## 3. 导师队伍建设

建立严格的导师遴选、聘用制度,把导师的使用和培养结合起来,加大对在岗的优秀青年教师的培养力度,加大研究生和不同学校相关专业导师间的学术交流,聘任外校知名教授担任客座教授,提高硕士培养质量。

## 4. 把好论文质量关

在培养方案中增设了论文开题与文献综述专题课,导师严格把关,经讨论修改后再正式开题。学生在答辩前要进行试讲。提前20天进行毕业论文预答辩。论文开题和毕业答辩都聘请国内体育学知名教授担任答辩评审组长。

## 5. 制定研究生管理规章制度

严格遵守哈工大研究生守则。明确体育部硕士研究生指导教师要求。制定体育部硕士研究生考勤与请假规定。制定硕士研究生第二学年奖学金评定办法。制定哈工大校内体育推免生接收工作细则。

**体育教育训练学培养方案**

| 类别 | | 编号 | 课程名称 | 学时 | 学分 | 开课时间 | 周学时 |
|---|---|---|---|---|---|---|---|
| 学位课程 | 公共学位课（GXW） | S0800000Q | 马克思主义理论 | 54 | 3 | 秋 | 4 |
| | | S1500002Q | 第一外国语 | 36 | 2 | 秋 | 2 |
| | | S0710112Q | 高等教育管理 | 36 | 2 | 秋 | 2 |
| | 学科基础课（XW） | S2400001Q | 体育社会学 | 36 | 2 | 秋 | 2 |
| | | S2400002Q | 体育学原理 | 36 | 2 | 秋 | 2 |
| | | S24000004Q | 体育教学论 | 36 | 2 | 秋 | 2 |
| | 学科专业课（XW） | S24000005Q | 运动训练学 | 36 | 2 | 秋 | 2 |
| | | S24000006C | 体育教育训练学原理与方法 | 36 | 2 | 春 | 2 |
| 选修课程（X） | | S24000007Q | 体育科学研究方法 | 36 | 2 | 秋 | 2 |
| | | S24000008C | 学校体育竞赛组织管理 | 36 | 2 | 春 | 2 |
| | | S24000009C | 奥林匹克运动 | 36 | 2 | 春 | 2 |
| | | S24000012C | 体育选项实践 | 36 | 2 | | |
| 专题课与实践环节（ZT） | | S24000013C | 教学实践 | 36 | 2 | 春 | 2 |
| | | S24000014C | 社会实践 | 18 | 1 | 秋 | 2 |
| | | S24000018C | 论文开题及文献综述专题 | 18 | 1 | 春 | 2 |
| | | S24000019C | 中国高校体育教学改革专题 | 18 | 1 | 春 | 2 |
| 学术活动 | | | | 5次 | 1 | 春 | |
| 论文环节 | | 开题报告 | | 1 | | | |
| | | 中期检查 | | 1 | | 春 | |

## 第六节 科研工作

  教师在做好体育教学、训练、竞赛及校园体育活动等工作的同时,同样重视体育科研工作,多年来,在科研课题、著作、学术论文等方面取得丰硕成果。

  2006—2011年,出版关于体育教学改革和体育教学实践应用的体育教学论著29部,发表教学研究论文129篇,发表科研论文115篇,完成省、部、校级科研项目42项。2010年主要完成了2项国家级课题和2项省级科研课题。王珂主持的科研项目"中国女子冰壶队2010年冬奥会主要竞争对手技战术分析及对策研究"荣获第二十一届冬奥会科研项目攻关与科技服务项目贡献二等奖;校科研立项获批2项;出版教材、专著4部(主编、副主编);在国家一级刊物发表论文4篇(第一作者)。

  2012年,体育部教师主持的国家体育总局冬奥会科研项目攻关课题获批经费16万元。

  2013年,体育部申请立项的校级课题"我国'985工程'一期前九所名校体育课程体系的对比研究"获批;教师论文获奖参加国际会议。

  2014年,教师发表论文多篇;多名教师获黑龙江省大学生运动会体育科学论文报告会一、二、三等奖,论文累计98.5分;一名教师被评为国家体育总局第二十二届索契冬奥会科研攻关与科技服务先进个人,其课题"提高中国女子冰壶队进攻战术能力研究"获三等奖。

  2015—2017年,体育部教师获黑龙江省高等教育学会第二十二次优秀高等教育研究成果三等奖(第一作者)1项;第十三届全国学生运动会体育部共有22篇论文入选学校体育科学论文报告会,其中2篇获二等奖、3篇获三等奖;省教改立项2个,省级建设协会立项1个,省自然科学基金立项1个,校教改立项6个。

**教师教学科研情况(2015—2017年,不完全统计)**

| 序号 | 科研类型 | 2015—2016年 | 2017年 |
| --- | --- | --- | --- |
| 1 | 论文(第一作者) | 12 | 8 |
| 2 | 主持或参与国家级课题 | 1 | 1 |
| 3 | 主持或参与省部级课题 | 7 | 6 |
| 4 | 主持厅局级或校级课题 | 6 | 7 |
| 5 | 发表专著或教材(第一主编) | 1 | 3 |
| 6 | 发明专利 | 4 | 1 |

  2018年,据不完全统计,完成省级教改课题6项,发表论文17篇,出版教材或著作4部。

  2019年,有7部体育专著和教材入围哈尔滨工业大学"双一流"建设精品出版工程(一期);成功申报校级教学发展基金项目2项(课程思政类1项,教学发展类1项);省部级教改课题立项2项;校级教改课题结题3项;省大学生运动会体育科学论文报告会体育部上报论文36篇,有24篇论文成功入选,其中6篇获一等奖、8篇获二等奖、10篇获三等奖。

2007—2019年体育部教师发表部分论文　　　　　　　　　　　　　　　单位:篇

| 年度 | 论文数 | 年度 | 论文数 | 年度 | 论文数 |
|---|---|---|---|---|---|
| 2007 | 6 | 2012 | 21 | 2017 | 19 |
| 2008 | 12 | 2013 | 34 | 2018 | 28 |
| 2009 | 15 | 2014 | 29 | 2019 | 16 |
| 2010 | 28 | 2015 | 22 | | |
| 2011 | 22 | 2016 | 16 | | |

注:论文数总计268篇。

## 第七节　师资队伍建设与管理

### 一、师资队伍基本情况

2007年,体育部教师共有69人,其中教授7人、副教授37人、讲师24人、助教1人。

2019年,体育部教师共有67人,包括教授6人、副教授45人、讲师10人、助教6人。其中博士学位2人、硕士学位30人、国际级裁判6人、运动健将4人、国际运动健将2人。先后引进人才2人:羽毛球世界冠军陈金、冬奥会冠军张虹。

2019年体育部各教研室教师名单如下。

第一教研室(大球类)主任蒋强,副主任高宝泉、杨鹏。

教师:张宝军、柳洪涛、王大力、李征宇、韩秀华、王剑虹、周剑、张昊、刘志书、孟巍、李勇、张建中、王菊、仇慧、刘展铭。

第二教研室(小球类)主任张成刚,副主任朱宝峰、刘松。

教师:李延亭、盛俊林、历祥英、张霁虹、李妍、陈绍卓、陈金、董杰、张伟、李刚、王丹丹。

第三教研室(形体、武术等)主任邓振杰,副主任赵秀云、闫生。

教师:陶永纯、谷化铮、吕岩、简萍、李卓嘉、郝秀艳、陈玲、姜帆、张亚东、董平、刘勇强、王忠波、王晓伟、王璐。

第四教研室(田径、游泳、冰雪等)主任左斌,副主任牛荣利、王海。

教师:罗大林、冯伟、赵健、崔煜、赵菁、关亚军、张春晖、关晓龙、徐磊、姜懿伦、孟述、马忠权、冯韶文、董晓琪、王粟。

其他教职工名单:赵璇、施冬华、张颖、牟善蕾、常云。

## 二、师资队伍管理

### 1. 教学管理

2018年,体育部成立教学督导委员会和教学指导委员会,对教学进行全方位管理和督导,进一步加强了教学管理。

健全教学管理制度,形成多层面立体的质量控制体系,采取科学规范管理,确保教学改革和教学管理的顺利进行。

树立科学管理贯穿于现代教育的理念。在教学实施中始终坚持人性化管理,以学生为主体,以教师为主导,尊重学生,给学生创造更多、更自主的时间和空间,让学生得到个性发展,做到每天坚持锻炼1小时,健康工作50年。

建立教学质量检查制度,每年进行教学质量评估。实行对教师工作进行全方位质量评估和监督保障体系,激发广大教职工的积极性,加强教师教学工作的事业心,提高工作质量。

严格执行检查课制度。坚持课堂教学质量检查的监督机制,每学年部领导、教研室主任、书记分别对教师的课堂教学质量进行检查,发现问题及时解决。

听取学生反馈意见制度。多年来一直坚持每学期听取学生反馈意见,学生对教师的仪表、教态、责任心、教学水平、教学方法、为人师表、教书育人等诸多方面进行综合评价。

实行调、停、代课制度,开展不同形式的公开课、示范课,组织教师集体看课。提高体育课教学秩序的管理水平。

加强教师准入制度、青年教师导师制度,使青年教师快速成长,尽快适应教学、科研工作。

建立教学文件档案的整理和保管制度。

健全体育课秩序的管理工作,加强学校体育运动伤害风险防范机制,培养学生安全意识和自我保护能力,提高学生的伤害应急处置和救护能力。加强体育器材设施及场地的安全风险分类管理,设立明显警示标志和安全提示。完善校方责任险,建立涵盖体育意外伤害的学生综合保险机制。试行学生体育安全事故第三方调解办法。

### 2. 绩效管理

2012年,进一步优化人力资源配置,形成各类人才和谐发展的良好局面,提升教师队伍的整体水平,顺利完成了教师分类岗位设置工作。2017年,按照学校整体要求和部署,以体育学科建设为龙头,紧紧围绕"立德树人"的根本任务,大力推进人事制度改革和实施方案。教授会讨论通过了《哈工大体育部学术期刊和会议分类分级目录》《哈工大体育部教师岗位聘任考核办法及津贴发放条例》,实施绩效改革,定编定岗,绩效优先,多劳多得,优绩优酬。

体育部领导坚持深入体育教学第一线,每学期开学前检查教学准备工作,深入课堂听课,教师100%为本科生授课,确保日常教学工作平稳有序运行。

深化体制机制改革,强化人才培养中心地位。充分发挥部教授委员会、教学指导委

## 第五章　深化教学改革与可持续发展阶段

员会和教学督导委员会(实现校、部、区室三级联动的督导模式)作用,发挥三会的审议、评议、指导、监督和咨询职能,将本科教学改革、教学建设和制度发展等工作纳入科学化、制度化和规范化的管理轨道。

在绩效考核方面,岗位设置和津贴发放向教学重点倾斜。

每门课都有教学团队,教师一专多能保证教学。集体备课,业务提高成为传统常态化,并作为绩效考核内容。

2018年教师业务提高

2019年体育部教师身体素质考核

强化制度经费保障,巩固人才培养中心地位。体育部实行教师教学业绩奖励政策,增加本科教学成果奖励额度,对教学成果奖励与科研成果奖励同等对待。积极组织和推荐教师参加教学名师奖、教书育人先进个人、师德标兵等评奖评优活动以及学校和省教育厅组织的各项教师技能大赛,对教学成效显著的教师予以表彰奖励。

为保障并推动教授和副教授给本科生上课,在岗位和职称评聘条例中,有明确为本科生授课学时要求,同时要求授课质量达到良好。

为了便于对教师的工作进行定量评价,制定了本科教学工作量计算办法,对体育理论教学、体育实践教学和课余活动的组织、指导都制订了明确的工作量量化指标和考核办法,对教学效果和教学状态进行定性和定量评价。在职称评定和体育部岗位聘任中均明确要求教师承担足够的教学任务,且教学效果必须达到良好。

注重在实践中不断持续深化教学方法改革,从实践工作中提炼先进教学理念,积极申报学校、省教学改革项目,从而完成实践—理论—实践的良性循环,不断促进体育教学质量的提高。积极深入开展教学方法和考试方法改革,奖励在教学改革、教学建设、教材建设等方面表现优异和有突出贡献的部门、教师，以充分调动体育部教师教学工作的积极性、主动性和创造性。

## 三、师资提高与培训

鼓励支持年轻教师学习深造，攻读硕士、博士学位，提高学历；支持教师参加国内外学术培训、交流，提升业务能力，加强体育部整体师资力量。2016年赴法国留学1人，2017年赴美国留学1人，2019年引进具有一定影响力拔尖人才奥运冠军、世界冠军2人。2016年体育部派出教师交流、培训、调研30余人次。2019年派出教师参加全国调研、会议、培训班、研修班共43人次。

2018年4月2日，体育部成立了青年教师联合会，旨在推动青年教师业务能力、师德师风、综合素质等全面发展，使他们健康成长、勇于担当、不断进步。青年教师联合会成立之初共有教师17人，当年获省青年教师教学基本功大赛一等奖2人、二等奖1人、三等奖3人，校教学优秀奖二等奖1人，校青年教师教学基本功竞赛一等奖1人、二等奖1人，全国大学生锦标赛优秀教练员1人；在体育核心期刊发表论文2篇，其他期刊5篇，论文报告会参会论文16篇；6名教师参与MOOC建设，3人担任主讲教师；执教运动队科学训练，严格管理，在全省及全国高校竞赛中取得了优异成绩。

体育部青年教师联合会2019年度工作总结会

名师引领，以赛促训，训赛结合。为充分发挥老教师、教学带头人的指导作用，学校自2005年开始每两年举办一届青年教师教学基本功竞赛。体育部至今已有7人获得校基本功竞赛二等奖，获黑龙江省高校体育教师技能大赛一等奖2人，二等奖2人，三等奖3人。

规定新进教师必须进行严格的岗前培训，内容涵盖综合培训、教育教学能力培训、英语培训和助课实训等方面，教师培训考核合格后方可上岗。深入落实"教学团队""助教"等制度，采用"传一帮一带"培养模式，加强对新入职教师的实践指导，有效帮助青年教师成长。青年教师的培养采用导师制，由部里安排教学经验丰富的教师担任导师。在教学设计、教案、试讲、授课（课堂教学）等教学环节，导师对青年教师做好上岗前教学技能过关指导。鼓励青年教师出国研修，培养国际化青年教师队伍，提高教师的教学国际化水平。

建立青年教师教学成长档案。为新入职教师建立"青年教师教学成长电子档案袋"，按照动态的监测记录和个人的发展需求,提供教学辅导和组织帮助,促进教师教学能力持续提高。

2006年11月13日,体育部秋季学期举行教学研讨会,会上就体育课程建设与改革、教学思想与模式、成绩评价与管理等内容进行了研讨。

2006年秋体育部教学研讨会

2009年12月10日,《沈阳体育学院学报》编辑部主任常波应邀在体育馆会议室做了题为"如何在国内外学术领域展示自己科研成果"的讲座,体育部教师及体育部研究生参加了会议。2009年12月14日,《首都体育学院学报》编辑部主任王子朴应邀在体育部会议室做了题为"学术期刊与学术规范——兼谈体育类核心期刊和投稿技巧"的讲座,体育部领导、教师及体育部研究生参加了会议。

2013年,先后派出教师参加北京师范大学主办的全国陆地冰球教练员及裁判员培训、首都体育学院主办的运动员体能训练培训、大体协主办的全国普通高校高级教练员讲习班的培训、高级游泳教练员培训班学习。

2016年,体育部派出教师赴各高校交流、培训、调研30余人次。2016、2017年赴法国、美国留学教师2人。

2017年2月,为推动冰雪特色教学发展,提高教师冰雪教学水平,新学期伊始,体育部30余名教师在哈尔滨体育学院第二教学区进行了高山滑雪培训。

2018年4月16日,为贯彻落实黑龙江省、哈尔滨市政府春季防火工作和学校《关于开展"4·17"防火宣传周活动的通知》要求,进一步增强消防安全意识和应对火灾等突发事故避险自救能力,体育部领导及全体教职员工参加了初起火灾扑救、紧急疏散、伤员救护等演练。校保卫处副处长汪树斌、安全科科长张楠等到场指导。

2019年5月30日,《体育与科学》杂志主编程志理教授应体育部邀请在一校区体育馆会议室做了体育科研专题讲座。7月4日,体育部在一校区正心楼舞蹈室举办了首期红十字应急救护员培训班,培训包括理论学习、实操演练及考核三部分,培训课程由黑龙江省红十字协会谭志强、陈杰等老师主讲,体育部教职工、研究生参加了培训。

2019年11月28日,国家体育总局体育文化研究基地负责人、国家社科基金项目评审专家、教育部长江学者奖励计划评审专家、沈阳师范大学赵忠伟教授应邀来体育部做"教师科研之路"专题讲座。

2019年度,派出参加全国调研、会议、培训班、研修班共43人次,部分教师参加2022

年北京冬奥会相关项目国内培训,参加国际冰雪项目比赛的裁判工作。是年,为积极发挥体育部青年教师联合会作用,让青年人提素质、过教学关、快速成长、不断进步,体育部围绕教学、科研、体能、职业素养、技能等内容开展活动19次,参与活动的青年教师达300人次。

## 四、体育部各项获奖

### 1. 教学获奖

2006年9月10日,庆祝教师节暨教学成果表彰大会在行政楼113会议室召开。体育部教师李跃年获校"教学优秀奖",牛荣利等三名教师分获校"首届青年教师教学基本功竞赛"一、二等奖。

2008年3月13,黑龙江省学校体育卫生艺术教育工作会议在亚布力滑雪场举行,来自全省各学校负责体育、卫生、艺术的主任共一百余人参加了会议。黑龙江省教育厅副厅长孟凡杰到会并讲话。哈工大体育部主任王国滨做了题为"深入开展阳光体育运动,切实提高学生健康水平"的报告,王大力老师"篮球竞赛与裁判"和郝秀艳老师"芭蕾形体"课程受到表彰,被授予黑龙江省优秀创新课程。

2008年黑龙江省学校体育卫生艺术教育工作会议

2010年,"滑雪"课程被评为哈工大优秀课程,体育部被评为哈工大安全防火工作先进单位,第一教研室获先进集体,部分教师获教学优秀奖、先进个人和"三·八"红旗手等。

2011年,哈工大"篮球竞赛与裁判"课程已培养166名篮球一级裁判员。

2012年,哈工大《普通高校芭蕾形体课程建设理论与实践研究》荣获校教学成果一等奖、黑龙江省教学成果二等奖,体育部教师获校"教学新秀""先进个人""三八红旗手""五好家庭"等荣誉称号。

2015—2017年体育部教师获奖情况:哈工大教学优秀奖1人,青年教师基本功大赛获奖7人,省、校青年教学能手1人。黑龙江省高校体育教师技能大赛获奖7人,其中一等奖2人、二等奖2人、三等奖3人,获哈工大教学成果奖2人。

2016年,"高山滑雪""冰壶"被评为黑龙江省精品在线开放课程。4月21日上午,体育部教师入选黑龙江省专家库颁证仪式在一校区会议室举行,王珂、谷化铮、李兴汉、张成刚、朱宝峰被黑龙江省教育厅聘为"黑龙江省高校体育教学教研指导专家库成员"。

2018年,在黑龙江省普通高校体育教师教学技能大赛上,哈工大教师获一等奖2人、二等奖1人、三等奖3人。同年,体育部获哈工大第十二届教学优秀奖一等奖1人、二等奖2人,哈工大青年教师基本功大赛获一等奖1人、二等奖1人。

2019年,在教师节表彰大会上,体育部教师受到表彰,包括黑龙江省体育先进工作者3人,校级"立德树人"先进个人1人,黑龙江省普通高校体育教师教学技能大赛一等奖2人、二等奖2人、三等奖3人。

2020年体育部教学管理团队荣获"哈尔滨工业大学在线教学最佳组织奖";刘松荣获"哈工大在线教学竞赛"二等奖,她主讲的双语健身课被评为哈工大在线教学"我最喜爱的课程"。

### 2. 科研获奖

2010年9月8日,国家体育总局在北京首都体育馆召开了第二十一届冬奥会科研攻关与科技服务总结表彰大会,体育部王珂主持的科研项目"中国女子冰壶队2010年冬奥会主要竞争对手技战术分析及对策研究",荣获第二十一届冬奥会科研项目攻关与科技服务项目贡献二等奖。

2014年9月10日,国家体育总局在京召开了第二十二届索契冬奥会科技工作总结会。会上全面总结了第二十二届冬奥会科技备战工作,表彰了突出贡献科研项目及先进单位、先进个人。哈工大体育部王珂老师主持的"提高中国女子冰壶队进攻战术能力研究"项目获三等奖,王珂荣获第二十二届索契冬奥会科研攻关与科技服务先进个人称号。同年,在黑龙江省第十六届大学生运动会科报会上,哈工大教师获一、二、三等奖,论文累计98.5分。

2017年9月16日,第十三届全国学生运动会在浙江大学紫金港体育馆召开。体育部共有22篇论文入选第十三届全国学生运动会科学论文报告会,其中2篇获二等奖、3篇获三等奖。同年,体育部获省高教学会成果奖三等奖2个,省高教学会第22次教育科研成果奖三等奖2个。

### 3. 其他获奖

2011年,体育部参加在大连海事学院举行的东北地区部分高校体育协会年会,获游泳比赛团体第二名;参加工信部直属高校体育工作联合会年会,获得网球单打第一名。

2012年6月23日,工信部直属高校体育联合会年会暨教师篮球比赛在北京航空航天大学圆满结束,其间举办了篮球比赛,哈工大荣获冠军。

2014年10月25日,由校工会、体育部联合主办的"哈工大教职工游泳比赛暨工信部直属机关及所属部分高校游泳比赛哈工大选拔赛"在哈工大游泳馆举办,体育部获团体总分第一名。11月22日,卓越联盟高校首届教工羽毛球邀请赛在上海市杨浦区同济大学体育馆结束,哈工大教工代表队以不败战绩勇夺冠军。此次邀请赛由"卓越大学联盟"主办,同济大学承办,北京理工大学、重庆大学、大连理工大学、东南大学、同济大学、华南理工大学、天津大学、西北工业大学、哈尔滨工业大学等九所卓越联盟高校参加。

体育部自2015年开始连续三年承担哈尔滨市"五一"环太阳岛长跑比赛裁判工作。

2016年,孟述、冯韶文、张宝军、冯伟被聘为"黑龙江省高校体育竞赛组织专家库成员"。

2017年9月23日,由哈尔滨市总工会、市体育局、中共香坊区委共同举办的"与梦想同行"全市职工广播操(工间操)大赛决赛在东北林业大学体育馆结束。哈工大体育部9名教师受大赛组委会聘请担任所有预赛、决赛裁判工作,受到市总工会各级领导的高度赞誉和各支参赛队伍的一致好评。同年哈工大被推选为黑龙江省大学生体育协会冰雪分会主席单位。

2019年3月16日,黑龙江省高校教职工乒乓球赛在黑龙江大学体育馆结束,哈工大荣获团体冠军和一个单项冠军,体育部教师陈绍卓、李妍代表学校参加了比赛,其中陈绍卓获得男子青年组单打冠军。

哈工大荣获黑龙江省高校教职工乒乓球赛团体冠军

2019年4月14日,全国冰壶冠军赛在冬运中心冰壶馆落幕。哈工大体育部教师姜懿伦率领的哈尔滨四队在女子项目比赛中勇夺桂冠,获得代表中国参加世界杯总决赛资格。

2020年4月28日,第24届"中国青年五四奖章"评选结果揭晓,哈尔滨工业大学体育部副教授、冬奥会速度滑冰冠军张虹获颁第24届"中国青年五四奖章"。

冬奥会冠军张虹老师荣获
2020第24届"中国青年五四奖章"

## 第八节　校园体育与学生体质健康

### 一、校园体育竞赛概况

2006年12月20日,教育部、国家体育总局、共青团中央印发并实施《教育部国家体育总局共青团中央关于开展全国亿万学生阳光体育运动的决定》(教体艺〔2006〕6号)。为全面贯彻党的教育方针,认真落实"健康第一"的指导思想,在全国亿万学生中掀起群众性体育锻炼的热潮,切实提高学生体质健康水平。2007年开始,结合《学生体质健康标准》的全面实施,在全国各级各类学校中广泛、深入地开展全国亿万学生阳光体育运动,简称"阳光体育运动"。

2007年,学校级体育比赛被统一纳入"哈工大阳光体育运动"系列赛事。"阳光体育"系列赛事主要包括环校接力赛、健美大赛、篮球联赛、田径运动会、足球赛、羽毛球赛、新生运动会、排球赛、"健康青年"技能大赛、游泳比赛、乒乓球赛、冰上运动会、雪地球、雪合战、啦啦操、校园3对3篮球联赛等。

**2015年秋季学期"阳光体育"系列活动计划**

| 序号 | 项目 | 计划时间 | 主办单位 | 承办单位 | 负责人 |
|---|---|---|---|---|---|
| 1 | "阳光体育"系列活动启动仪式 | 4月25日 | 体育部校团委 | 留学生中心 | 盛俊林　曹文涛 |
| 2 | 迎春环校接力赛 | 4月26日 | 体育部 | 经管学院 | 孟述 |
| 3 | 第五届"真材杯"学生健美大赛 | 5月9—16日 | 体育部 | 材料学院团委 | 孟述 |
| 4 | 第三十四届学生篮球联赛 | 5月9—19日 | 体育部 | 体育部 | 孟述 |
| 5 | 第五十二届田径运动会 | 5月22—23日 | 校工会体育部 | 校工会体育部 | 张国宏　王珂　李征宇 |
| 6 | 第三十届学生足球赛 | 6月6—13日 | 体育部 | 土木学院 | 孟述 |
| 7 | 首届体质测试大赛 | 9月12—10月 | 体育部 | | 谷化铮　盛俊林 |
| 8 | 第十三届学生羽毛球赛 | 9月19—21日 | 体育部 | 经管学院 | 孟述 |
| 9 | 新生运动会 | 10月17日 | 体育部 | 基础学部 | 孟述 |
| 10 | 第三十一届学生排球赛 | 10月24—30日 | 体育部 | 航天学院 | 孟述 |
| 11 | 第四届"健康青年"技能大赛 | 10月31日 | 体育部 | 人文学院外语学院 | 盛俊林 |
| 12 | 第三届学生游泳比赛 | 11月7日 | 体育部 | 电气学院 | 孟述 |
| 13 | 第三十五届学生乒乓球赛 | 11月21—23日 | 体育部 | 交通学院 | 孟述 |

## 二、校园体育竞赛组织形式

进入 21 世纪以前,校园体育竞赛基本以体育部、校团委为主办单位进行组织活动,现为体育部(校团委、校工会)主办、院系承办、企业赞助协办的模式。通过参与体育竞赛组织和管理,带动了各学院学生的体育水平及活动开展。如:"阳光经管杯"羽毛球赛、"土木菁华杯"足球赛、"航天杯"排球赛、"人文外语联合杯"健康青年大赛、"电气杯"游泳赛、"交通杯"乒乓球赛、"材料杯"健美大赛、留学生中心的"阳光体育运动"启动仪式暨中外学生趣味运动会等,成为校园体育品牌赛事,有力推动了哈工大群体竞赛的开展。

"阳光体育"系列竞赛活动一览表

| 序 号 | 项  目 | 年  度 | | | |
|---|---|---|---|---|---|
| | | 2016 | | 2017 | |
| | | 承办单位 | 参加人数 | 承办单位 | 参加人数 |
| 1 | "阳光体育运动"启动仪式 | 管理学院 | 500 人 | 留学生中心<br>土木学院 | 550 人 |
| 2 | 迎春环校接力赛 | 经管学院 | 220 人 | 经管学院 | 190 人 |
| 3 | 健美大赛 | 材料学院 | 100 人 | 材料学院 | 100 人 |
| 4 | 啦啦操大赛 | 化工学院 | 300 人 | 化工学院 | 310 人 |
| 5 | 游泳比赛 | 电气学院 | 120 | 电气学院 | 场地维修,停办 |
| 6 | 篮球联赛 | 安踏公司 | 300 人 | 安踏公司 | 300 人 |
| 7 | 田径运动会 | 体育部校工会 | 1 800 人 | 体育部校工会 | 2 100 人 |
| 8 | 足球赛 | 土木学院 | 440 人 | 土木学院 | 440 人 |
| 9 | 羽毛球赛 | 经管学院 | 130 人 | 经管学院 | 140 人 |
| 10 | 排球赛 | 航天学院 | 270 人 | 航天学院 | 250 人 |
| 11 | "健康青年"大赛 | 人文学院<br>外语学院 | 260 人 | 人文学院<br>外国语学院 | 280 人 |
| 12 | 乒乓球赛 | 交通学院 | 210 人 | 交通学院 | 220 人 |
| 13 | 体质测试大赛 | 体育部 | | 体育部 | |
| 14 | 冰雪嘉年华 | | | 体育部 | 500 人 |

## 三、"阳光体育"系列竞赛

**1. "阳光体育运动"启动仪式暨中外学生趣味运动会**

近年来在校团委、留学生中心等单位的大力支持下,哈工大每年举办"阳光体育运动"启动仪式、学生"阳光体育运动"启动仪式暨中外学生趣味运动会,扩大了宣传,形成了特色。开幕式上,主管校长及相关部门领导出席仪式并参与活动。在比赛中,中外学生青春飞扬、尽展才艺,充分表现了哈工大学生的精神风貌和进取精神,增进了友谊,扩大了交流,进一步促进了校园体育文化建设。

2014 年哈工大"阳光体育运动"启动仪式暨中外学生趣味运动会开幕式

**2. 迎春环校接力赛**

迎春环校接力赛是哈工大阳光体育系列体育赛事的第一项,每年 4 月末在美丽的一校区校园举行。比赛为环形封闭路线,起点设在主楼前,终点设在管理学院门前,单圈 1 400 米。报名以院为单位,参赛运动员 10 人,其中 8 名男生,2 名女生(第 4、8 棒),每人跑一圈进行接力。比赛前八名获奖,同时若干单位获评体育道德风尚奖。

2010 年哈工大迎春环校接力赛

### 3. 健美大赛

健美是一项健、力、美相结合的运动,它能够锻炼身体、增长体力、发达肌肉、改善体态、提高自信、陶冶情操,深受男生喜爱。哈工大很早就设置了健美选项课,培养了一批健美爱好者。1995年哈工大成立了健美俱乐部,由体育部教师担任教练,丰富了学生第二体育课堂,俱乐部在创建之初就吸引了很多学生积极参加,特别受到一些留学生青睐。经过20年的发展建设,健美俱乐部条件、规模、水平不断提升,是人数最多的体育俱乐部之一。近年来俱乐部每年举办一届全校学生健美大赛,推动了该项目的发展,丰富了校园体育文化建设。2015年由体育部主办、材料学院团委承办的哈工大第五届"真材杯"学生健美大赛,共有11个学院的健美爱好者、啦啦操代表队参加。这次比赛设置了单项和团体两个项目,单项包括男子极限卧推、极限深蹲、10公斤哑铃臂弯举、仰卧起坐、握力对抗、形体展示及女子仰卧起坐,团体项目包括男子30公斤耐力举接力、负重搬运接力和女子负重搬运接力、女子健美操。

2014年哈工大学生健美比赛

### 4. 篮球联赛

20世纪40年代,哈工大成立了学生篮球队,在世界青年联欢节上,哈工大以谭以津为核心的篮球队曾代表黑龙江学联迎战苏联国家队。哈工大男子篮球队一直处于黑龙江省高校龙头地位,并在2009年荣获中国大学生联赛(CUBA)东北赛区冠军,最终取得全国第三名的优异成绩。体育部每年组织全校学生举行篮球联赛,以院为单位报名参加,男子分甲级队、乙级队,实行升降级制,比赛执行国际篮联颁布的最新篮球竞赛规程。

### 5. 哈工大田径运动会

哈工大田径运动会是哈工大教工、学生同时参加的传统体育赛事,也是哈工大规模最大、普及最广、参与人数最多的体育盛会,到2019年已成功举办了56届。哈工大运动会始于1951年,主要以田径为主,个别届次包括球类、冰上项目的跨年度综合竞赛。赛会每年在5月末举行,连续两天。开幕式主要包括校长致辞,表彰阳光体育先进集体、十佳运动员及团体操表演等。比赛分普通学生组和高水平组,闭幕式公布团体总分成绩并进行表彰。2006年5月26—27日,第四十三届校田径运动会在体育场举行,学生组12人次打破9项校纪录,教工组4人次打破5项校纪录。2007年5月25—26日,第四十

2014年哈工大学生篮球赛

四届校田径运动会在一校区田径场举行,学生组3人打破校纪录。这次校田径运动会进行了改革,第一天为预赛,第二天为开幕式及决赛,同时增加了趣味比赛项目。

2019年哈工大田径运动会

**6. 足球赛**

20世纪50年代初,学校开设了足球选项课,并组织了校内联赛,陆续成立了学生足球队、教工足球队,活跃了校园体育文化,促进了足球项目发展,增进了校际交流。90年代招入足球特长生,使哈工大足球水平得到整体提高。校内"三好杯"足球赛进行得如火如荼,观众如潮,传统院系强队竞争激烈,机电学院曾获十连冠,校队多次荣获全省十一人制、五人制、雪地足球赛冠军。校内足球联赛最早为"三好杯",现由院系冠名,是哈工大影响力最大、参与人数最多的阳光体育系列竞赛之一。赛事报名以院为单位,分甲、乙组,实行升降级制。

**7. 羽毛球赛**

羽毛球在哈工大具有优良的传统,20世纪五六十年代就开设了羽毛球选修课,后期开设了选项课,现在其中部分班级实行双语教学。哈工大教工、学生羽毛球队在全省、全国比赛中取得了优异成绩,曾获全国高校研究生羽毛球赛男团冠军、女团亚军,黑龙江省高校教工、学生羽毛球赛冠军,2014年全国首届"卓越联盟杯"教工羽毛球赛冠军。2018年,体育部以拔尖人才引进羽毛球世界冠军陈金老师,有力推动了哈工大师生羽毛球运动的发展。

2019年哈工大学生足球赛

2013年哈工大学生羽毛球赛

**8. 新生田径运动会**

新生田径运动会暨学生体质测试赛由体育部和基础学部联合主办，每年10月中旬在二校区体育场举行，旨在为新入学同学营造良好运动竞赛氛围，促进健康体质发展。同时，为哈工大选拔田径队后备人才，全面了解新生身体素质情况。竞赛共分田径赛、体质测试赛两部分，按照各学院新生人数进行组队竞赛。

2019年哈工大新生田径运动会

### 9. 排球赛

20世纪50年代排球被列为必修选项课之一，1959年第一届全国运动会前后，哈工大排球队成为有资格参加全国省一级联赛的高校排球队，并经常与省、市专业排球队进行友谊比赛，交流经验，切磋球技，促进了哈工大排球水平的提高。

校内学生排球比赛每年举办一届，是哈工大阳光体育运动系列竞赛之一，学生参加踊跃。2014年校"航天杯"学生排球赛共有男子13个单位、女子10个单位参加，比赛历时一周，共66场。这次比赛增进了院际交流，促进了阳光体育运动开展。

2014年哈工大学生排球赛

### 10. "健康青年"大赛

"健康青年"大赛创意来自工信部直属高校体育工作协会，旨在进一步增强大学生体质，充分展示大学生健康风采，在学校营造一种体育与健康教育的良好氛围，让更多的学生一起参与、交流、学习，了解和掌握更多的体育知识，提高自己的运动技能，增强健康体质。"健康青年"大赛决赛分为体质健康测试、运动技能展示、知识问答、创造力表现和自我评价五个部分。2009年12月20日，由校体育部、校团委主办，在一校区体育馆隆重举行哈工大首届大学生"健康青年"大赛。全校16个学院的代表队参加了比赛，产生了团体总分前八名、个人总分前八名、单项优胜奖、体育道德风尚奖。

2013年哈工大"健康青年"大赛

### 11. 游泳比赛

哈工大早年就有两个露天游泳池位于一校区体育馆侧面。2007年哈工大学生游泳代表队首次参加黑龙江省大学生游泳锦标赛即获11金、3银、3铜的优异成绩。2009年6月28日,哈尔滨工业大学游泳馆落成试运行启用仪式举行。2012年4月27日举行首届学生游泳锦标赛,比赛设男女50米自由泳、50米蛙泳、50米蝶泳、50米仰泳、4×50米自由泳接力等项目,共有20个学院180余人参赛。游泳课成为一校区大二学生体育必修课程。

2014年哈工大学生游泳比赛

### 12. 乒乓球赛

20世纪五六十年代,乒乓球被列为体育选修课,现为选项课,哈工大陆续成立了教工、学生乒乓球队及俱乐部,并在各级比赛中取得了优异成绩。哈工大学生乒乓球赛由体育部主办、学院承办,以前为"三好杯",现由学院冠名,比赛以学院为单位报名,设男团、女团、男双、女双、男单、女单等项目。

2018年哈工大学生乒乓球比赛

### 13. 冰雪嘉年华

冰雪体育比赛是哈工大冬季体育特色,每年冬季举办冰上运动会已成为传统,速度滑冰成为主流项目。21世纪初哈工大举办过几届冰上趣味运动会。2017年为深入贯彻《全民健身计划(2016—2020年)》和《冰雪运动发展规划(2016—2025年)》,进一步响应

"三亿人参与冰雪运动"的号召,建设哈工大冬季最美校园,哈工大激励广大师生崇尚冰雪运动,提高健康体质,丰富校园体育文化。12月22日,由体育部、校工会、校团委联合举办的"冰雪筑华章 欢乐暖寒冬"——哈尔滨工业大学首届冰雪趣味运动会在一校区体育场圆满结束,比赛历时五天。运动会共设置了雪地长跑、速度滑冰接力、500米速度滑冰、冰爬犁接力、冰壶投准、冰球运球射门、抽冰尜、雪地拔河、雪圈竞速、雪地球射门、雪上保龄球、雪地魔毯12个项目。比赛分教工组、学生组两个组别,比赛过程中,运动员们不惧寒冷,顽强拼搏,展现了团结向上的精神风貌。

2019年哈工大冰雪嘉年华趣味运动会

### 14. U-RUN校园马拉松

2018年10月20日U-RUN校园马拉松在哈工大举办了第一届比赛,这是继2017年哈工大首届校园迷你马拉松后又一项此类赛事。U-RUN校园马拉松旨在强化体育课和课外锻炼,促进青少年身心健康、体魄强健,努力推动阳光体育活动深入开展,激发大学生参加体育锻炼的主观能动性,培养健康的生活学习方式;联络、凝聚校友,深化校友认同,激发爱校荣校热情,营造和谐、向上的校园文化环境。比赛设置体验组个人和双人项目、竞赛组5公里和10公里项目,竞赛选手在规定的线路内完赛将获得奖牌及证书。

2019年冬奥会冠军张虹和羽毛球世界冠军陈金老师领跑校园马拉松

## 四、校园体育文化活动

校团委、各学院每年都要举办体育节,体育节富有浓厚的时代气息和青春朝气。如:计算机学院"精彩e生"体育节、材料学院"真材实料"体育节、能源学院"能源之光"体育节、交通学院"青春之路"体育节、市政学院"碧水"体育节、软件学院"拥抱健康"体育节等,很好地带动了学校、院系、班级、寝室的健身氛围,能够吸引更多的同学参加体育锻炼,是扎实开展阳光体育运动的基础。

2016年度全校共成立体育协会、俱乐部70余个,全年体育参与人数达6 000人以上。2015—2017年在体育部的指导下,由各院团委、学生会组织以系、班为单位的小型群体竞赛活动达434项(次),参与人次达62 901人次。

2006年11月18日,由体育部主办,校团委、学生会协办了2006年学生"快乐晨练"活动。体育部领导为获奖学生颁奖,鼓励同学们坚持锻炼,增强体质。

**2016—2017 各院系阳光体育群体活动次数及参与人数一览表**

| 院系名称 | 2016年度 | | 2017年度 | | 俱乐部数 |
| --- | --- | --- | --- | --- | --- |
| | 开展活动次数 | 活动人次 | 开展活动次数 | 活动人次 | |
| 建筑学院 | 13 | 1 982 | 12 | 1 940 | 9 |
| 电气学院 | 10 | 1 330 | 11 | 2 030 | 8 |
| 航天学院 | 10 | 3 550 | 14 | 3 750 | 5 |
| 基础学部 | 73 | 5 000 | 50 | 5 266 | |
| 计算机学院 | 5 | 660 | 7 | 670 | 4 |
| 能源学院 | 10 | 800 | 10 | 789 | |
| 交通学院 | 21 | 4 700 | 17 | 5 100 | 5 |
| 土木学院 | 11 | 2 514 | 20 | 1 615 | 20 |
| 材料学院 | 17 | 3 629 | 17 | 3 620 | |
| 管理学院 | 30 | 3 000 | 13 | 3 000 | 5 |
| 电信学院 | 9 | 1 166 | 8 | 1 050 | |
| 市政学院 | 13 | 1 200 | 17 | 2 330 | 7 |
| 人文学院 | 7 | 400 | 8 | 420 | 7 |
| 化工学院 | 9 | 690 | 9 | 700 | 4 |
| 总 计 | 238 | 30 621 | 213 | 32 280 | 74 |

2006年11月22日,体育部与学生代表"面对面交流,心与心沟通"座谈会在活动中心467召开。体育部主任王国滨、副主任肖同岐,哈工大学工处长吴松全、团委书记王淑滨、学生代表大会常设代表会议主席白山、学生会主席团以及来自各院系的学生代表参

加了会议。12月9日,体育部、人文学院"动者"俱乐部举办的04、05级学生雪地足球赛结束,比赛进行了8天,建筑学院获04级冠军,机电学院获得05级冠军。

2007年12月1日,哈工大学生体育舞蹈比赛在二校区文体中心举行,共有43对选手参加了舞厅舞(慢三、快四、慢四、伦巴)和拉丁舞(恰恰、伦巴)的角逐,体育部副主任肖同歧、研究生院副院长张国宏等相关部门领导出席开幕式并为获奖选手颁奖。

2007年首届哈工大学生体育舞蹈大赛

2008年12月21日,2008哈工大"迎大冬会"嘉年华学生冰上运动会在一校区滑冰场举行。体育部主任王国滨、哈工大团委副书记黄小伟等出席开幕式。

2012年4月27日,哈工大"电气杯"学生游泳锦标赛在游泳馆四楼举行。这次比赛由体育部主办、电气学院承办,设男女50米自由泳、50米蛙泳、50米蝶泳、50米仰泳、4×50米自由泳接力等项目,共有20个学院180人参加比赛。

2013年4月20日,首届"魅力龙江,感知中国——留动哈工大"中外学生阳光趣味运动会吸引了来自中国、俄罗斯、泰国、印度尼西亚等50个国家的300余名学生。这次活动由留学生中心、校团委、学工处、体育部主办,人文学院、外国语学院承办,各学院共组建8支代表队参加了比赛,校长助理徐殿国出席开幕式并讲话,且将"留动中国——在华留学生阳光运动文化之旅活动"纳入到哈工大"阳光体育"系列活动之中。

中外学生阳光趣味运动会

2014年5月,为了丰富体育课堂,培养学生热爱体育运动的兴趣。体育部与后勤集团活动中心联合成立了阳光体育俱乐部,设置了旱地冰球、瑜伽、有氧健身操、爵士舞、街舞、拉丁舞、乒乓球、羽毛球、男子健美、跆拳道、武术、冰壶12个课程项目,每一项运动都配备一名专业教师进行指导。

2016年12月4日,由体育部和研工部共同举办的2016年哈工大"雪域足迹"雪地杯足球赛决赛拉开帷幕。经过5轮共33场比赛,市政学院连续第三年获得冠军,基础学部获得"3＋2"男女混合冠军。12月20日,首个"黑龙江省全民冰雪活动日"启动仪式在哈尔滨太阳岛风景区举行,按照省教育厅通知精神,省市机关、总工会、教育部门5 000余人参加了"冰天雪地徒步行"活动,哈工大组织了百名学生队伍。同日,哈工大迎首个"黑龙江省全民冰雪活动日",进行了雪地足球赛和速滑队表演。

2016年,"黑龙江省全民冰雪活动日"启动仪式暨"冰天雪地徒步行"活动,哈工大百名学生与体育部老师合影

2016年,体育部指导各院系小型群体竞赛活动全年达229项(次),全年全校参与群体活动29 871人次。新增女子啦啦操及学生体质测试比赛。

2017年12月22日,体育部、校工会、校团委联合举办"冰雪筑华章 欢乐暖寒冬"——哈尔滨工业大学首届冰雪趣味运动会,比赛历时5天。

2018年10月20日,U-RUN2018哈尔滨工业大学校园马拉松在一校区体育场举行。校长助理彭远奎等领导为比赛鸣枪开跑,哈工大2 000余名在校学生、教职工及校友等参加了比赛,这次活动由哈尔滨工业大学体育工作委员会主办,体育部承办,校工会、学工部、研工部、校友会、保卫处、校医院协办,北京天歌咏华体育文化股份有限公司独家运营。

2019年3月8日,哈工大学生足球二级裁判员授证仪式在一校区体育馆举行。体育部主任陶永纯、党总支书记孙慧丽等领导出席仪式,为40名学生颁发了证书。2018年11月,他们参加黑龙江省足协组织的二级裁判员培训班,经统一培训考核获得了中国足协二级裁判员证书。2019年12月21日,由校工会、校团委、体育部联合举办的"冰雪筑华章 欢乐暖寒冬"——哈工大第三届冰雪趣味运动会在一校区体育场圆满结束。

U-RUN2018 哈工大校园马拉松

2019 年足球二级裁判员授证

## 五、"阳光体育运动"先进单位评比办法

为了贯彻落实中共中央国务院〔2007〕7号文件精神、积极开展"阳光体育运动"、促进学校开展体育工作、鼓励学生走向操场、走到阳光下、走向大自然、锻炼身体、增强体质，体育部决定每年进行一次"阳光体育运动"先进单位的评选，并在学校运动会开幕式上进行表彰，哈工大领导亲自为获奖单位颁奖。

评比年度起止时间为每年9月份至第二年7月份。

学院组织机构的建立：成立"阳光体育运动"领导小组，负责组织全院系学生体育工作；制订年度体育工作计划，有经费预算，并监督按计划完成；有总结材料并按时上报。上报材料有院领导与体育部下系老师签字方为有效。

为了保证评选的公平合理性，各学院举办的各种体育项目的单项比赛，参加人数要按附表规定的统一方法统计与计算，并按下列要求给予加分。

(1)各学院提供比赛秩序册、成绩公报或总结材料，方可承认其活动并计算人数。学院之间及校际的对抗赛、邀请赛、友谊赛均在统计之列。与比赛相关的材料需在赛后一周内上报体育部。

(2)各学院开展小型多样的竞赛活动，全年要达到6次以上，可评选为先进单位。

(3)年度计划中有标新立异的新举措并加以实施加分；承办体育部组织的校级比赛加分。

参加学校级竞赛活动加分：

(1)田径、速滑、乒乓球等单项录取前八名,分别按9、7、6、5、4、3、2、1计分(乒乓球团体、接力项目按双倍计分)。篮球、排球、足球项目按照田径项目的单项得分乘以规程规定的报名人数计分。环校接力项目按照单项规程得分计分。

(2)学校组织的竞赛的比赛项目(参加人数和比赛场次)团体分按照百分之百计算；校田径运动会男团、女团分别按照相当于其他项目两倍计算。

(3)体育道德风尚奖每获得一次加1分,计入总积分中。

各单位运动员代表学校参加省市高校以上级别各项体育比赛,所取得的分数之和与第一名单位的总分之比乘10。另外,达到《大学生体育健康标准》要求,参加由体育部和校团委、学生会组织的晨练主题周活动,获得总分前八名的学院都给加分。

评选办法：

(1)由群体竞赛教研室、校学生体育总会体育部负责收集、汇总所有的评选材料和统计各项得分。由体育部组织评选出"阳光体育运动"先进单位。

(2)由校团委、学生总会评选出基层群体工作先进集体(以团支部为单位)和"阳光体育运动"先进个人各10名。获得先进集体的单位和个人分别在"阳光体育运动"先进单位总分中给予2分奖励。获得"阳光体育运动"先进单位、基层群体工作先进集体和"阳光体育运动"先进个人,由学校给予表彰和奖励。

**历年"阳光体育运动"先进单位评选结果**

| 年份 | 先进单位 |
|---|---|
| 2006 | 1.基础学部　2.机电学院　3.航天学院　4.管理学院　5.人文学院　6.材料学院　7.交通学院　8.电气学院　9.建筑学院　10.计算机学院 |
| 2007 | 1.航天学院　2.基础学部　3.材料学院　4.交通学院　5.管理学院　6.建筑学院　7.机电学院　8.计算机学院　9.市政学院　10.人文学院 |
| 2008 | 1.管理学院　2.航天学院　3.材料学院　4.市政学院　5.基础学部　6.软件学院　7.建筑学院　8.计算机学院　9.人文学院　10.电气学院 |
| 2009 | 1.市政学院　2.基础学部　3.建筑学院　4.管理学院　5.航天学院　6.计算机学院　7.化工学院　8.交通学院　9.材料学院　10.人文学院 |
| 2010 | 1.基础学部　2.市政学院　3.电气学院　4.建筑学院　5.材料学院　6.人文学院　7.管理学院　8.交通学院　9.计算机学院　10.航天学院 |
| 2012 | 1.管理学院　2.市政学院　3.航天学院　4.建筑学院　5.人文学院　6.基础学部　7.机电学院　8.交通学院　9.计算机学院　10.材料学院 |
| 2013 | 1.管理学院　2.航天学院　3.基础学部　4.人文学院　5.建筑学院　6.电气学院　7.市政学院　8.材料学院　9.土木学院　10.交通学院 |
| 2014 | 1.经管学院　2.航天学院　3.基础学部　4.人文学院　5.土木学院　6.电气学院　7.交通学院　8.材料学院　9.建筑学院　10.市政学院 |
| 2015 | 1.经管学院　2.航天学院　3.人文学院　4.材料学院　5.建筑学院　6.基础学部　7.电气学院　8.土木学院　9.交通学院　10.市政学院 |
| 2016 | 1.管理学院　2.建筑学院　3.市政学院　4.土木学院　5.人文学院　6.交通学院　7.基础学部　8.航天学院　9.化工学院　10.材料学院 |

注：2011年数据缺失。

### 六、《国家学生体质健康标准》与体质测试

2013年,完成《国家学生体质健康标准》测试及测试设备更新、软件升级等工作。

2014年,在相关部门及教师的共同努力下,测试方法顺利过渡,达标率得到提升,2014年达到64%,圆满完成学生体质测试工作。经过两年的体育教学改革,学生体质状况有了显著变化。全校本科生体质健康测试及格率由2015年的75.95%上升到2016年的86.15%。

2017年,成立体测小组,加强指导与监督力度,确保数据准确性和测试顺利进行,大一测试结果纳入体育课选课依据。10月25日,教育部专业测试小组莅临哈工大进行《国家学生体质健康标准》数据测试抽查复核,顺利完成任务。

2017年,哈工大本部本科生体测及格率较前两年相比变化不大,趋于平稳,大四毕业生2014—2017年体测合格率分别呈良好上升态势。但是从数据分析可以看出,学生体测不及格率体质状况不容乐观,还需要加大人力、财力、物力的投入和政策上的支持。

2018年,严格执行国家体测标准及要求,完成当年全校本科生大一至大四年级的体质健康测试工作,学生身体素质及格率和优秀率随年级增长呈上升趋势,但存在年级差别,全校良好以上比例偏低。

## 第九节 运动队建设与管理

《教育部、国家体育总局关于进一步加强普通高等学校高水平运动队建设的意见》(教体艺〔2005〕3号)强调:"普通高等学校高水平运动队的建设是高等教育的有机组成部分,是普通高等学校创办高水平大学的重要方面。"《教育部关于印发〈高等学校体育工作基本标准〉的通知》(教体艺〔2014〕4号)指出:"注重培养学生体育特长,有效发挥体育特长生和学生体育骨干的示范作用,组建学生体育运动队,科学开展课余训练,组织学生参加教育和体育部门的体育竞赛。"

哈工大制定了学生体育运动队建设的指导思想,按照发展规划,在训练管理、师资建设、体育科研、后勤保障及竞赛等方面取得了一定成绩。高水平运动队常年坚持刻苦训练,管理严格,作风顽强,多次在全国及全省大学生体育比赛中取得优异成绩。

哈工大是经教育部批准试办高水平运动队较早的高校,1987年开始招生。招生的项目有:田径、篮球、乒乓球、冰雪、游泳、足球、排球等。后期取消了足球、女篮、排球项目招生。哈工大高水平运动队自建立以来,秉承"规格严格,功夫到家"的校训,科学管理,刻苦训练,培养了运动健将,获得了世界冠军、全国冠军,推出了"金牌"教练,扩大了学校影响力,推动了学校体育工作发展。

2009年,第二十四届世界大学生冬季运动会获得1金1银;2009年全国CUBA哈工大男篮获得第三名。2014年,黑龙江省大运会之后阳光组运动队得到蓬勃发展,足球、羽

毛球等项目多次获得全省冠军。2019年，张景强跳远突破8米，成为国际级运动健将，是哈工大历史上田径项目第一个达国际级运动健将的学生；张竞文两次夺得全国"乔氏"杯中国大学生台球联赛冠军。

## 一、运动队分类

哈工大学生体育运动队由高水平运动队和阳光组运动队组成，分三个类别。

| 组别 | 类别 | 项目 |
| --- | --- | --- |
| 高水平运动队 | A | 田径、男篮 |
|  | B | 游泳、乒乓球、速滑 |
| 阳光组运动队 | C | 篮球、男足、定向越野、乒乓球、田径、游泳、击剑、羽毛球、武术、排球等 |

A类队（塔尖）：高水平运动队的重点发展项目，代表哈工大最高体育竞技水平，参加全省以上级别高水平赛事。B类队（中层）：高水平运动队的一般发展项目，保持全省领先地位，争取在全国取得优异成绩。C类队（基座）：发展中的阳光组运动队，普及与提高相结合。

## 二、高水平运动队建设与管理

**1. 招生管理**

制定高水平运动队招生考试办法及录取程序，发布招生简章，成立高水平运动员测试工作领导小组，坚持公开、公正、公平的工作原则。

**2. 教练员管理**

采用竞聘制，要求教练员具备较高业务水平和实践经验、作风正派、工作认真、责任心强、吃苦耐劳。先后制定了《哈工大教练员工作条例》《哈工大教练员奖惩条例》《哈工大教练员、运动员奖金与训练补贴标准》《哈工大教练员教学、训练工作量计算方法》等文件。要求各教练员认真撰写年度、阶段、周及课时训练计划和训练比赛总结。

**3. 运动员管理**

建立高水平运动员招生、录取、训练、竞赛成绩档案，制定、执行《哈工大高水平运动员学籍管理规定》《哈尔滨工业大学体育特长生学习管理办法》等文件，建立请假报告制度等。2006—2009年，高水平运动员共获得优秀干部、三好学生、优秀运动员标兵、社会实践先进个人、优秀团员等32人次；获得体育道德风尚奖9人（队）；获得奖学金17人次；高水平运动员就业率达到95％以上；每年有3～5人保送或考上研究生。

**4. 运动队管理**

严格执行运动员训练考勤制度,不断加强运动队学生各方面的管理。实行运动员档案制;实行班主任制;实行各队领队、教练负责制;实行运动员奖惩条例。

## 三、参加体育赛事介绍

**1. 全国大学生运动会**

普通高校组成的甲组与高水平运动队试点校和体育院校组成的乙组分别进行比赛。项目包括田径、游泳、篮球、足球、乒乓球、羽毛球、毽球、健美操、武术、定向越野、桥牌等。赛会每四年举办一届。

**2. 全国大学生田径锦标赛**

赛会由中国大学生体育协会、中国田径协会主办,中国大学生体育协会田径分会协办,参加单位包括全国各省、自治区、直辖市和香港、澳门特别行政区普通高等学校与体育院校。赛事每年举办一届,设高水平组和普通学生组,其中,高水平组分为在中国田径协会注册的运动员组和非注册运动员组的体育专业学生,各组男女各 22 个比赛项目;普通学生组(非体育专业)男女各 16 项;共有跑、跳、投、接力、竞走、全能等 120 个比赛小项。

**3. 中国大学生篮球联赛(CUBA)**

由中国大学体育协会主办的高校间篮球联赛,其宗旨是"发展高校篮球,培养篮球人才",模式参照美国的 NCAA 大学篮球联赛形式,中央电视台 CCTV5 等每年都会现场直播部分重要场次的比赛。联赛 1996 年开始酝酿,1997 年建立章程,1998 年开始正式推行,设男子组和女子组,CUBA 影响力仅次于中国男子篮球职业联赛(CBA)。

**4. 全国大学生游泳锦标赛**

由中国大学生体育协会游泳分会主办,每年举办一届。参加单位有全国普通高等院校、高等师范院校、高等体育院校。设甲、乙、丙组,包括自由泳、蛙泳、仰泳、蝶泳、混合泳及接力等项目。

**5. 全国大学生乒乓球锦标赛**

由中国大学生乒乓球协会主办,全国各高校会员单位参加比赛,每年举办一届。

**6. 黑龙江省大学生运动会**

由黑龙江省教育厅主办,每四年举办一届,赛会设田径、游泳、速度滑冰、篮球、排球、足球、乒乓球、健美操、武术、定向越野等 10 个比赛项目,分甲、乙、丙三组进行,同时举办体育科学论文报告会。

**7. 黑龙江省大学生锦标赛**

由省大学生体育协会主办,各单项分会协办。赛会设田径、游泳、篮球、足球、速滑、

乒乓球等项目锦标赛,每年举办一届,全省普通高等本科院校、独立学院、高职高专院校派队参加。

## 四、高水平运动队成绩

哈工大高水平运动队在 2007—2019 年的国际比赛、全国比赛和省级比赛中获得优异成绩。

### 1. 国际比赛

2007 年 2 月 1 日,国际聋人体育联合会第四十届代表大会为哈工大史册同学颁发了"2005 年度最佳女运动员"奖。2005 年 1 月,在澳大利亚墨尔本第二十届夏季聋奥会上,史册夺得了女子乒乓球比赛的单打、双打和混双 3 枚金牌以及女团银牌,成为该届聋奥会中国选手中获得金牌最多的运动员。

2009 年 2 月 23 日,在第二十四届世界大学生冬季运动会短道速滑比赛中,哈工大学生高鸣、张志强与队友合作在 5 000 米接力赛中以 7′0″424 的成绩获得金牌;高鸣在 2 月 20 日的比赛中获男子 500 米银牌。

2014 年 10 月 1—4 日,受俄罗斯哈巴罗夫斯克(伯力)市游泳协会邀请,哈工大代表队参加了在该市举行的国际游泳公开赛,获 7 枚金牌、10 枚银牌、5 枚铜牌,奖牌总数位列第一。此次比赛共有 7 支代表队 200 余名运动员参加。

2014 年 10 月,在哈巴罗夫斯克(伯力)国际游泳公开赛中,哈工大奖牌总数位列第一

2015 年 9 月 17—20 日,"2015 新时代"第一届亚洲大学生运动会在俄罗斯哈巴罗夫斯克(伯力)举行,哈工大参加了乒乓球、游泳比赛,取得优异成绩,乒乓球队获得 3 金、2 银、2 铜,游泳队获得 1 金、8 银、19 铜。

2016 年,哈工大游泳队参加俄罗斯游泳交流赛,获 9 项冠军。同年,全国速度滑冰联赛第一站比赛哈工大获第一、三、五名,第三站比赛获第一、三、四、五名。

2017 年 9 月 16 日,"新一代·2017"远东大学生体育节在俄罗斯哈巴罗夫斯克(伯力)举行,哈工大学生乒乓球队、游泳队受邀参赛,共获 5 金、4 铜及两项前八名。

"2015新时代"第一届亚洲大学生运动会哈工大乒乓球队合影

2019年7月14日,第三十届世界大学生夏季运动会在意大利闭幕,在田径项目男子跳远决赛中,12名世界各国选手参与了奖牌争夺,张景强以7.84米的成绩获得第六名,这是中国选手在该项赛事中取得的最好成绩。

**2. 全国比赛**

(1)田径项目。

2007年7月26日,全国第八届大学生运动会在广州大学城华南师范大学举行。哈工大16名田径选手、4名乒乓球选手入选黑龙江省代表队。管理学院田野夺得男子甲组800米比赛的铜牌;人文学院赵鹏以16.28米的成绩获得男子甲组三级跳比赛的第四名,达到运动健将等级;机电学院封文涛以2.08米的成绩获得男子甲组跳高第六名,创造了哈工大田径最好成绩;人文学院郭孝明获得男子甲组铁饼第七名;人文学院吉利祥获得十公里竞走第八名;人文学院王琪获得女子甲组跳高第八名。同年田野获第六届全国城市运动会男子800米银牌。

2011年9月26日,在第十二届全国大学生田径锦标赛中,哈工大人文学院国际经济与贸易系10级1班学生赵健以14′38″9的成绩获男子5 000米亚军,并打破校纪录。当日下午在男子1 500米比赛中,赵健再接再厉,战胜全国高校该项目众多强手,以3′46″4的成绩获得冠军,打破全国大学生田径锦标赛纪录,该成绩达到运动健将标准。

2011年,哈工大田径队在北京体育大学举行的深圳世界大学生运动会中国区田径选拔赛中,获得女子跳高第三名、女子链球第四名、女子铁饼第五名、男子10 000米第八名的好成绩。

2012年9月18日,第九届全国大学生运动会在天津闭幕。黑龙江省代表团以3金1铜的成绩获得甲组奖牌榜第十名,取得历届大运会最好成绩。哈工大学生夺得2金1铜,赵健夺得田径5 000米冠军和1 500米冠军,并打破1 500米大运会纪录,同时在男子4×100米项目中获得一块铜牌。

其他成绩:男子110米栏第四名、男子跳高第四名和第五名、女子1 500米第五名、男子铅球第六名、男子10 000米第七名、女子5 000米第七名和女子铅球第八名。

2013年7月23—27日,第十三届全国大学生田径锦标赛在西北民族大学榆中校区举行,共有123所高校1 300余名运动员参加。哈工大代表队获两项冠军、两项亚军、一项季军、17项第4~8名,以94.5分获甲组团体总分第九名。其中赵健获男子1 500米冠

在第十二届全国大学生田径锦标赛中,赵健(中)荣获
男子1 500米比赛冠军并打破赛会纪录

军;姜来获男子400米栏冠军;卢再水获男子1 500米第二名;姜来、卢再水、张一然、孙博文获男子4×400米接力第二名;庞舒文获得女子100米栏第三名;王帅等人分获女子4×100米接力第四名、男子跳高第五名、男子铅球第五名、女子800米第五名、女子1 500米第五名、男子110米栏第六名、女子4×400米第六名、男子10 000米第七名、女子跳高第七名、女子1 500米第七名、男子3 000米障碍第八名和女子400米栏第八名。

2014年4月19日,由国家体育总局田径运动管理中心主办,广东省体育局、肇庆市体育局承办的"莱普莱杯"全国田径大奖赛系列赛第一站(肇庆站)在肇庆体育中心体育场举行。哈工大学生姜来在400米栏比赛中以51.77秒的成绩勇夺亚军。7月18日,第一届全国大学生越野锦标赛在内蒙古赛汗塔拉举行。哈工大获甲A组男团亚军、女团亚军及团体总分第三名。来自香港大学、清华大学、北京大学、内蒙古科技大学等全国32所大学的198名大学生运动员参加比赛。

在第一届全国大学生越野锦标赛中,哈工大获甲
A组男团亚军、女团亚军及团体总分第三名

2014年9月26日,由中国大学生体育协会、中国田径协会主办,清华大学、北京体育大学承办的第十四届全国大学生田径锦标赛在北京举行。哈工大代表队共获3枚金牌、5枚银牌、2枚铜牌,位列奖牌榜第六位,获男子团体总分第五名、女子团体总分第14名、男女团体总分第11名的优异成绩。姜来、刘展铭、赵海亮分别在男子400米栏、男子800

米、男子标枪 3 个项目中夺得金牌。

在 2014 年全国大学生田径锦标赛中，姜来夺得 400 米栏冠军

2015 年 7 月 24 日，"加多宝杯"第十五届全国大学生田径锦标赛在广西师范大学落幕。哈工大代表队共获得 2 枚金牌、2 枚银牌、3 枚铜牌及 7 项前八名，并被授予体育道德风尚奖。经济与管理学院 2013 级王丹丹获女子 1 500 米金牌，人文学院 2012 级赵兴萌获女子 3 000 米障碍金牌。这次比赛有 155 所学校 1 500 余名运动员参赛。

王丹丹荣获 2015、2017、2018 全国大学生田径锦标赛 1 500 米、5 000 米五次冠军

2015 年 9 月 26 日，首届百所大学马拉松邀请赛暨第二届全国大学生越野锦标赛在包头市举行，这场赛事由中国大学生体育协会、包头市人民政府主办，中国大学生体育协会田径分会协办，包头市体育局、内蒙古科技大学承办。来自清华大学、北京大学等全国 22 所高校的 164 名运动员以及包头市的马拉松、路跑爱好者 2 000 余人参加，哈工大代表队获甲 A 高校组女子团体亚军。

2016 年 4 月 23 日，中国大学生校园路跑接力赛（东北赛区）在东北大学举行。哈工大代表队战胜众多高校勇夺赛区冠军。中国大学生校园路跑接力赛（NCRR），创办于 2016 年，它是在教育部高教委的指导下，以"发展高校体育"为宗旨的校园体育工程。该赛事是首个国字号面向高校、面向社会的接力赛事，横跨 23 个省市，共分为 6 个赛区，参赛队伍近 2 200 支。

2016 年，全国大学生田径锦标赛中，哈工大获 2 金 1 银 2 铜，前八名共 8 人次。

2017 年 7 月 15 日，由中国大学生体育协会、中国田径协会主办的第十七届全国大学生田径锦标赛在鄂尔多斯举行。哈工大卢再水获甲 A 组男子 3 000 米障碍赛、1 500 米

在首届百所大学马拉松邀请赛暨第二届全国大学生越野锦标赛中,哈工大获女团亚军

2016年,中长跑队在校园训练

两块金牌,王丹丹获甲A组女子5 000米、1 500米两块金牌。9月16日,第十三届全国学生运动会在浙江大学紫金港体育馆结束,哈工大学生共获1银1铜及多项前八名。

2018年7月20日,第十八届全国大学生田径锦标赛在黑龙江八一农垦大学落幕。哈工大荣获3金、3银、1铜,1项第四名、1项第五名、1项第八名,1人达到运动健将标准、6人次创造个人及年度最好成绩。其中王丹丹蝉联女子甲A组1 500米、5 000米两项冠军,曹智勇获得男子甲A组1 500米冠军。

2019年2月23日,全国室内田径锦标赛分区赛第二站在南京仙林基地举行。哈工大经济与管理学院2015级学生张景强代表黑龙江队参加了男子跳远比赛,以8.00米的成绩获得亚军,成为国际级运动健将,是又一位男子跳远进8米大关的中国选手,是哈工大历史上田径项目第一个成为国际级运动健将的学生。5月9日,由中国田径协会、耐克体育(中国)有限公司主办的第十届耐克高校田径精英挑战赛在浙江大学紫金港校区田径场举行。哈工大孙浩桐勇夺男子铅球金牌,曹智勇获男子1 500米第三名,王冬雪获女子铅球第六名。

(2)男子篮球项目。

2009年4月2日,CUBA东北赛区决赛在大连理工大学举行。哈工大男篮继半决赛逆袭清华大学之后又一次绝地反击,加时赛以90∶87战胜上届东北赛区冠军山东科技大学,首次获得CUBA东北赛区冠军,进入全国八强。6月8日,第十一届CUBA八强赛

孙浩桐夺得第十届耐克高校田径精英挑战赛男子铅球金牌

哈工大男篮主场对阵湘南学院比赛在一校区体育馆举行,哈工大最终以 88∶70 大胜湘南学院,取得全国 CUBA 第三名。校领导王树国、周玉、崔国兰、张洪涛,校长助理陈守权观看了比赛。

2009 全国 CUBA 八强赛哈工大主场比赛

2016 年 6 月 17 日,第二届"留动中国"东北赛区比赛在天津大学卫津路校区结束,来自 18 所高校的 18 支代表队的 144 名运动员参加,哈尔滨工业大学获得团体冠军。9 月 17—20 日,第二届"留动中国——在华留学生阳光运动文化之旅"全国总决赛在江苏扬州举行,哈尔滨工业大学代表队荣获全国总决赛冠军。哈工大代表队先后摘取了黑龙江赛区、东北赛区桂冠后,与来自东南、西北、东北、西南 4 个赛区晋级决赛的 15 支队伍展开激烈角逐。在总决赛中,哈工大代表队充分发挥团结协作精神,在体育艺术展示、3×3 篮球、定向越野项目中发挥出色,强势夺冠。"留动中国——在华留学生阳光运动文化之旅"是由教育部发起、面向在华近 40 万外国留学生打造的文化活动品牌,以体育赛事、文体才艺表演为纽带,展示在华留学生的健康积极形象和青春风采,促进在华留学生对中国的全面了解,并通过中外学生团队协作实现中外学生的交流与融合。

(3)乒乓球项目。

2008 年 7 月 30 日,由中国大学生体育协会乒乓球分会主办的第十四届"光明杯"全国大学生乒乓球锦标赛在安徽省黄山市东黄山运动中心落幕。哈工大男队获高水平组团体第三名,姜昂、王子硕获男双第三名,姜昂、徐琳获混双第三名,姜昂、曾庆欣获男单第五名。

在第二届"留动中国——在华留学生阳光运动文化之旅"全国总决赛中,哈工大荣获总冠军

2011年全国大学生乒乓球锦标赛校乒乓球队获女子双打第三、五名,获男子团体、女子团体第五名。

在2008年全国大学生乒乓球锦标赛中,哈工大取得优异成绩

2012年9月,第九届全国大学生运动会乒乓球比赛在天津举行,哈工大获女子团体第八名。

2013年8月22日,由中国大学生体育联合会、中国大学生乒乓球协会主办的第十八届全国大学生乒乓球锦标赛在山东鲁能乒乓球学校举行。哈工大乒乓球代表队获乙组女子团体第五名、男子单打(陈绍卓)第三名、混双(陈绍卓/张潇月)第三名。这届比赛有来自全国各地57所高校的500余名大学生运动员参加。

2016年5月,东三省第八届"银河—铂力杯"乒乓球联赛在哈尔滨举行。哈工大由戴誉(人文学院)、刘碧莹(管理学院)、何大苗(管理学院)组成的乒乓球女队摘得团体桂冠。这次联赛共有百余支队伍报名,其中不乏国家队退役队员和现役省队队员。同年,哈工大获全国大学生乒乓球锦标赛男子团体、混双第五名。

(4)游泳项目。

2009年8月1—2日,第十届全国大学生游泳锦标赛在上海同济大学举行。哈工大学生游泳代表队获男子50米自由泳银牌、女子200米蝶泳银牌、女子100米蝶泳银牌、男子200米蛙泳第四名、男子100米蝶泳第四名和男子200米自由泳第七名的好成绩。

2011年,在全国大学生游泳锦标赛中,哈工大游泳队获女子100米蝶泳第三名、女子200米蛙泳第五名、男子100米蛙泳第五名、200米混合泳第六名、100米蛙泳第七名。

2012年9月18日,第九届全国大学生运动会在天津闭幕。哈工大在游泳比赛中获得男子200米蝶泳、女子100米自由泳接力、女子100米混合接力、200米混合接力第六名,女子100米蝶泳、女子50米蛙泳、女子100米蛙泳、女子200米自由泳接力第七名和女子50米蝶泳第八名。

2013年11月18日,第十三届全国大学生游泳锦标赛在青岛举行。哈工大赵翔荣获男子甲组50米蝶泳第三名、100米蝶泳第五名,胡余卓远荣获男子甲组100米仰泳第五名,刘彦君荣获女子乙组200米蛙泳第七名、800米自由泳第八名。

2014年7月11日,第十四届全国大学生游泳锦标赛在成都电子科技大学举行,共有来自全国49所高校的481名运动员参加。哈工大代表队取得了2枚金牌、4枚银牌、2枚铜牌的优异成绩,这是哈工大游泳队2007年建队以后首获全国比赛金牌。这届比赛设甲A(未注册专业组)、甲B(普通大学生组)、乙A(专业组)、乙B(退役组)4个组别。哈工大参加了甲A、甲B和乙B组的角逐,倪静娇以2′29″26的成绩摘得女子乙B组200米蝶泳的金牌,并获100米蝶泳银牌;赵翔以25″68的成绩摘得男子乙B组50米蝶泳金牌,并获100米蝶泳铜牌;胡余卓远摘得男子甲A组200米仰泳银牌、100米仰泳铜牌;欧阳嘉宜摘得男子甲B组50米、100米蛙泳2枚银牌。

2015年11月2日,由中国大学生体育协会主办的第十五届全国大学生游泳锦标赛竞赛,在浙江省绍兴市奥林匹克体育中心游泳馆举行。哈工大获2枚金牌、2枚银牌、2枚铜牌、2个第四、2个第五、4个第六、2个第七,赵翔夺得男子乙B50米、B100米蝶泳金牌。

2015年,在第十五届全国大学生游泳锦标赛中,赵翔获得金牌

2016年,在全国大学生游泳锦标赛中,哈工大获前八名共11人次。

(5)速滑项目。

2008年10月23—26日,2008—2009年全国短道速滑联赛(第二站)在哈尔滨体育馆举行,哈工大人文学院07级学生高鸣在男子500米决赛中以43″14夺得冠军。

(6)羽毛球项目。

2010年2月11日,由中国学位与研究生教育学会体育工作委员会主办、山东大学承办的全国研究生羽毛球比赛在山东大学趵突泉校区体育馆举行,哈工大研究生羽毛球队获得男子团体第五名、女子团体第七名、男双第三名、男单第五名。

3. 省级比赛

（1）田径项目。

2006年8月22日，黑龙江省第十一届运动会在牡丹江市举行。参赛队员均为省、地市级专业队最高水平运动员，哈工大学生取得两金两铜优异成绩，管理学院2005级田野获得男子800米冠军，基础部2005级赵鹏获得男子三级跳远冠军，人文学院迟毅男获得男子800米铜牌，法学院2004级张宁宁获得女子400米栏铜牌。9月5日，黑龙江省第十四届大学生运动会在哈师大举行。哈工大田径代表队以568.5分的成绩位列各校之首。男子篮球队蝉联冠军，同时，哈工大代表队获得"体育道德风尚奖"。

在2006年黑龙江省第十四届大学生运动会4×100米比赛中，哈工大获冠军

2006年，田野获黑龙江省第十一届运动会男子800米冠军

2008年1月18—19日，黑龙江省室内田径锦标赛在哈尔滨体育学院田径馆举行。哈工大学生王琪在女子跳远比赛中获冠军，并以1.73米打破她自己保持的1.70米的最

高纪录,刘鹏、袁帅分别在男子三级跳远和 60 米栏比赛中获得冠军。

2011 年 7 月 8 日,黑龙江省大学生田径锦标赛在牡丹江一中举行。全省 30 余所高校参赛,哈工大代表队团结拼搏,以绝对优势夺得乙组团体总分第一名,打破男子乙组跳高(张磊 2.09 米)和男子甲组 4×100 米两项赛会纪录,并获黑龙江省大学生田径锦标赛团体冠军。

2013 年 7 月 18 日,由黑龙江省大学生体育协会主办、哈尔滨师范大学承办的黑龙江省大学生田径锦标赛在哈师大田径场落幕。哈工大代表队奋勇拼搏,共收获 19 项冠军,打破男子 400 米栏赛会纪录,以 346 分的绝对优势再次蝉联团体冠军。这次比赛设 36 个单项,全省共有 26 所高校参赛。

2014 年 7 月 10 日,黑龙江省第十六届大学生运动会在哈尔滨商业大学落幕。赛会有来自全省 62 所高校的 4 000 余名运动员、教练员、裁判员参加,设速度滑冰、田径、游泳、篮球、排球、足球、乒乓球、武术、健美操和定向越野等 10 个比赛项目。哈工大代表团获本科组团体总分第一名,其中:田径 540 分,游泳 627 分,速滑 203 分,乒乓球 103 分,定向越野 47 分,男篮冠军 45 分,男足冠军 45 分,体育科报会论文 98.5 分。

2014 年省大运会哈工大代表团获得团体总分第一名(召开动员会时合影)

2016 年,在黑龙江省大学生田径锦标赛中,哈工大获 11 金 5 银 6 铜,前六名 45 人次。

2017 年 7 月 21 日,黑龙江省大学生田径锦标赛在哈工大举行。哈工大获大学生乙组男女团体总分第一名,打破五项赛会纪录,被黑龙江省教育厅授予突出贡献奖,获体育道德风尚奖。

(2)篮球项目。

2007 年 11 月 22 日,黑龙江省大学生篮球联赛暨 CUBA 黑龙江选拔赛(男篮)最后一场比赛在哈工大二校区文体中心篮球馆结束。哈工大以 98∶55 战胜东北林业大学,以全胜战绩获得 CUBA 区赛参赛资格,并第 11 次蝉联省高校冠军。

2009 年,哈工大男子篮球队在中国大学生篮球联赛黑龙江选拔赛中蝉联冠军。

2011 年,在中国大学生篮球联赛黑龙江选拔赛中,哈工大男篮蝉联冠军。2012 年,哈工大获 CUBA 东北赛区第四名,进入全国十六强,蝉联 2013 年度 CUBA 黑龙江省大学生选拔赛冠军。

2014 年 12 月,哈工大男、女篮获黑龙江省大学生篮球联赛冠军。

2017年,省大学生篮球锦标赛暨CUBA黑龙江省选拔赛哈工大获冠军。

2018年12月15日,2018—2019赛季中国大学生3×3篮球联赛黑龙江赛区城市冠军赛在哈工大一校区篮球馆结束。哈工大获男子高水平组、男子公开组冠军,刘凯源、李浩源分获"最强球王""扣篮王"称号,他们将代表黑龙江参加全国总决赛。同年CUBA黑龙江省选拔赛暨省大学生篮球锦标赛哈工大获亚军。

2019年12月29日,第二十二届CUBA黑龙江赛区总决赛在哈尔滨工业大学一校区体育馆落下帷幕,哈工大男篮获高水平组冠军。

2019年,在CUBA黑龙江选拔赛上,哈工大男篮获冠军

(3)乒乓球项目。

2006年6月23—27日,黑龙江省第十四届大学生运动会乒乓球赛在哈师大举行。哈工大乒乓球队大获全胜,获得全部7项比赛的6项冠军,这是哈工大参加省高校比赛首次取得最好成绩。这次比赛全省高校共有18支代表队参加。

2011年9月26日,黑龙江省大学生体育协会主办、哈尔滨工程大学承办黑龙江省大学生乒乓球锦标赛。哈工大代表队夺得男子团体和女子团体冠军,单项比赛中,哈工大陈佳宁(管院)/聂子琛(人文)获得男双冠军,王辰(人文)获得女单冠军,获女子双打、女子单打和男子单打亚军。这次比赛设男子团体、女子团体、男子单打、女子单打、男子双打、女子双打和男女混合双打7个项目。

2013年,哈工大代表队获黑龙江省大学生全省高校乒乓球锦标赛2个单项冠军。

2016年6月5日,黑龙江省大学生乒乓球锦标赛在黑龙江大学举行。哈工大代表队共获8项冠军、1项亚军和1项季军。

2017年6月4日,黑龙江省大学生乒乓球锦标赛在黑龙江大学体育馆结束。哈工大获乙组男团、女团、男双、女双、女单和混双6项冠军。

2018年6月10日,黑龙江省大学生乒乓球锦标赛在黑龙江大学结束,哈工大获得乙组女团、男单、男双、女双和混双冠军;甲组女单冠军;丙组女单冠军。

(4)游泳项目。

2007年12月1日,黑龙江省大学生游泳锦标赛在哈师大游泳馆举行。哈工大游泳队获得11金、3银和3铜的优异成绩。参加比赛的学校还有哈尔滨工程大学、东北林业大学、黑龙江科技学院、哈尔滨商业大学和哈尔滨师范大学。

2009年6月20日,黑龙江省大学生游泳锦标赛在东北林业大学游泳馆结束,哈工大

## 第五章 深化教学改革与可持续发展阶段

2007年,新组建的哈工大游泳队在黑龙江省大学生游泳锦标赛中夺得11枚金牌

代表队共打破12项黑龙江省大学生游泳纪录,夺得21项冠军和6项亚军。

2010年6月6日,黑龙江省第十五届大学生运动会游泳比赛在哈尔滨商业大学游泳馆闭幕。哈工大共夺得24个冠军,打破9项大运会纪录,获甲组男女团体冠军,创省大运会历史最好成绩,这届大运会游泳比赛设48个比赛项目,共有21所高校的300多名运动员参加。

2011年12月3日,黑龙江省大学生游泳锦标赛在东北林业大学游泳馆举行,哈工大学生游泳队喜获丰收,共摘取金牌32块,打破22项赛会纪录,获得甲组团体总分第一名,这届比赛共有省内10余所高校近200名运动员参加。

2013年,在黑龙江省大学生游泳锦标赛中,哈工大获乙组团体冠军和16个单项冠军。

2016年6月26日,黑龙江省大学生游泳锦标赛在东北林业大学游泳馆结束。哈工大代表队以19金、12银、5铜和破1项赛会纪录的优异成绩获得乙组团体总分第一名。

(5)速滑项目。

2010年,在黑龙江省高校速滑比赛中,哈工大速滑队获团体总分第一名、单项七项冠军。

2011年,在黑龙江省高校速滑锦标赛中,哈工大速滑队获团体总分第一名、单项七项冠军。

2010年,在黑龙江省第十五届大学生运动会上,范若荞夺得女子速滑500米冠军

2012、2013年,在黑龙江省大学生速度滑冰锦标赛中,哈工大速滑队获团体冠军。

2014年,在黑龙江省大学生速度滑冰锦标赛中,哈工大速滑队获甲组团体总分冠军,

2010年,在黑龙江省第十五届大学生运动会上,刘津金夺得速滑比赛五项冠军

乙组团体总分亚军,其中罗权、侯占玉、孙海莹分别囊括甲组男子5项冠军、乙组男子5项冠军、甲组女子5项冠军。这届比赛分甲、乙组,每组设短距离全能五个项目。

### (五)阳光组运动队成绩

#### 1. 击剑项目

2006年5月5日,首届全国业余击剑邀请赛在中山大学体育训练基地举行,来自内地、香港及澳门的32支队伍参加了5个组别的角逐。哈工大击剑俱乐部4名运动员首次参加全国性比赛,管理学院04级金融专业学生范唯同学获得男子青年组佩剑第三名。

2008年5月31日,2008年黑龙江省首届金星JXD·优百特杯高校大学生击剑邀请赛在哈尔滨商业大学体育馆结束,哈工大获甲组8个项目的7项冠军,比赛由黑龙江省教育厅、黑龙江省击剑协会主办,哈尔滨商业大学承办。

2008年,在黑龙江省高校击剑比赛中,哈工大获得7个冠军

2010年,在全国第十二届大学生击剑锦标赛中,哈工大王智威同学获男子重剑甲组个人赛第三名。

2013年,在黑龙江省高校击剑锦标赛中,哈工大获佩剑团体冠军。

2014年11月16日,由黑龙江省教育厅、黑龙江省击剑协会主办、黑龙江财经学院承办的第五届黑龙江省高校击剑锦标赛在黑龙江财经学院体育馆落幕。哈工大连续3年获男子佩剑团体冠军。

2017年1月1日，第七届黑龙江省高校击剑锦标赛在哈尔滨商业大学体育馆闭幕。哈工大代表队获男子佩剑团体冠军、男子重剑团体亚军。

**2. 羽毛球项目**

2013年11月3日，由黑龙江省大学生体育协会、黑龙江省教育工会主办，哈尔滨工业大学承办，黑龙江省大学生体育协会羽毛球分会、哈尔滨力龙文化体育用品经销有限公司协办的第三届"力龙·亚狮龙杯"黑龙江省大学生、教职工羽毛球锦标赛在哈尔滨工业大学一校区体育馆圆满落幕。哈工大教工一队和学生队双获团体冠军，教工二队获得团体第五名，同时教工获得单项3个冠军、4个亚军、6个季军，学生获得单项2个冠军、1个亚军、1个季军。哈工大被黑龙江省大学生体育协会授予最佳组织奖。

2014年11月9日，由黑龙江省教育厅大学生体育协会主办、哈尔滨医科大学承办的第四届"力龙·亚狮龙杯"黑龙江省学生、教职工羽毛球联赛在哈尔滨医科大学体育馆圆满落幕。哈工大蝉联普通组团体冠军，在5个单项比赛中夺得3个冠军、1个亚军、1个季军。哈工大代表队由周晗、沈扬帆、陈绍卓、湛浩棠、韦奕龙、吴宪静、孙宝琪、易澈、刘潇、陶蕾组成。

2014年，在黑龙江省高校羽毛球联赛中，哈工大蝉联团体冠军

2015年5月10日，由黑龙江省总工会、黑龙江省体育局主办的第十三届黑龙江省职工"力龙·亚狮龙杯"羽毛球公开赛在哈尔滨理工大学体育馆结束。哈工大曾竑嘉（台湾科大交换生）、周晗/罗艺彬分别获得俱乐部组男子单打和男子双打冠军。11月29日，第五届"力龙杯"黑龙江省大学生羽毛球锦标赛在哈工大一校区体育馆落幕。哈工大第三次蝉联甲组团体冠军，吴宪静获得女单冠军，孙宝琪/黄真获得女双冠军，湛浩堂/易澈获得混双冠军。这届比赛共有23所高校参加。

2017年，黑龙江省第七届大学生羽毛球锦标赛哈工大代表队获得普通本科院校组混合团体亚军和3个单项冠军。

2018年6月10日，黑龙江省大学生羽毛球锦标赛在哈工大一校区体育馆结束。哈工大校队重获团体冠军，上届获得亚军。

2018年12月8日，由黑龙江省大学生体育协会主办的"李宁·陈金杯"黑龙江省大学生"五羽轮比"羽毛球邀请赛在哈工大一校区体育馆开赛。来自省内20多所高校60多支队伍的450名运动员报名参赛。哈工大获教工组冠军、学生组第三名。开幕式上，哈工大体育部教师、世界冠军陈金和羽毛球世界冠军徐晨与广大球迷见面，并进行了精彩的男子双打表演。

2019年，在黑龙江省第十七届学生运动会羽毛球赛中，哈工大荣获冠军

2019年7月21日，由黑龙江省大学生体育协会主办的黑龙江省大学生运动会羽毛球比赛在东北石油大学气膜馆圆满结束。哈工大卫冕阳光组团体冠军。

2019年11月24日，"李宁·陈金杯"黑龙江省大学生李宁"五羽轮比"羽毛球邀请赛在哈工大一校区体育馆落幕，哈工大获得学生甲组冠军。

2019年"李宁·陈金杯"黑龙江省大学生"五羽轮比"
羽毛球赛开幕式上，陈金为球迷送上签名羽毛球

**3. 龙舟项目**

2014年7月17日，中国知名高校北京大学、清华大学、复旦大学、浙江大学、哈尔滨工业大学、上海交通大学、南京大学、中国科技大学、西安交通大学9支龙舟队参加了2014中国知名高校建德新安江龙舟赛。

2015年7月17日，哈工大参加在浙江省建德市新安江举行的2015中国知名高校龙舟5公里折返绕标赛，荣获二等奖，被评为最佳人气奖。

2017年5月29日，哈工大参加2017杭州西溪湿地第六届中国名校龙舟竞渡获二等奖。

2018年9月22日，首届长岭湖金秋文化节龙舟赛在长岭湖举行，共有来自省内著名

哈工大参加2014中国知名高校龙舟赛

高校、知名企业、龙舟俱乐部等9支队伍受邀参加,哈工大学生龙舟队获亚军。12月23日,"五池邀五环,青春迎冬奥"中国名校冰上龙舟邀请赛在五大连池风景区开赛,中国C9联盟高校北京大学、清华大学、浙江大学、复旦大学、上海交通大学、南京大学、中国科学技术大学、西安交通大学、哈尔滨工业大学参加,哈工大获一等奖。

2018年,中国C9联盟高校冰上龙舟赛在五大连池举行,哈工大力拔头筹

**4. 足球项目**

2014年7月10日,黑龙江省第十六届大学生运动会足球赛决赛在哈尔滨商业大学足球场举行,哈工大获冠军。

2014年,在黑龙江省第十六届大运会上,哈工大足球队获冠军

2016年10月18日,由黑龙江省教育厅主办的2016年黑龙江省校园足球四级联赛总决赛在哈尔滨兰格足球训练基地落幕,哈工大夺得大学组冠军,获得参加全国联赛北方赛区比赛资格。

2017年5月20日,2016—2017特步CUFL中国大学生校园足球联赛(东北区)在中国地质大学(北京)结束,哈工大获第五名。

### 5. 速滑、冰雪、武术、女篮、体育舞蹈项目

2007年11月26日,哈工大女篮在一校区体育馆战胜哈师大,获黑龙江省大学生篮球联赛暨CUBA黑龙江选拔赛冠军,取得2008年CUBA东北区赛资格。

2007年,在黑龙江省大学生篮球联赛中,哈工大女篮获冠军

2010年6月12—13日,第七届黑龙江省大学生体育舞蹈大赛在哈尔滨理工大学举行,哈工大共获得8个冠军、5个亚军和3个季军。

2015年,在黑龙江省高校速滑锦标赛中,哈工大获团体总分第一名;在黑龙江省高校击剑锦标赛中,哈工大获1金、2银、3铜;在黑龙江省高校篮球赛中,哈工大女篮获亚军;在黑龙江省高校排球锦标赛中,哈工大女排获亚军、男排获第四名。

2016年4月24日,哈尔滨市体育局、哈尔滨市旱地冰球协会主办的"哈尔滨学院杯"在哈尔滨市高校旱地冰球比赛经过两天的角逐,在哈尔滨学院结束,哈工大一队获得亚军。旱地冰球20世纪70年代中期起源于瑞典,现有近百个国家开展此项运动,2008年被引进中国。哈工大2012年开设本科生旱地冰球选项课,是东北地区最早开设该课程的学校。

2018年12月2日,由黑龙江省大学生体育协会主办、黑龙江省大学生体育协会武术分会协办的第十八届黑龙江省大学生武术套路锦标赛在哈师大落幕,哈工大首次派队参赛,取得了2金1银3铜、团体总分120分的优异成绩,并获"体育道德风尚奖"。12月6日,由黑龙江省教育厅主办的2018—2019年度黑龙江省学生雪地球冠军杯赛在哈尔滨市德嘉码头结束,哈工大夺得甲组冠军。

### 6. 台球项目

2018年11月11日,由黑龙江省大学生体育协会主办的黑龙江省首届大学生中式台球锦标赛在黑龙江生态工程职业学院结束,哈工大获本科组团体冠军。

第五章 深化教学改革与可持续发展阶段

2016年,在哈尔滨市高校旱地冰球比赛中,哈工大获亚军

2018年,在黑龙江省学生雪地球冠军杯赛中,哈工大夺得冠军

2019年11月24日,历经两天百余场鏖战的2019—2020赛季"乔氏"杯中国大学生台球联赛河北秦皇岛站比赛在河北对外经贸职业学院结束,共有全国40所高校133名运动员参加了角逐,哈工大代表队表现出色,成绩喜人,其中,哈工大经济与管理学院硕士生张竞文勇夺甲组女子个人赛和快速清台挑战赛两项冠军,电气工程及自动化学院博士生赵天一获得甲组男子个人赛并列第五名,由赵天一、张竞文和材料科学与工程学院硕士生胡宽组成的哈工大队荣获甲组团体赛一等奖第四名,王海老师荣获优秀教练员称号,哈尔滨工业大学荣获优秀团队奖。12月9日,迎哈工大建校百年·"乔氏"杯中国大

张竞文荣获2019年中国大学生台球联赛两站冠军

学生台球联赛(黑龙江哈尔滨站)在哈尔滨工业大学落下帷幕,来自 73 所高校的 211 名参赛运动员参加了 3 天 278 场的角逐,所有奖项全部产生,张竞文蝉联冠军。

## 第十节 体育活动与交流

### 一、协会活动

2007 年,东北地区部分高校体育协会年会在哈尔滨工程大学军体部举行。哈尔滨工业大学、东北大学、长春工业大学、大庆石油大学、大连理工大学、哈尔滨工程大学等高校参加了年会,会议期间举办了高校体育教学研讨会、羽毛球赛、游泳比赛及滑雪培训等。

2009 年 1 月 9 日,2009 年东北地区部分高校体育协作会年会在长春理工大学举行,体育部派教师参加了会议和排球赛。

2009 年 8 月 20 日,工信部直属高校体育工作联合会年会暨羽毛球比赛在西北工业大学举行,北京航空航天大学、北京理工大学、南京航空航天大学、南京理工大学、哈尔滨工程大学、哈尔滨工业大学、西北工业大学共 7 所大学参加,这是工信部直属高校体联首次举办教师羽毛球赛。

2010 年 1 月 24 日,工信部直属高校体育工作联合会年会在哈工大体育部召开。北京航空航天大学、北京理工大学、南京航空航天大学、南京理工大学、西北工业大学、哈尔滨工程大学、哈尔滨工业大学的体育部领导及教师代表参加了会议。

2012 年 6 月 23 日,工信部直属高校体育联合会年会暨教师篮球比赛在北京航空航天大学圆满结束,期间举办了篮球比赛,哈工大荣获冠军。工信部人教司副司长尹卫军、教育处处长邢涛、北京航空航天大学党委副书记程基伟等领导出席开幕式并讲话。会议期间还组织了高校体育教育改革研讨会。

2013 年,东北地区部分高校体育协作委员会年会在东北石油大学举行,哈工大体育部参加了会议。

2014 年 6 月 1 日,由浙江大学、杭州西溪国家湿地公园管委会主办,浙江大学公共体育与艺术部承办,第四届杭州中国名校龙舟竞渡暨第三届在杭高校龙舟赛在杭州西溪湿地洪园举行。北京大学、清华大学、中国科技大学、复旦大学、上海交通大学、西安交通大学、浙江大学等中国 C9 联盟高校及在杭高校共 15 支龙舟队参赛,哈工大体育部首次参加并荣获二等奖。

2014 年 7 月 15—19 日,由浙江大学、建德市人民政府、杭州市体育局主办,建德市风景旅游局、建德市体育局、都市快报承办,中国知名高校建德新安江龙舟赛在浙江省建德市新安江举行。C9 高校联盟北京大学、清华大学、复旦大学、上海交通大学、南京大学、中国科技大学、哈尔滨工业大学、西安交通大学、浙江大学的龙舟队参加了 5 公里折返绕标赛,活动期间组织了官方论坛及座谈会。

2014年11月22日,"卓越大学联盟"教工羽毛球邀请赛在上海市杨浦区同济大学体育馆结束,哈工大教工代表队以不败战绩勇夺冠军。此次邀请赛由"卓越大学联盟"主办,同济大学承办,北京理工大学、重庆大学、大连理工大学、东南大学、同济大学、华南理工大学、天津大学、西北工业大学、哈工大9所卓越联盟高校参赛。

2014年,在"卓越大学联盟"教工羽毛球邀请赛中,哈工大荣获冠军

## 二、社会活动

2007年1月28日,第六届亚洲冬季运动会在吉林省长春市五环体育馆隆重开幕,体育部王珂、冯伟、孟述、陶永纯、李勇5名教师分别参加冰壶、单板滑雪、自由式滑雪、短道速滑等项目的裁判工作。

2009年2月28日,第二十四届世界大学生冬季运动会在哈尔滨闭幕。赛事共设12大项76小项,这是我国首次举办的高水平世界综合性冬季项目运动会,也是大冬会历史上设项最多、参加人数最多、水平最高的一届。哈工大体育部有22人被选派参加这届世界大学生冬季运动会速度滑冰、短道速滑、冰壶、北欧两项、单板滑雪、自由式滑雪6个大项的裁判工作。

2016年1月20日,第十三届全国冬季运动会在新疆举行。哈工大10名教师参加裁判工作,其中,两人为国际级裁判,其余为国家级裁判,分别担任这届冬运会冰壶裁判委员会主任兼技术代表、U型池滑雪技术代表、速度滑冰副裁判长、自由式滑雪评分裁判员及短道速滑项目裁判员职务。

2016年12月20日,首个"黑龙江省全民冰雪活动日"启动仪式在哈尔滨太阳岛风景区举行,按照省教育厅通知精神,哈工大百名学生及省市机关、总工会、教育部门5 000余人参加了"冰天雪地徒步行"活动,同日,哈工大迎首个"全民冰雪活动日"雪地足球赛、校速滑队表演也在一校区体育场火热进行。

2018年3月24日,哈工大参加了在杭州举行的首届"国际名校学霸龙舟赛"及国际青年体育文化论坛活动,代表团由哈工大体育部主任陶永纯、党总支书记孙慧丽带队,队员由不同学院12名学生组成。此届"国际名校学霸龙舟赛"由浙江大学、浙江卫视联合

主办,来自哈佛大学、麻省理工学院、斯坦福大学、牛津大学、澳门大学、北京大学、清华大学、浙江大学、中国科技大学、上海交通大学、复旦大学、西安交通大学、南京大学、同济大学、哈尔滨工业大学、全国知名中小学青少年皮划艇代表队等共300多名学霸以及影视明星奔跑吧代表队(邓超担任队长)参加了这次比赛。

哈工大参加2018首届"国际名校学霸龙舟赛"

2018年6月18日,"2018第二届中国·台儿庄大运河国际龙舟赛"在台儿庄举行,哈工大受邀参赛获得优胜奖,此届赛事由中国·台儿庄大运河国际龙舟赛组委会主办,山东大学体育学院、枣庄市体育局、台儿庄区人民政府承办。参赛队有国际、社会团体及北京大学、中国矿业大学、天津大学、集美大学、西北工业大学、山东大学等知名大学代表队,竞赛项目为小龙舟200米直道竞速。

2018年12月1日,2018黑龙江羽毛球峰会在哈尔滨陈金国际体育俱乐部举行。体育部主任陶永纯教授,体育部教师、羽毛球世界冠军陈金受邀参加。这次峰会以"共同发展 携手进步"为主题,围绕"青少年羽毛球发展"与"羽毛球文化交流"两大议题进行了讨论。

2019年9月27日,体育部教师张虹作为黑龙江省杰出代表和龙江全面振兴全方位振兴的见证人,受到黑龙江省委宣传部邀请参加由省委宣传部主办的"壮丽七十年 奋进新龙江"黑龙江省庆祝新中国成立70周年大型晚会。

## 三、校内活动

2006年1月10日23时,为热盼哈尔滨申办2009世界大学生冬季运动会成功,哈工大学子们陆续走进学苑三楼,省高教工委书记卢振环、校党委副书记李绍滨等领导也来到了学生们中间,大学生艺术团以一曲《好日子》拉开了畅想的序幕。11日凌晨1点多,当哈尔滨市申办2009年世界大学生冬季运动会成功的消息传来,200多名学子掀起了庆祝热潮。

2006年3月5日,哈工大阿尔卑斯滑雪俱乐部在哈尔滨体育学院滑雪场成立,孙和义副校长及各院系、部处50余名滑雪爱好者参加了大会。

2006年9月22日,"哈工大教师健身活动日"启动仪式在一校区体育馆举行,校党委书记郭大成,副校长、党委副书记景瑞,部处及院系领导参加了仪式。仪式结束后,哈工大领导、校办秘书联队和校学生女篮进行了一场友谊赛。教师健身活动日定为每周五。

2006年12月1日,为庆祝哈工大二校区文体中心落成,校部机关和二校区教师联队进行了篮球友谊赛,哈工大党委书记郭大成等领导出席了活动。12月4日,"以评促建,以评促改",教育部本科教学工作水平评估组开始对哈工大进行评估,专家组成员伍贻兆一行走访体育部,听取教学工作情况汇报并进行座谈,随后参观了体育场馆。最后评估结果达到优秀。

2007年5月15日,哈工大教职工跑步协会成立大会在行政楼113举行,王福平副校长以及60多名跑步协会会员参加了成立大会。2010年4月14—29日,体育部举办哈工大第二期教职工游泳公益培训。

2016年4月28日上午,为普及消防安全知识,提高教职工安全防火意识,提高火灾自救防护能力,积极创建平安校园,体育部举办了消防安全知识讲座,讲座由哈尔滨百家安消防知识宣传中心王世杰教官主讲,体育部全体教职工参加。

2018年11月13日,为贯彻落实学校《关于开展"119"消防宣传月活动的通知》,广泛开展消防宣传教育活动,进一步提高全员消防安全意识和法制观念,体育部在一校区体育馆会议室举办了2018年消防知识竞赛,哈工大保卫处副处长汪树斌应邀参加。

2019年12月3日,羽毛球世界冠军、体育部陈金老师受邀参加哈工大新基论坛为同学们做报告,会场座无虚席。

2020年5月30日,"齐聚云端迎百年,强身健体争一流",由校工会、体育部主办的哈尔滨工业大学首届云运会成功举办,522名选手齐聚"云端"一展身手,经过激烈比拼,土木学院、建筑学院、基础学部、电气学院、航天学院、经管学院分获学生甲组团体总分前六名,经管学院和人法学院获得学生乙组团体总分前两名,总务处、校医院、机关党委、建筑学院、计算机学院、航天学院分获教工团体总分前六名。

2020年6月6日,宁波江丰电子材料股份有限公司董事长兼首席技术官姚力军校友与体育部捐赠执行协议书签约仪式在体育部陈列室举行,松北区区长助理万勇校友,校教育发展基金会副秘书长杨雪,体育部主任陶永纯、书记孙慧丽、主任助理孟述及部分教练员出席签约仪式,签约仪式同时在线上向哈工大运动员校友进行了直播。在哈工大建

哈工大体育部主任陶永纯向姚力军校友颁发"哈工大优秀运动员"奖牌

校一百周年之际,姚力军校友向学校教育发展基金会捐款1 000万元,其中100万元用于体育部教育发展基金,助力哈工大体育事业发展建设。

## 四、校友活动

2008年9月18日,曾三次破世界纪录的黄强辉及夫人回母校,在体育部与他的老师和同学亲切交谈,主任王国滨、老主任赖有才、退休老师高士廉参加。

2009年6月6日,哈尔滨工业大学运动员校友会成立大会在体育部隆重举行。老校长、哈工大校友总会名誉会长杨士勤教授,哈工大校友总会副干事长孟宏震教授,体育部主任王国滨教授,体育部关鹏飞教授等与来自北京、上海、天津、深圳、沈阳、吉林等地的40余名哈工大运动员校友齐聚一堂。

2009年校庆,运动员校友回母校与老校长杨士勤等领导合影

2000年黄强辉校友回校参加校庆期间与关鹏飞教授(右一)、强金龙教授(左一)合影

2010年6月4日,92名哈工大运动员校友陆续从各地返回母校,参加哈工大90周年校庆活动。5日,体育部领导和运动员校友出席了哈工大体育教育基金成立大会、建校90周年运动员校友庆祝大会及优秀运动员校友座谈会,兴致勃勃地观看了在体育场举行的建校90周年大型文艺晚会。6日上午,建校90周年庆祝大会隆重举行。这次哈工大体育教育基金成立大会共收到运动员校友捐赠款21万余元人民币。

第五章 深化教学改革与可持续发展阶段

2008年排球队校友回母校

2010年90周年校庆,运动员校友在体育馆合影

2017年校排球队重返母校

2018年短跑队校友回母校

## 五、承办活动

2006年11月28日,哈尔滨市高校体育工作会议在体育部召开,会议就学生体质下降问题提出如何贯彻和开展"阳光体育运动"。

2007年7月8日,由国家体育总局冬季运动管理中心组织的2007年U型场地单板雪上技巧国家级裁判员考试在哈工大二校区举行,来自辽宁、吉林、黑龙江等地的全国50余名该项目一级裁判员参加了考试。

2008年1月9日,由东北地区部分高校体育协作委员会主办、哈尔滨工业大学承办的东北地区部分高校体育协作委员会年会在黑龙江省乌吉密滑雪场圆满结束。来自东北三省11所高校的70余名体育教师参加了会议。哈工大周玉副校长到会并讲话,国家体育总局冬季运动管理中心竞技滑雪一部副部长、中国滑雪协会副秘书长安林彬为教师进行了滑雪培训。同时年会以高校体育教改和滑雪为主题,分别进行了"教授论坛"、滑雪培训和滑雪比赛。

2008年10月26日,黑龙江省暨哈尔滨市第二届"全国亿万学生阳光体育冬季长跑活动"启动仪式在哈工大二校区体育场隆重举行。省教育厅副厅长孟繁杰到会并讲话,哈工大周玉副校长、团省委副书记王淑滨等出席,共有来自哈尔滨工业大学、哈尔滨工程大学、东北林业大学、黑龙江科技学院、黑龙江工程学院、哈尔滨体育学院和哈尔滨市南岗区中小学校的2 009名学生参加了启动仪式。

2008年12月10日,第二十四届世界大学生冬季运动会圣火在哈尔滨工业大学体育场成功点燃。这是素有"小冬奥"之称的大冬会第一次在大学里采集圣火,也是主办者第一次用"太阳光汇聚取火"之外的方式进行火种采集。大冬会组委会执行主席、黑龙江省副省长杜家毫庄严地宣布:"哈尔滨第二十四届世界大学生冬季运动会圣火采集仪式现在开始。"吉祥物"冬冬"坐在由哈工大研制的微声爬壁机器人上缓缓向灵巧手移动,随着它按下火箭发射按钮,24枚模型火箭相继升空,圣火盆里的火焰开始熊熊燃烧。世界短道速滑名将、我国首枚冬奥会金牌获得者杨扬手持大冬会火炬"冰韵天鹅"走向圣火盆引燃火炬后缓缓走向主席台,将火炬采集的火种交给教育部中国大体协副主席、秘书长杨立国。哈尔滨市市长张效廉最后接过火炬并交由工作人员点燃大冬会火种灯。哈尔滨第二十四届世界大学生冬季运动会火种采集成功!12月20日,火炬传递启动仪式在哈尔滨师范大学行知广场举行,在哈尔滨市、牡丹江市、七台河市、佳木斯市、齐齐哈尔市、大庆市6个城市进行传递,于12月26日返回哈尔滨市,传递全程为2 009公里。第二十四届世界大学生冬季运动会于2009年2月18日至28日在哈尔滨举行,这是我国历史上举办规模最大、人数最多、水平最高的世界综合性冬季运动会。

2009年1月5日,中国大学生体育协会击剑分会年会在哈工大体育部召开。哈工大周玉副校长致欢迎辞,教育部学生体育协会联合秘书处竞赛部副部长华爱军、中国大学生体育协会击剑分会主席朱孔军、合肥学院副院长蔡敬民、中山大学教育学院院长钟明华、中国大学生体育协会击剑分会常务副秘书长蔡永茂等领导出席了会议并讲话。这届

2008年第二十四届世界大学生冬季运动会火种采集仪式在哈工大体育场举行

年会共有来自清华大学、北京大学、中山大学、北京体育大学、上海大学、澳门大学等20余所单位代表参加。在中国大学生体育协会击剑分会全体会员代表大会暨换届选举会议上,哈工大被推选为副主席单位。

2010年12月19日,黑龙江首届体育舞蹈锦标赛暨东北三省体育舞蹈国际公开赛在哈工大一校区体育馆圆满举行。

2013年10月31日,黑龙江省大学生体育协会羽毛球分会成立大会在一校区体育部会议室隆重举行,哈工大被推选为主席单位。黑龙江省教育厅体育卫生与艺术教育处处长梁秀海、哈工大体育部主任王珂、书记李征宇、哈工大后勤集团总经理张凤淼及黑龙江省部分高校体育部领导出席了会议。

2013年,由体育部承办的工信部直属高校体育协作委员会年会暨游泳、沙滩排球比赛在哈工大威海校区成功举办。

2019年4月20日,黑龙江省第十七届学生运动会第一次秘书长会议在哈工大二校区文体中心召开。黑龙江省教育厅体育卫生与艺术教育处调研员郭青山、黑龙江省大中体育协会秘书长胡学功、哈工大体育部主任陶永纯、东北石油大学体育部主任袁红以及全省13个地市(行署)教育局体卫科领导、81所高校体育部领导、中学田径基点校教练员共200多人参加了会议。赛会承办单位袁红主任汇报了学生运动会筹备情况,郭青山发表讲话,省大中学生体育协会竞赛部部长王大力做竞赛工作报告。

2019年5月18日,由黑龙江大学生体育协会主办的2019年黑龙江省大学生骑划跳邀请赛暨R1巡回赛在哈尔滨工业大学举行,来自省内14所高校、40个比赛队伍参赛。同时举行了中国大学生体育协会自行车分会哈尔滨工业大学训练基地、哈尔滨工程大学训练基地和R1高校室内自行车训练中心揭牌仪式,哈工大副校长安实等领导出席。

2019年9月21日,哈工大体育部承办的东北地区部分高校体育协作委员会年会暨哈工大体育教学改革成果汇报会在哈举行。十六所协会高校体育部领导、教师及协会元老100余人参加会议,会议期间举办了体育教师骑划跳比赛、观摩哈工大雪地球项目等活动。

2019年"李宁·陈金杯"黑龙江省大学生李宁"五羽轮比"羽毛球邀请赛在哈工大一校区体育馆圆满落幕,来自全省20多所高校近60支队伍参赛,哈工大获学生甲组冠军、教工组冠军。闭幕式上,举行了李宁(中国)体育用品有限公司与哈工大羽毛球队捐赠仪式,李宁(中国)体育用品有限公司运动营销经理李浩男与哈工大羽毛球队教练员陈金代

2019东北地区部分高校体育协会骑划跳比赛

表双方进行签约,副校长、哈工大教育发展基金会副理事长郭斌为李宁(中国)体育用品有限公司颁发捐赠证书。

李宁公司与哈工大羽毛球队签约仪式

2019年6月14日,为庆祝中俄建交70周年和贯彻落实中俄地方合作交流年的精神要求,增进中俄青年之间的交流,中俄青年男子篮球友谊赛在哈工大一校区体育馆举行。圣彼得堡国立大学、乌拉尔联邦大学、浙江大学和哈尔滨工业大学男篮参加了比赛。俄罗斯大学生篮球协会执行主席克留科夫·谢尔盖·弗拉基米罗维奇、莫斯科市体育局副局长尼娜·别斯杰列娃、乌拉尔联邦大学体育学院院长叶夫盖尼、哈尔滨市政协主席姜国文、哈工大副校长安实等领导出席了开幕式。安实、弗拉基米罗维奇先后致辞,乌拉尔联邦大学以及中国国家男子篮球队也发来了祝贺视频,哈尔滨市体育局局长赵竹帛主持开幕式。开幕式上,华艺舞蹈学校和哈工大机器人进行了精彩表演,电影《绝杀慕尼黑》主人公原型的儿子和主创人员现场接受采访,国际奥委会运动员委员会委员冬奥会冠军张虹、中国青年女子篮球队主教练苗立杰与观众见面并讲话。随后进行了首场比赛,由哈尔滨工业大学男篮迎战圣彼得堡国立大学男篮,哈工大男篮获胜。

2019年12月9日,"迎哈工大建校百年·乔氏"杯中国大学生台球联赛黑龙江哈尔滨站在哈尔滨工业大学落下帷幕,来自73所高校的211名参赛运动员历经3天278场所有奖项全部产生,哈工大张竞文蝉联冠军。秦皇岛乔氏台球运动推广有限公司董事长乔冰和哈工大副校长刘宏共同为哈工大—乔氏集团"台球教研中心"揭牌。

2019年体育部成功承办中国乒乓球俱乐部比赛"哈工大杯"甲B第二站比赛。

2019 年中俄青年男子篮球赛

2019 年 9 月 29 日,为喜迎祖国 70 华诞和哈工大百年校庆,由哈工大体育运动委员会主办、体育部承办的 U-RUN2019 哈尔滨工业大学校园马拉松在一校区隆重举行。哈工大师生、校友两千余人参赛。安实等领导为比赛鸣枪,体育部教师、冬奥会冠军张虹和羽毛球世界冠军陈金领跑,赛前体育部全体教师登台合唱《我和我的祖国》《大中国》,同学们表演了武术、舞蹈等节目。

建校 100 周年"哈工大之光——线上奔跑挑战赛"哈尔滨现场

2020 年 6 月 7 日,在哈工大建校 100 周年到来之际,全球一万余名校友齐聚"云端",参加了"哈工大之光——线上奔跑挑战赛",哈工大体育部教师奥运会冠军张虹、羽毛球世界冠军陈金分别在上海、哈尔滨进行了云领跑,哈工大杰出校友"两弹一星功勋奖章"和"共和国勋章"获得者孙家栋院士为本次活动亲笔题写了"哈工大之光",并印制在了参赛服上,老校长杨士勤在上海参加了校友活动。

## 六、学习交流

2006 年 8 月 29 日,应俄罗斯布拉戈维申克(海兰泡)市体育局邀请,哈工大乒乓球队一行 9 人参加了中俄乒乓球友谊赛,王子硕和贾纯分获得男、女单打冠军。

2007 年 1 月 18 日,南京航空航天大学体育部一行 9 人到哈工大调研。

2007 年 3 月 23 日,吉林大学体育学院院长杨霆教授、东北师范大学体育学院大学体

建校 100 周年"哈工大之光——线上奔跑挑战赛"上海现场(老校长杨士勤参加活动)

育科研所所长宛祝平教授应邀到哈工大体育部讲学。

2008 年 1 月 12 日,南京理工大学体育部一行 9 人到哈工大调研,确定每年互派教师进行为期 1 个月的教学交流。

2008 年,中国香港地区乒乓球公开赛哈工大学生孙高升获男子单打冠军,孙高升 2007 年 8 月被选派到香港大学交换学习一年,在此期间还获香港大学乒乓球赛男单冠军、代表香港大学获全港高校团体比赛亚军,被评为"香港大学最具有价值球员"和"香港大学体育运动杰出贡献奖"等光荣称号。

2008 年孙高升交流学习期间获香港"全港乒乓大比拼"男单冠军

2011 年 9 月 3 日,日本高知工科大学乒乓球队一行 16 人与哈工大学生乒乓球队在一校区体育馆进行了激烈而友好的比赛,最终哈工大 3∶0 战胜高知工科大学代表队。比赛期间,时任哈工大副校长周玉看望了两校代表队。

2012 年 8 月 28 日,台湾"清华大学"体育室主任李大林率校学生游泳队首次来哈工大友好访问、座谈,双方就学校体育教育模式、学生群体活动、运动队训练、师资建设及学生健康体质等问题进行了广泛交流。下午两校学生游泳队在校游泳馆进行了友谊比赛。

2013 年,北京第二外国语大学、西北农林科技大学、山东大学威海校区、上海交大等高校先后到体育部交流访问,增进了校际友谊,扩大了视野,促进了学科发展建设。

2016 年 3 月 17 日,为贯彻落实党的十八大和十八届三中、四中、五中全会精神,提高校园足球训练水平和质量,推动学生军事训练工作改革创新、磨炼学生意志品质,增强学生身体素质,由省教育厅主办的黑龙江省普通高校和高级中学校园足球运动队军事训练营活动在哈尔滨体育学院帽儿山滑雪场举行,体育部2名教师、10名学生组队参加。

2019年1月12日,西北工业大学体育部副主任王轲一行4人到哈工大调研,体育部领导班子及部分教师在一校区体育馆会议室与西北工业大学同仁进行了座谈交流。

# 第六章 哈尔滨建筑大学体育部简史

哈尔滨工业大学
HARBIN INSTITUTE OF TECHNOLOGY
———— 1920-2020 ————

# 第六章 哈尔滨建筑大学体育部简史

## 第一节 体育部概况

1959年4月,教育部进行院、系调整,决定将哈尔滨工业大学土木建筑系分离出来独立建校,成立哈尔滨建筑工程学院,划归为建设部领导的直属重点院校。1994年经国家教委批准,哈尔滨建筑工程学院更名为哈尔滨建筑大学(简称哈建大)。

1992年,哈尔滨建筑工程学院成立体育部,之前为体育教研室,曾归基础部领导。根据中华人民共和国国家教育委员会令(第8号)、中华人民共和国国家体育运动委员会令(第11号)颁发的《学校体育工作条例》,可以建立相应的体育管理部门,便于加强高校体育教育工作。各大学相继成立了体育部。哈建大体育部挂靠教务处代管,于1994年明文规定体育部独立为院、系级教学单位,直属学校主管副校长领导。

体育部建立初期,由崔守平主任和何工老师以及三位青年教师组成,他们担任全校体育教学、运动训练、运动竞赛、群众体育活动等工作。1960年学校扩大招生,在校学生与军委代培学生达3 000人。1961年教师增至13人,教辅人员2人。

体育部一直把"发展体育运动,增强人民体质"作为哈建大教学与培养人才的指导思想。在课程设置上率先在黑龙江省高校开展对篮球、乒乓球、体操等科目的教学改革。体育部在建设部所属的20多所高校中,在教学、科研等方面处于领先地位,在国家不同的刊物上发表多篇论文,并被推荐为建设部体育教学研究会理事长单位。

## 第二节 课程建设与教学改革

### (一)课程建设

**1. 重新编写教学大纲**

1995年,体育部重新编写了体育课教学大纲,明确了学生体育培养基本规格,即:培养学生掌握体育基础理论知识和科学锻炼身体的方法,使学生养成自觉锻炼的习惯;增强学生体质健康,促进学生身心健康发展;掌握"一太极拳、一滑冰、一选项"的必修项目的技术,形成终身锻炼的能力;使学生具有较好的耐力和力量素质,达到《大学生体育锻炼合格标准》的要求;培养学生成为体态匀称、行为文明、具有良好的集体主义和团结协作精神、适应社会需要的全面发展的四化建设合格人才。

**2. 体育课程设置**

本科生开设两个学年四学期体育必修课,修满合格可获得 6.4 学分。三年级开设体育选修课,专科生开设一学年体育必修课。

基础课:为一年级学生开设,有田径、滑冰、二十四式太极拳等项目。

选项课:为二年级学生开设。男生开设篮球、排球、足球、乒乓球、田径、武术、健美课程;女生开设健美操、田径、乒乓球课程。

任意选修课:为高年级学生开设。项目有网球、体育保健、竞赛组织与裁判法、围棋、桥牌等课程。

保健课:为一、二年级中体弱病残的学生开设,以养生保健、强身健体理论知识、二十四式太极拳、杨氏太极拳、三十二式太极剑为主。

**3. 体育课的组织形式**

一年级新生体育课不实行选课,按其所在班级,男女生分班上课;二年级学生实行选课,以专项班授课;新生保健课以教学班授课,高年级学生仍可继续选择编入教学班;按大纲规定的实践课教学,每学期都进行考试。基础理论课程教学内容,在最后一次理论课中进行笔试。

**4. 课程与教学时数分配一览表**

| 序号 | 项目 | 学年 | 学期 | 理论部分 | | 实践部分 | | | 素质部分 | 考核部分 | 课时合计 |
|---|---|---|---|---|---|---|---|---|---|---|---|
| | | | | 基础理论 | 专项理论 | 项目 | 专项技术 | 速滑 | 一般素质 | | |
| 1 | 基础课 | 一 | 一 | 4 | | 田径 | 14 | 10 | 2 | 2 | 32 |
| | | | 二 | 4 | | 太极 | 16 | | 10 | 2 | 32 |
| 2 | 足球 | 二 | 三 | 2 | 4 | | 12 | 6 | 6 | 2 | 32 |
| | | | 四 | 2 | 4 | | 16 | | 8 | 2 | 32 |
| 3 | 篮球 | 二 | 三 | 2 | 4 | | 12 | 6 | 6 | 2 | 32 |
| | | | 四 | 2 | 4 | | 16 | | 8 | 2 | 32 |
| 4 | 排球 | 二 | 三 | 2 | 2 | | 12 | 6 | 8 | 2 | 32 |
| | | | 四 | 2 | 4 | | 16 | | 8 | 2 | 32 |
| 5 | 乒乓球 | 二 | 三 | 2 | 2 | | 12 | 6 | 8 | 2 | 32 |
| | | | 四 | 2 | 2 | | 18 | | 8 | 2 | 32 |
| 6 | 田径 | 二 | 三 | 2 | 4 | | 12 | 6 | 6 | 2 | 32 |
| | | | 四 | 2 | 2 | | 16 | | 8 | 2 | 32 |
| 7 | 武术 | 二 | 三 | 2 | 2 | | 14 | 6 | 6 | 2 | 32 |
| | | | 四 | 2 | 2 | | 18 | | 8 | 2 | 32 |
| 8 | 健美操 | 二 | 三 | 2 | 2 | | 14 | 6 | 6 | 2 | 32 |
| | | | 四 | 2 | 2 | | 18 | | 8 | 2 | 32 |

续表

| 序号 | 项目 | 学年 | 学期 | 理论部分 | | 实践部分 | | | 素质部分 | 考核部分 | 课时合计 |
|---|---|---|---|---|---|---|---|---|---|---|---|
| | | | | 基础理论 | 专项理论 | 项目 | 专项技术 | 速滑 | 一般素质 | | |
| 9 | 健美 | 二 | 三 | 2 | 2 | | 14 | 6 | 6 | 2 | 32 |
| | | | 四 | 2 | 2 | | 18 | | 8 | 2 | 32 |
| 10 | 保健 | 一 | 一 | 2 | 2 | | 14 | 6 | 6 | 2 | 32 |
| | | | 二 | 2 | 2 | | 16 | | 10 | 2 | 32 |
| | | 二 | 三 | 2 | 2 | | 14 | 6 | 6 | 2 | 32 |
| | | | 四 | 2 | 2 | | 18 | | 8 | 2 | 32 |

## (二)教学改革

1994年7月,哈建大党委任命肖同岐同志任体育部部长。体育部针对教学的实际情况提出,首先要加强教师的体育理论学习,并组织教师集体备课,全员试讲,分别由十位教师进行理论课公开教学,特聘省内高校教授谭学儒、余金琪等为评委,他们认为"哈建大从一个人上公开课向集体多人上公开课转变,这个方法值得推广"。

1995年秋季学期开始对95级新生实施新的教学大纲,对大一第二学期学生统一教授二十四式太极拳,并实行教考分离。由教考组统一对教学班考试,打分评定成绩。改变过去谁任课谁主考给成绩的做法,这使提高教师的教学质量有了可靠依据。

哈建大在省内高校最早引进背越式跳高技术,通过教师专项课教学及课外活动指导,全校掀起学习背越式跳高的热潮。在学校运动会上打破了保持多年的校纪录,在省、市高校运动会上取得优异成绩。

加强冰上课教学培训,提高教师的专项素质能力和滑冰技术水平,组织教师在秋季学期进行陆地模仿和体能训练,使教师在冬季冰上课教学中,在教学能力和教学质量方面得到大幅度的提高。

20世纪90年代,黑龙江省高校教学研究会决定推广哈建大艺术体操课,目的是突破女生体操课教材的局限性,根据女生生理特点开设艺术体操课。哈建大女生体育课教师由张仙娥、刘彩霞和邓振杰担任。当时全省有30多所学校的教师观摩张仙娥老师的球操课,给予该课一致好评。从1991年开始,邓振杰老师担任校健美操教练,在黑龙江省高校健美操比赛中获得团体冠军和单项、混双亚军的优异成绩。这项运动不仅深受本校女生的欢迎,还在全省高校中得到推广。

1985年,根据国家教委在高校应该进行健美试点教学的意见,经学校领导批准,体育部开设健美课。设立以供热专业学生为主的健美课实验班,并组织教师编写教材和教学大纲,制订了1~3年的教学计划,每周2次教学课,1次课外指导练习。通过两年的教学实践,学生身体素质在力量、机能、形态等方面得到了增强,达标优秀率为60%,及格率为100%。1988年聘请德国科隆大学博士带领的工作组对供热专业健美课实验班学生进行了两次测试,工作组对实验班的学生形体变化以及身体素质测试结果表示认可。

1996年,加强教师计算机技能培训,开发计算机教学管理和大学生体质测试达标管理软件及运动会竞赛编程、学生成绩管理、教师课表编排和学生课外活动管理等软件,提高了教学管理水平。

1996—1999年,精心策划学校运动会,把筹备运动会过程作为校园体育文化教育过程,调动院系积极性。设立开幕式团体表演奖,记入团体总分;设立教授队伍方阵;设立运动会组织奖;竞赛获第一名(单项)的学生由本院领导颁奖,并升系旗奏系歌;让运动会开得隆重、热烈,给学生留下了难忘的记忆。

体育部与学校工会共同组织了"哈建大第一届教职工体育运动会",这一做法在黑龙江省高校中尚属首次。黑龙江省高校工委给予充分肯定,并在全省高校会议上做了典型介绍。

### (三)教学管理

1995年编写了《教学管理工作制度汇编》,把研室主任及教师的职责,教学、课外及科研工作管理,奖励考勤与奖励制度,教学文件管理及业务档案归档,如体育技能和体育理论考试制度等。这些教学管理制度,在教学运用上得到有效的实施。

### (四)教材建设

体育部根据学校深化教改和学科建设的需要,制订了"九五"期间教材建设规划,自编体育实践课教材,同时,为选修课程编写相应教材。1994年编写了公开发行的《大学体育运动学》《乒乓球》教材。校内自编教材有《少林小架》《艺术体操》。体育选修课教材有《围棋》《桥牌》《裁判法》《网球》。

## 第三节 科研与学术论文

科学研究是高校教师的基本任务。体育部始终坚持科研与教学相结合,鼓励教师多写论文,积极参加教学研究活动,坚持每年一次科学论文报告会和教学研讨会。几年来,体育部教师在不同学术刊物上发表教学科研论文18篇。

**1995—2001年教师发表部分论文**

| 序号 | 教师姓名 | 论文题目 | 刊物(会议)名称 | 发表时间 |
|---|---|---|---|---|
| 1 | 李延亭 | 肥胖症患者的运动处方研究 | 哈尔滨体育学院学报 | 1995年3月 |
| 2 | 张仙娥 | 对中日韩冬季运动管理体制和科研现状的对比 | 冰雪运动 | 1995年3月 |
| 3 | 李延亭 | 对哈尔滨体院学生冰上课学习态度的调查与分析 | 冰雪运动 | 1995年4月 |
| 4 | 王丽莉 | 念动训练在速滑教学中的应用 | 冰雪运动 | 1995年4月 |

续表

| 序号 | 教师姓名 | 论文题目 | 刊物(会议)名称 | 发表时间 |
|---|---|---|---|---|
| 5 | 边疆 | 关于大学生速度滑冰及其教练系列课程建设的研究 | 冰雪运动 | 1996年4月 |
| 6 | 杜强 | 乒乓球发球技术的教学方法初探 | 辽宁体育科技 | 1997年1月 |
| 7 | 边疆 | 关于北方普通高等学校围绕《锻炼标准》开展群众性冰雪体育活动的研究 | 冰雪运动 | 1997年3月 |
| 8 | 边疆 | 大学生速度滑冰的能力目标管理——关于修订速度滑冰锻炼标准的建议 | 冰雪运动 | 1998年1月 |
| 9 | 边维华 | '98冬奥会短道速滑比赛超越技术分析 | 中国体育教练员 | 1998年4月 |
| 10 | 冯韶文 | 对足球教学中近视眼学生正面头顶球的探讨 | 哈尔滨体育学院学报 | 1998年4月 |
| 11 | 李延亭 | 浅谈快速跑摆臂技术的教学方法 | 哈尔滨体育学院学报 | 1998年4月 |
| 12 | 李延亭 | 大学生滑冰健身教育初探 | 冰雪运动 | 1998年4月 |
| 13 | 杜强 | 实施全过程目标管理是提高大学生滑冰健身教育质量的有效途径 | 冰雪运动 | 1999年2月 |
| 14 | 朱宝峰 | 乒乓球运动员选材特点和要求 | 哈尔滨体育学院学报 | 1999年3月 |
| 15 | 朱宝峰 | 创造型教师的素质 | 佳木斯大学社会科学学报 | 2000年3月 |
| 16 | 边维华 | 短道速滑比赛犯规区域与行为的分析 | 沈阳体育学院学报 | 2000年3月 |
| 17 | 邓振杰 | 女大学生滑冰健人教育模式研究 | 冰雪运动 | 2000年4月 |
| 18 | 邓振杰 | 新时期普通高等学校女生健美操课教学模式初探 | 哈尔滨体育学院学报 | 2001年3月 |

## 第四节 师资队伍建设

加强师资队伍建设,提高教学质量,体育部首先采取了由中、老教师指导青年教师授课并同组进行教学的方法。开展不同类型的公开课、示范课等,组织教师评课研讨。主讲的中青年教师有18人,其中青年教师13人,35岁以下有12人开设专项课,有1人在职攻读硕士学位。1959—2000年,哈建大体育部教职工从5人发展到46人,其中高级职称12人,教辅人员5人,国家级裁判4人,为体育事业做出了贡献。

## 哈建大体育部教职工基本状况（1959—2000）

| 序号 | 姓名 | 职务/教辅 | 副教授时间 | 裁判级别、项目 | 在校时间 | 调出时间 |
|---|---|---|---|---|---|---|
| 1 | 崔守平 | 室主任 | | 国家级（速滑） | 1959—1979 | |
| 2 | 何 工 | 代主任 | | | 1958—1980 | |
| 3 | 张志仁 | | 1987 | | 1959—1994 | |
| 4 | 佟明珍 | | 1990 | | 1960—1998 | |
| 5 | 杨 俭 | 室主任 | 1994 | 国家级（田径） | 1960—2000 | |
| 6 | 王春生 | 室副主任 | 1988 | 国家级（篮球） | 1961—1996 | |
| 7 | 唐有权 | 室副主任 | 1988 | 国家级（田径） | 1961—1996 | |
| 8 | 刘彩霞 | 室副主任 | 1989 | | 1965—1995 | |
| 9 | 边 疆 | 室副主任 | 1992 | | 1974—2000 | |
| 10 | 张建国 | 室主任 | 1987 | | 1972—1994 | |
| 11 | 张仙娥 | | 1997 | | 1974—2000 | |
| 12 | 戴炳德 | 室副主任 | 1997 | | 1979—2000 | |
| 13 | 张亚东 | 室副主任 | 1995 | 国家级（武术） | 1982—2000 | |
| 14 | 李延亭 | | 1999 | | 1984—2000 | |
| 15 | 王 菊 | | 2001 | | 1985 | |
| 16 | 邓振杰 | | 2003 | | 1990—2000 | |
| 17 | 冯韶文 | | 2004 | | 1990—2000 | |
| 18 | 韩秀华 | | | | 1993—2000 | |
| 19 | 肖同岐 | 部 长 | 1994 | | 1994—2000 | |
| 20 | 马忠权 | | | | 1994—2000 | |
| 21 | 孟 巍 | | | | 1994—2000 | |
| 22 | 王剑虹 | | | | 1994—2000 | |
| 23 | 李 勇 | | | | 1996—2000 | |
| 24 | 张宝军 | | | | 1997—2000 | |
| 25 | 张成刚 | | | | 1997—2000 | |
| 26 | 闫 生 | | | | 1998—2000 | |
| 27 | 朱宝峰 | | | | 1998—2000 | |
| 28 | 王晓伟 | | | | 1999—2000 | |

续表

| 序号 | 姓名 | 职务/教辅 | 副教授时间 | 裁判级别、项目 | 在校时间 | 调出时间 |
|---|---|---|---|---|---|---|
| 29 | 陈秉升 | 保管员 | | | 1959—1961 | |
| 30 | 迟俊武 | 工 人 | | | 1959 | 1983 |
| 31 | 车显之 | 保管员 | | | 1961 | 1981 |
| 32 | 张文仪 | | | | 1960 | 1961 |
| 33 | 高桂清 | | | | 1961 | 1963 |
| 34 | 高铁军 | | | | 1961 | 1976 |
| 35 | 李之俊 | | | | 1974 | 1979 |
| 36 | 苏亚平 | | | | 1974 | 1985 |
| 37 | 王立群 | | | | 1975 | 1988 |
| 38 | 王昌义 | | | | 1979 | 1995 |
| 39 | 于 平 | | | | 1983 | 1995 |
| 40 | 徐树魁 | 助 理 | | | 1985 | 1993 |
| 41 | 边维华 | 助 理 | | | 1985 | 1996 |
| 42 | 王 涛 | | | | 1985 | 1995 |
| 43 | 蔡龙摄 | | | | 1986 | 1994 |
| 44 | 高 潮 | | | | 1989 | 1995 |
| 45 | 常兴仁 | | | | | 调出 |
| 46 | 贾盈科 | | | | | 调出 |

## 第五节 课外体育锻炼与体质健康标准

课外体育锻炼是学校体育工作的有机组成部分,是增强学生体质的有效措施。为了更好地活跃校园体育文化生活,体育部每年都举行学校田径运动会、冰上运动会、篮球、排球、乒乓球、艺术体操等比赛,并组织校代表队参加省市高校各项比赛,组织体育教师下系、指导各院系课外活动,同时为各系培训裁判员和学生体育骨干,协同团委开展全校性体育活动,充实校园校外体育文化建设。

每学期安排四周田径课,三周体育锻炼达标测试,学生带证参加测试。1996年达标率为94.63%,1997年达标率为93.12%。

## 第六节 体育场馆设施

体育场馆设施、器材配备是实施体育教育、教学必不可少的基本条件。多年来,由于哈建大的教育经费不足,每年体育经费拨款额基本上都是 5~6 万元。再加上历史原因,造成两地办学的格局,无论是场地还是器材、设备都需要两套,满足不了教学的需要,影响了教育、教学质量。

现有的新校区体育场馆设施为标准 400 米田径场地 1 个,篮球场地 7 个,排球场地 9 个,网球场地 2 个,足球场地 1 个,健身房 1 个。室外场地总面积为 24 055.46 平方米,室内场地总面积为 320 平方米。

现有的老校区体育场馆设施为篮球场地 1 个,排球场地 1 个,网球场地 3 个,室内体育场馆 1 个。室外场地总面积为 4 554 平方米,室内场地总面积为 790 平方米。全校运动场馆总面积为 28 609.46 平方米,在校生 4 801 人,生均面积为 5.96 平方米/人。

## 第七节 发挥党员先锋模范作用,增强教师凝聚力

1972 年,张建国老师(中共党员)调入体育教研室,建立了党支部,既抓业务又抓党务,先后发展了 9 名党员。在党员的带领下,教职工不仅承担教学训练以及下系等工作,还承担起维修器材、浇冰场和整修运动场地的任务。大家劲往一处使,任劳任怨,彰显出了艰苦奋斗精神。1995 年体育部被黑龙江省教委授予"黑龙江省高等学校体育工作'十佳'单位"称号。体育部教师杨俭多次获得个人奖项。

杨俭　1987—1988 学年被评为哈尔滨建筑工程学院体育部优秀教学奖。

1997—1998 学年被评为哈尔滨建筑大学优秀教学奖。

1997 年度被评为哈尔滨建筑大学"三育人"先进个人。

附录

哈尔滨工业大学
HARBIN INSTITUTE OF TECHNOLOGY
—— 1920-2020 ——

# 哈尔滨工业大学体育部"八五"发展规划(1991年9月)

## 一、指导思想

1. 坚持四项基本原则,坚持改革开放,围绕国民经济的发展,将党中央各阶段的指示精神,作为体育部"八五"规划的指导思想。

2. 坚决贯彻执行学校制订的总体发展规划,并根据学校各阶段的工作重点,制订体育部"八五"规划。

3. 坚决贯彻德智体全面发展的教育方针。为培养有学问、有道德、有健康体魄的社会主义一代新人,全力做好学校体育工作,为完成学校的培养目标,担负起体育部应承担的责任。

## 二、目标

1. 学校体育工作进入全国重点高校前列,与学校在全国高校的地位相适应。

2. 学校体育工作在黑龙江省保持领先地位,为全省高校体育工作出典型经验、创最佳工作模式的单位,并在改革、创新方面走在前面。

## 三、指标

### (一)行政管理

1. 实施体育部、教研室二级管理。体育部主任对校长负责,教研室主任对体育部主任负责,实行层层负责的目标责任制。体育部主任达不到学校规定的目标,完不成任务,要主动提出辞职;教研室主任完不成任务,达不到管理目标,部里不再聘任。

2. 体育部每年都要认真制订年工作计划并做工作总结,包括"八五"规划的指标完成和阶段完成情况,做到体育部全面工作的规范化、科学化、制度化。

3.教研室每学期都要做出切实可行的工作计划。建立健全教师业务档案、教学考评文件,结合教师工作态度决定教师的聘任和不聘任,并将其作为评优、晋职、晋级的条件。

4.每年都要根据实际情况,做出体育部经费预算,要做到计划开支、节约开支、避免重复开支、防止器材和物品积压。要自觉执行财务制度,遵守财务纪律,合理安排体育经费。

5.全面执行《学校体育工作条例》和《大学生体育合格标准》。在校长领导下,协同有关单位和各系制定出具体方案。在贯彻《学校体育工作条例》和《大学生体育合格标准》过程中,体育部要起主体作用,积极主动地同其他单位配合,提高贯彻《学校体育工作条例》和《大学生体育合格标准》的实效性。

6.扩大体育部计算机管理的范围,对教师档案、教师工作量、教学计划、《大学生体育合格标准》、《国家体育锻炼标准》、学生体质状况、群体和部分竞赛等全部实行计算机管理。

(二)体育教学

1.开设课程与教学大纲

本科男生:一二年级开选项课(素质测验不及格者上普通课)。按省编大纲结合本校实际情况执行,三年级由 1992—1993 学年开始扩大选修课范围。

专科男生:开设一年级选项课,其余同本科男生课。

女生:修改女生课大纲,编制女生课新大纲,执行 1992—1993 年省编大纲。

硕士研究生:一年级开设必修选项健身课。

二年级从 1992—1993 学年起开设选修提高课。

博士研究生及博士后:1991—1992 学年起开设选修课。

2.教材建设

理论课:重新修订理论课教材(本、专科生),按省编教材结合本校实际编写哈工大体育理论课教材。

实践课:男生本科、专科选项课重新修订各选项课教学计划,使教材分配更趋合理。女生课重新修订大纲,并在 1992—1993 学年执行。

声像教学片:按项目写出理论部分、技术部分的解说词及录像脚本,录制成电化教学片。项目有田径、体操、篮球、排球、足球、乒乓球、羽毛球、网球、武术、太极拳、健美、健美操、游泳、滑冰共 14 项。

3.体育课考试

重新修订体育课考试制度和方法。重新修订综合评分方法,和《大学生体育合格标准》一致。1992—1993 学年开始执行。

(三)课外活动

1.紧紧地围绕《大学生体育合格标准》和《国家体育锻炼标准》开展以达标活动为中心的群体活动。

2. 继续完善体育班主任制度和教师下系制度,并实行教师群体工作责任制。

3. 坚持课余、小型、多样的体育活动,达到使学生增强体质和丰富课余生活的目的。

4. 本科生一、二年级学生的《国家体育锻炼标准》合格率,保持5年内在90%～95%的幅度。

5. 坚持竞赛规范化、制度化,每年按季节安排10项竞赛。实行校内竞赛责任制。

6. 修订群体奖励制度,鼓励群体活动先进系、班和积极分子,培养更多的群体活动骨干。

### (四)校体育代表队训练

1. 根据哈工大的培养目标,5年内学校体育代表队坚持走课余训练的道路,不办高水平运动队,但课余训练要达到高水平。部分田径项目、速滑和个别球类项目要达到或接近黑龙江省体育院、系水平。

2. 对校队采取"重点投入"的原则,即有重点地投入人力物力、不平均使用人力物力的原则。除田径、速滑作为传统重点队外,其他项目根据该队实力,每1～2年进行一次调整。

3. 继续实行领队责任制。各队年初要定指标,经部领导审查后,领队、教练要立"责任状",完成者奖励,完不成者处罚。在1992—1993学年实行主教练聘任制,废除领队责任制。

4. 继续保持在省市大学生竞赛中的领先地位。5年内保持80%的项目处于领先(前三名)地位,60%项目拿冠军。

5. 继续实行每年一次的学生"十佳运动员"评比奖励制度。实行教练员奖励制度。调整运动员、教练员奖金分配办法,鼓励教练员要为哈工大、为黑龙江省争光。

### (五)师资培养与提高

1. 严格要求、严格管理,培养一支事业心强、业务精、奋进向上、立志为社会主义教育事业贡献毕生精力的又红又专的教师队伍。

2. 实行导师制。指导青年教师过好"教学关""群体关""劳动关",试用期满由导师提出可否转正的报告。新教师在试用期不担任教练工作,不派出学习、进修。

3. 教师的进修与提高,以学校内在职进修为主。教师特别是青年教师要利用好业余时间,加强政治理论学习、业务学习和外语学习。制订每学期的教师提高计划并增强其实效性。5年内派出10～15人脱产学习外语(期限一年),3～5人脱产学习专业理论(期限1～2年)。鼓励青年教师报考研究生、争取教师出国进修学习、工作机会。

4. 每年适当安排省内、国内、国外的专家学者来讲学。特别是对新学科、新理论、新经验的学习,采取请进来、派出去的办法,不断更新知识和提高教师的整体水平。

### (六)科研工作

1. 助教以上教师应从事科研工作。每年助教至少写出一篇论文,讲师以上职称写出两篇以上论文,其中至少有一篇在省级以上刊物上发表或在论文报告会上交流。

2. 科研项目立题后,需写出计划(设想)报体育部科研所审批,获批准后,可得到部、科研所的支持、督促、检查、指导,使之保证按期完成。

3. 自 1932 年起,每年有 1~3 个课题列入学校科研计划并获得学校拨给的科研经费。争取每年有 6~10 篇以上论文和科研成果在省级以上刊物发表或获奖。

4. 每年 11 月召开部科研报告会,请校内外有关领导、专家、学者参加指导,并领发当年科研基金(赖有才科研奖励基金)。体育部科研论文报告会材料一律打印,装订成论文集。

5. 新体育馆建成后,扩大资料室面积,配备专职资料员,资料室要有 20 个以上固定座位,全天对体育部教职工开放。资料员要对教学、群体、训练、科研等方面的文件进行整理和积累、保存。资料员按图书馆系列评定职称。

### (七)体育场馆池建设及管理

田径场跑道每年小翻一次、两年大翻一次,1993 年前田赛助跑道塑胶化。增设跳高海绵垫子,置防护罩,置高度,设远度揭示榜等。争取 1995 年前建成现代化主席台和正面看台,力争开辟第二田径场,1992 年先在原复华小学院内安置足球门。

1992 年前完成新体育馆内配套设备购置计划,1993 年新馆落成,配套设备力争置齐,管理人员也要按期配齐,并在此前进行外出参观学习和培训。

游泳池附属设备完成后,重新调整池内设备,并把池水净化工作提高到一个新水平。进一步完善场馆池管理办法和管理制度,进一步修订后勤职工岗位责任制。

## 哈尔滨工业大学体育教师规范(1985 年 10 月)

哈尔滨工业大学的体育教师应该是热爱党,热爱社会主义,热爱祖国,有理想、有道德、有文化、有纪律,锐意改革,勤学奋进,具有较全面专业知识技能,忠诚于体育事业的人民教师。因此,特制定教师规范。

### 一、加强政治理论学习,提高党员素质

1. 积极参加政治学习,不迟到,不早退,态度认真,结合自己的思想实际积极发言,不断提高自己的思想觉悟和政治素质,自觉抵制不健康思想。

2. 认真学习宣传党的各项政策,不做小道消息的传播者。

3. 自觉维护集体的安定团结,既要自重,也要尊重别人,开展批评与自我批评,不在背后议论同志。

4. 增强法制观念,自觉地遵纪守法。

## 二、忠于党的教育事业,努力提高个人业务水平

1. 努力提高业务水平、哈工大体育教师应该一专多能,除应熟练掌握大纲规定的教材,胜任各项教学外,还应至少在一个项目上,从理论到技术,从教练到裁判工作达到较高水准。

2. 为提高教学水平必须进行教学法研究和科学研究。副教授以上职称,每人每年至少写出一篇论文或立一项科研项目;讲师发表一篇论文;助教每人每年至少写出一篇论文或教法研究文章;见习助教一年见习期满时,必须写出一篇教学体会文章。论文的质量要求有一定的科学性、系统性、新颖性、实用性,有一定的学习借鉴、指导价值。

3. 认真备课是保证和提高教学质量的前提。备课以个人备课为主,集体备课为辅,集体备课主要规范示范动作和教法研究。教师必须认真钻研教材,研究教法,提倡"教师教一本书,须读十本书"的备课精神。

4. 制定和编写必备的教学文件是每一位教师应尽的职责。教师在每学期开始必须按照统一的教学计划,结合任课班级实际,制订教学进度表(保健课、女生课、研究生健身课亦同)。担任训练课的教师,则应按比赛任务制订出训练周期计划。上课前教师必须认真写好教案,并须在上课前一周交教研室主任审阅。教师无教案上课系违反教学纪律。

5. 教师必须密切联系实际,深入了解学生实际,要求接任新班3周内能叫出所教班级1/3学生的名字,8周内叫出全班学生名字及所住宿舍、房间号,学期结束能基本了解所教每个班级学生的学习、体质、思想品质、在班级的表现等情况,以便有的放矢地因材施教,做到教书育人。

## 三、重视身教,做学生的楷模

1. 教师必须在课前10分钟到场,由当堂课的主任教师分派场地、器材后,准备上课。凡不提前10分钟到场者,按迟到处理。凡不按当堂主任教师的分派,自行占用场地器材,以致影响该堂秩序者,视为违反教学纪律。主任教师对当堂迟到者及违反教学纪律者,有责任向教研室主任如实地写出书面报告。迟到者及违反教学纪律者,最迟应于次日向教研室主任递交书面检查材料。

2. 教师上课(包括训练课)必须着教学服装。服装要求整洁,注重教师仪表。男教师上课前必须刮胡子。

3. 教师因病、事假不能上课(包括训练课)最迟应于前一天上午向教研室主任请假。经批准后,向代课教师交代好进度、教案、点名册。未经批准私自找人代课、合课者及私自答应代课者,均属违反教学纪律,必须写出书面检查。

4.教师因公或因病、事假不能上课时,由教研室主任根据实际情况安排代课教师。教师不得以任何借口拒绝,拒绝者属于不履行教师职务,记入该教师考核档案。

5.凡漏课均属严重教学事故。漏课者须主动向教研室主任递交书面检查,教研室主任必须做好认定记载并及时向体育部主管领导汇报。

6.因组织措施不当或安全保护方法欠妥,以致在课堂内发生伤害事故,属教学事故。严重者属于严重教学事故,必须及时向当堂主任教师和教研室主任报告并负责医治。如属教师责任心不强而发生的伤害事故,则属教师失职,教师自负全部责任。

7.教师在上课(含训练课)所借用的器材,如有丢失、损坏时,按器材使用管理制度处理,并记入考核档案。

8.教师上课前(包括训练、课外辅导)不允许饮酒及食用葱、蒜等气味刺激性强的食品,课堂上不准吸烟,不准随意离开课堂。

9.教师上课时讲解应力求简明扼要,术语化。担任竞赛裁判时如发生争执时,应注意语言文明,态度和蔼。经正面教育、解释后仍不能解决时,提交教研室主任及有关领导处理。严禁争吵,否则无论情节如何,教师应负主要责任。

10.教师上课(包括训练课、课外辅导)应注意公共卫生,不得随地吐痰等。

11.教师要认真如实地填报周工作报表,并按时上交。

### 四、哈工大体育教师职责范围

全体教师应根据教研室主任的指令承担:
1.教学任务;
2.下系和学生课外活动的组织与辅导任务;
3.竞赛的组织与裁判任务;
4.校代表队的训练任务;
5.场地建设、修整任务;
6.体育部、室临时性任务;
7.编写教材、教法的任务;
8.体育科学研究的任务。

所完成的任务如实填写周工作报表,并于每星期一上午送交教研室主任。

教研室主任分派教师任务时,应慎重考虑教师的实际与可能,一经分派,教师不得以任何借口拒绝承担任务。经做工作仍拒绝承担者,属拒绝履行教师职责,记入教师业务档案并报主管上级。对教师的考核,评定等级分为优秀、称职、基本称职和不称职。教研室对教师应每年考核一次,作为聘岗、评职、评优、晋级的依据,并记入教师档案。

附 录

# 哈尔滨工业大学体育运动代表队训练工作规范(1987年10月10日)

哈工大各项体育代表队是在普及的基础上,提高专项运动技术水平的主要组织形式,是开展课外运动体育活动的重要方面。代表队的任务有:对内推动群众性体育活动的开展,积极参加校内组织的各项体育竞赛,并起到组织、骨干作用;对外代表学校参加省市以上的各项比赛,为更好地完成这一任务,特制定本规范。

## 一、加强组织管理

(一)认真学习和贯彻国家体委颁发的教练员、运动员两个守则。

(二)全面关心队员,重视他们的德、智、体全面发展。

1. 强调队员的表率作用,坚持入队条件。努力学习,各科成绩合格。作风正派,组织纪律较强,能自觉遵守学校和代表队的规章制度,有一定的专项运动水平。

2. 取得校学生工作部、团委会和各院、系、党团、行政组织的支持,切实做好思想教育工作,并定期与基层单位取得联系。

3. 建立队委会,发挥党、团员的骨干力量。树立集体荣誉感,培养良好的体育道德风尚,讲文明、有礼貌、团结互助。按时参加训练,在训练和比赛中严格要求,严格训练,听从临场指挥及服从裁判,尊重对方和观众,努力地完成训练和比赛任务。谦虚谨慎,不搞个人特殊,尤其在校内集体活动中,一定要起好模范带头作用。积极参加"达标"测试活动,要求各代表队全体队员达标成绩80%在良好以上。

4. 表扬先进队和成绩优秀的个人。对学习、思想、纪律好,成绩突出的队员根据学校有关规定,颁发优秀运动员荣誉奖。

5. 建立运动员定期体检制度。

6. 建立运动员档案。

## 二、完善训练工作制度,提高训练工作质量

(一)抓好代表队的组建工作。

1. 根据哈工大体育运动发展和比赛任务,建立以传统项目为主的运动队,并根据比赛任务确定几个重点队,对各队的建制人数,集体项目的和个人单项的任务、指标,都有明确规定。

2. 固定教练,制订训练计划,坚持业余训练每周训练两次,每次训练90分钟,比赛前集训队每周训练不超过四次。

(二)充分发挥教练员的积极作用。

1. 教练员要有事业心和责任感,认真负责、勤恳敬业地搞好训练工作,对训练工作成绩显著的同志,给予表扬和奖励。

2. 重视运动员的品质教育和作风培养。

3. 关心运动员的文化课学习,要及时了解运动员的文化课学习情况,发现问题要及时与任课教师联系,争取他们的帮助和辅导。

4. 教练员之间团结一致、协调配合,教练员与学生之间要密切配合、关系融洽,爱护学生。

5. 保证训练安全,防止伤害事故的发生。

6. 不断改进训练方法,提倡科学训练。

7. 强调"三严"。

严格训练:每次训练有计划、有重点,并做好记录。

严格要求:抓好基本功和专业技术训练。

严格考勤:每次训练认真点名,检查"达标"情况和期末体育成绩的评定。

(三)抓好对外比赛,保证竞赛任务的胜利完成。

(四)搞好一年一次的代表队的调整工作,减少兼项,避免个别队员因兼项过多而负担过重。

### 三、加强后勤保障工作

(一)进行爱党、爱国家、爱学校、爱集体、爱公物"五爱"教育,发扬艰苦朴素的精神。

(二)健全物资管理制度,严格管理、借还登记,定期归还,丢失赔偿。

(三)有计划地添置服装和器材设备。

(四)改进更新设施。

## 哈尔滨工业大学体育课堂教学管理规定(1989年7月)

课堂教学是体育教育的主要形式,是完成大纲所规定目的、任务的重要环节。为保证课堂效果,不断提高教学质量,特做如下规定。

### 一、安排教师的原则

体育部教研室根据教学任务和师资力量,统筹安排教学工作。教师应认真掌握教学大纲,合理安排教学环节。教师应与任课班级的班主任取得联系,深入班级。

1. 教授、副教授必须到教学第一线,成为教学的骨干力量,并指导与帮助中、青年教师完成教学任务。
2. 根据体育教学的实际情况,中、青年教师应成为教学的主要力量。
3. 应届毕业生接受教研室的工作任务,在指导教师的带领下,具有独立教学能力后方可任教。
4. 青年教师上理论课前,必须经过试讲,经指导教师确认、教研室主任批准后,方可上讲台。

## 二、任课教师必须达到下列要求

1. 课前认真备课,写好教案,并认真执行教案,按照规定接受教学组长和教研室主任检查。
2. 教师必须遵守作息时间,须在课前15分钟到场,做好场地、器材准备工作。不得提前下课或压堂。
3. 教师应合理地运用教法,努力提高教学质量,不断提高学生体质,培养学生运动能力。提倡开拓精神,提出改革措施,开创体育教育新局面。
4. 教师上课注意着装,不得穿非运动衣、裤、鞋或佩戴不适宜的装饰品上课。
5. 做到教书育人、为人师表,严格要求,殷勤教育。
6. 教师必须执行课表程序,不得擅自串课、代课,违者按教务处规定处理。
7. 发生教学事故必须向教学组组长和教研室主任报告,并写出事故经过,听候处理。

## 三、学生必须遵守体育教学的下列规定

1. 学生必须按照课表准时上课,迟到十五分钟以上者按旷课论处。
2. 体育课必须穿着适当的运动衣、鞋,除冰上课外,不得戴帽、手套。
3. 体育课旷课三次以上,缺课三分之一学时者,按"学校考试制度"处理。
4. 运动员(校代表队)免修体育课。
5. 学生因病请假,必须持医生诊断书,向任课老师报到,并加入见习行列(住院者除外),否则按旷课处理。
6. 慢性病患者可持医生诊断证明参加保健课。
7. 允许学生课后向任课老师提出意见或建议,营造良好的教学环境。

# 哈尔滨工业大学体育教学大纲检查办法(1989年7月)

为了更好地贯彻1985—1986学年新的教学大纲,不断推出改进新意见,制订检查办法如下。

## 一、阶段性检查

教学大纲以两学年为一循环,因此确定每两学年为一个阶段。

1. 检查办法

每学期为一小结阶段,每学年为一个年度总结检查阶段,两学年为教学大纲执行情况的全面检查总结阶段。

2. 检查形式

每学期以教学组为组织形式,在教师自我总结的基础上,对大纲进行检查。

每学年以教研室为整体检查形式,总结对大纲的执行情况,提出改进建议。

每一执行阶段结束后,由教研室报部行政汇总各学期、学年检查情况,提出改进方案,经集体讨论通过后,做出新的结论。

## 二、对实践与学生接受能力进行检查

1. 检查教师执行情况——教学质量检查。
2. 检查考试成绩——了解教学效果及教材的选用。
3. 掌握学生学习兴趣——了解学生的需求。
4. 听取学生反映——了解学生的意见和建议。

## 三、教师在实践中自查与体验

1. 执行情况。
2. 学生需求。
3. 社会需求。
4. 教学总结。

## 四、对比检查法

参观省内外兄弟院校,与之比较进行检查。
1. 社会需求与个人发展的需要。
2. 师资力量与教学实践。
3. 授课人数与教学实践。
4. 场地器材与实际需求。

# 哈尔滨工业大学体育部"九五"规划纲要(1995年12月)

"九五"期间是"211工程"在哈工大实施阶段,也是学校在上规模之后,各项工作上水平的重要时期。体育工作应适应学校发展的总体水平,也要上一个新台阶。体育部"九五"规划总的目标和指导思想是:团结调动一切积极因素,抓住机遇,乘势而上,为使哈工大体育工作达到全国重点高校一流水平而努力奋斗。

## 一、教学工作

1. 继续坚持"以落实教学为中心"的指导思想,体育部及教研室领导成员要牢固树立这一思想,并在实践中具体体现。

2. 深入教学改革,继续改革教学内容,使哈工大本科体育教学大纲符合《全国普通高校体育课程教学指导纲要》和《全民健身计划纲要》的指导思想,并具有哈工大教学特色。

3. 教学模式改革是体育教学改革中至关重要的改革,需要经过反复试验和总结。体育部坚持"双百"方针,鼓励试验和研究,并在"九五"期间制订出可行性方案。

4. 继续搞好教材建设,提高教材的质量和水平,"九五"期间编写出适合本校及普通高校使用的本、专科系列教材,并交出版社正式出版发行。

5. 继续坚持教学检查,"九五"期间要从教学常规检查进入到教学质量检查。定期对每位教师进行教学质量评估,以对教学进行阶段性的总体评价。

6. 充分发挥教研室和专项教研组的教研作用,以进一步搞好选项课和选修课。要及时掌握高校及全国一流重点高校体育教改的信息,不失时机地运用到哈工大教改中去。

7. "九五"期间在教学中要注重培养和提高学生的锻炼意识,加强锻炼的自觉性、主动性和积极性,养成每日坚持锻炼的良好习惯。

## 二、群体工作

　　1.有体育课的班级每周一次课和一次课外活动均列入学校安排的课表。
　　2.继续开展以提高《国家体育锻炼标准》（以下简称《锻标》）的通过率为中心的群体活动。"九五"期间全校《锻标》通过率平均稳定在90%以上。
　　3.进一步安排好各院系的群体活动，充分发挥下系教师的作用，开展各院系群体活动的评比工作，并在每年校运会上进行奖励。
　　4.群体活动逐步"俱乐部"化，要逐步建立起各个项目的俱乐部。俱乐部由学生自己组织管理，教师负责业务指导。
　　5.充分发挥学校场、馆、池的作用，提高其使用率，开展小型、多样、学生喜爱的各种体育活动。

## 三、训练工作

　　1.进一步加强校各代表队训练工作，完善主教练负责制，完成训练任务者奖，完不成者惩，直至更换教练。
　　2.哈工大代表队要在高校省、市级比赛60%以上的项目中保持冠军地位。
　　3.坚持每年在学校代表队中评选"十佳"运动员，并在优秀运动员中推荐免试攻读硕士研究生。
　　4.积极筹备以试办田径、篮球、乒乓球为主的高水平运动队工作，使哈工大运动水平再上一个新台阶。加强与全国高校之间的体育交往，扩大哈工大在国内外的影响。

## 四、运动竞赛工作

　　1.坚持在校内开展各种小型、多样的竞赛活动。
　　2.坚持搞好校内10项传统性、季节性的竞赛活动。重点搞好每年一次的校运会。
　　3.采取措施，制定政策，调动各院系参赛的积极性，增加参赛的队数和提高校内运动竞赛的水平。
　　4.群体活动是校内竞赛的基础，竞赛又促进和带动群体活动的开展，二者紧密结合又相辅相成，缺一不可。
　　5.以校内竞赛带动和促进学校体育场、馆、池的建设。

## 五、体育科研工作

1. 坚持每年一次部论文报告会。
2. 为增加论文数量和提高质量,各教研室对不同职称的教师提出不同要求,安排制订撰写论文计划,并督促检查,保证实施。
3. 加强各专项教研组集体攻关意识,每年搞1~2个有深度的课题研究。体育部将尽力协助组织和引导,提供物质方面的保证。
4. 建立"人体实验室",配备人体形态、机能测定及评价的实验设备,开展运动生理、运动医学、运动生物力学、运动生物化学等方面的研究。
5. 充实资料室,增购体育书籍和增订体育刊物,并以资料室为阵地,开展读书竞赛,形成良好学习风气。
6. 开展体育器材、设备等方面的科学研究。

## 六、体育场地设施的建设与管理

1. 充分发挥现有场、馆、池的作用,管好用好现有的体育设施。以学生使用为主,兼顾教职工的体育活动。在可能的情况下面向社会开放,为社会体育做贡献。
2. 尽快铺好训练馆地面,促使体育馆全面交工。
3. 改建第二体育场。
4. 改建第一体育场。建标准半圆式400米塑胶跑道田径场。铺标准草皮足球场。建四周高看台。建成功能齐全的现代化主席台。
5. 建标准游泳馆。
6. 体育场、馆、池的管理现代化。

## 七、师资队伍建设

1. "九五"期间在学生人数相对稳定的情况下,体育教师人数由现有的52人增加到60人。
2. 坚持教师每周一次集体备课和业务提高,不断提高教师的整体教学水平和教学质量。
3. 安排好教学研究和科学研究活动,提高教师的教研和科研能力。
4. 有计划地选派青年教师参加各种外语班的学习,提高教师的外语能力。
5. 安排教师参加计算机学习,提高青年教师操作计算机的水平。加强CI课件的研

究工作。

6.鼓励青年教师报考研究生班攻读硕士学位,争取在体育学院获得硕士学位。

7.对新分来的青年教师的指导工作由一年延至二年,使青年教师过好教学关。

8.到"九五"末,教师具有研究生(硕士)学历者8~10人,教授6~8人,副教授26~30人,讲师15~20人。建立一支有较高学术水平、职称梯队结构合理的教师队伍。

### 八、加强领导,加强团结,加强政治思想工作

1.坚持政治学习,坚持学习邓小平同志建设有中国特色社会主义理论,统一教职工的思想。

2.加强政治思想工作,使全体教职工牢固树立事业心和敬业精神。

3.加强团结,齐心协力,挖掘一切潜力,抓住学校实施"211工程"的机遇,乘势而上,在"九五"期间开创一个与学校发展相适应的体育工作新局面!

## 哈尔滨工业大学军体部2001年至2005年工作规划与目标(2000年12月20日)

随着形势发展、事业需要,军体部新一届领导班子在学校领导重视和同志们的大力支持下已顺利完成了新老交替工作,各教研室的班子也已调整到位,军体部党总支也相继成立。组织落实,干部队伍建全,这是军体部工作上水平的重要保证。

学校要创办世界知名高水平一流大学,体育工作必须抓住机遇、深化改革。新班子成员有信心以求真、务实、开拓、进取的精神,把军体部建设成国内高校一流的军体部。制定近五年内工作规划与目标。

### 一、抓住机遇、加强管理、促进发展

(一)军体部主要任务

1.按学校发展目标,做好体育部五年发展规划和阶段性规划,加强各项工作管理,提高教学质量,增强学生体质。

2.抓好学科建设、师资队伍和学术梯队建设。

3.健全规章制度,使体育部各项工作做到科学化、制度化和规范化。

(二)教研室主要任务

1.抓好教学常规和教学质量。

2. 提高教师业务水平、科研能力和整体素质。
3. 定期对教师进行全面综合考核与评估。

### (三)军体部的工作要遵循

工作坚持一严、二抓、三共管原则,即:严格教学管理和行政管理;抓教学质量,抓学生体质和教师队伍的建设;群策群力,齐抓共管,成立教学组、科研组、群体竞赛组、体优生管理组、体育设施管理组、开发管理组。派有经验的教师到全国重点高校学习、调研、交流,包括:体育学科建设、教学改革、师资队伍建设、学术梯队配备、高水平运动队训练以及群体竞赛工作管理等,使军体部整体工作管理水平和教学质量得到进一步提高。

## 二、制定目标、落实计划、全面实施

### (一)教学工作

1. 深化教学改革,加大管理力度,在原有选项课的基础上逐渐调整和增加选项课内容与时数,在改进教学环境和教学条件基础上逐步达到教学、管理等工作的统一。
2. 增加师资力量和扩大教学场地情况下开设三年级体育课,并且在教学方式上加以改革,使在校学生有更多的时间参加体育活动。
3. 继续抓好硕士研究生和博士研究生的体育课,争取增加学时数,丰富研究生体育锻炼的内容,进一步完善学校体育教育体系。
4. 体育课实行检查、指导、评估一体化,建立教研室主任、书记听课制度。抓好教师的备课与业务提高,遵守教学常规。每学期严格按教学质量评估的办法进行考核,竞争聘岗,并且对教师的教学工作实行奖励制度。
5. 规范体育课考试标准和考试制度,包括体育理论课的考试,不断提高体育课考试的权威性和成绩的真实性。
6. 2001—2005 年重新修订本科教学大纲和研究生教学大纲。

### (二)科研工作

1. 要以科研指导教学,在 2001—2003 年突破 200 篇论文,要在《体育学刊》《中国体育科技》《体育科学》《北京体育大学学报》《冰雪运动》等层次较高的刊物上发表论文。积极申报省、校两级科研项目,加强学术梯队建设,不断提高体育部教师学术水平。
2. 组织好一年一次部论文报告会,执行《哈工大军体部科研奖励制度》,发表的文章要进行专人登记,输入计算机。
3. 2002 年成立人体质量研究室,对在校生进行体质研究与监控,要投入一部分资金购买测试仪器,以科学的态度制定哈工大学生健康指标。
4. 2001 年建立计算机室,对军体部各项工作进行计算机管理,并建立军体部网页。在学校及全国范围内宣传和交流哈工大的体育教学、训练、竞赛、群体及学生的体质等情况。

### (三)群体竞赛工作

1. 建立各项竞赛制度,规范竞赛组织程序,培训裁判员队伍,提高校内竞赛水平。
2. 做好每年一次的院系群体工作先进单位评选工作,并且给先进单位一定的物质奖励。
3. 恢复和增加校区内学生宿舍前的体育活动点,添置活动器材,给全校师生提供锻炼场所。
4. 开展多种体育俱乐部活动,并加强宣传和管理,让更多的学生参加体育俱乐部的锻炼,使群体活动成为体育课的延续,实现课内外一体化。

### (四)代表队训练与体优生的管理

1. 切实抓好教练队伍的建设,派教练员外出培训、观摩,提高教练员的责任心和训练水平,并经常检查训练教案,抓好训练课的常规与质量。
2. 修订运动员、教练员奖金标准。配备各队运动员的服装备品,并制定标准,加强管理。
3. 抓好运动员梯队建设,拓宽体优生来源,严格把关,择优录取,运动员不求多但求精,要突出重点队。从2001年实行运动队定编,即球类项目报名比赛人数加2的比例,田径队另定。
4. 各运动队成绩,要在省内外名列前茅,田径队和篮球队在全国比赛中力争拿名次。
5. 执行学校制定的《哈尔滨工业大学高水平运动员学籍管理规定》,对运动员的学习、生活、训练、比赛、品德、行为进行全方位的管理。

### (五)体育设施的管理工作

1. 选派有创新、敬业精神,具有一定管理能力的同志,对现代化的体育场馆进行规范化管理。建立规章制度,提高场馆的使用率,面向全校师生开放。
2. 体育场馆必须保证教学、训练和群体活动,有计划地向全校师生开放,保证体育场所的卫生、安全。对于外来租用者,要制定合理收费标准。
3. 争取早日建成高质量的游泳馆和两个足球场,改善二校区的体育设施,改善和扩大体育活动场所。
4. 改装现有的冰场除冰雪扫雪机,提高工作效率,减轻工人负担,保证教学质量。

### (六)加强教师队伍的建设

1. 建立一支德才兼备,敬业爱岗,业务功底深厚的师资队伍。要重用年轻杰出人才,给他们压担子,对他们委以重任,做到人尽其才,使其有施展才能之地。
2. 提高教师的职称层次和学历结构,建立合理的学术梯队,努力培养学术骨干。5年内高职称老师达60%以上,具有研究生以上学历教师占30%。

## (七) 开发管理工作

1. 发挥现代化体育场馆的优势,完善管理机制,在不影响教学、训练、群体活动的情况下,引进大型比赛,办各种体育锻炼培训班、俱乐部,争创社会和经济两效益。

2. 要逐步改善教师的教学环境和办公条件,关心教职工生活,帮助他们解决一些实际问题,抓好教职工的福利工作,提高教职工的待遇。

3. 利用现有的师资力量和场地、器材,力争申办业余体校,建立大、中、小学体育培养人才基地,为高校培养人才,为社会服务。

## (八) 加强党建工作

1. 成立军体部党总支委员会,教研室建立党支部,发挥各级党组织的作用,发挥党政集体领导的作用,加强教师的凝聚力,保证体育各项工作的完成。

2. 加强对党员党性、理想、信念和全心全意为人民服务宗旨的教育,加强政治理论学习,落实党的各项方针政策,提高党员政治思想素质。

3. 加强党建工作,积极做好组织发展和培养党的积极分子工作,5 年内争取发展 5～6 名党员,壮大党员队伍,发挥党员先锋模范作用。

# 哈尔滨工业大学体育课教学常规(2000 年 3 月)

为贯彻执行党的教育方针,培养德、智、体全面发展的社会主义现代化建设合格人才,不断加强体育课教学管理工作,保证教学秩序、提高教学质量,依据《哈工大本科教学管理的规定》,结合体育课的要求,特制定如下教学规定。

## 一、体育课是传授体育知识、增进学生身体健康的主要教学环节

为保证教学质量,任课教师要认真钻研和掌握教学大纲,精选教材,合理实施教学计划。要深入班级,了解学生基础状况,因材施教。

## 二、安排任课教师的原则

1. 副教授以上职称的教师要到讲课第一线,保证每学期承担每周不少于 12 学时的课。

2. 任课教师一般应是助教职称以上教师。对于新教师开课,其本人必须经过指导教

师的辅导,经三次以上试讲审查合格,方能上课。

3.业务水平低,讲课质量差,学生意见大、反映强烈的教师,教研室要及时组织听课帮助改正教学,限期改过。确实不能保证教学质量的教师,教研室应及时采取措施,甚至换人。

4.凡经批准的任课教师,学期中教研室一般不得擅自换人、停课。遇有特殊情况,任课教师因公出差,经批准每学期不得超过一次,一次不得超过两周。

### 三、任课教师必须达到下列要求

1.教师必须按教学大纲的要求和教学内容,在开课前一周写出教案,交教研室主任审阅,教师无教案上课系违反教学纪律。

2.认真备课,以个人备课为主,集体备课为辅。教师必须认真钻研教材,结合学生实际研究教法,提倡"教师教一本书,须读十本书"的认真备课精神。

3.教师必须密切联系学生,深入了解学生实际,要求接任新班3周内能叫出1/3学生的名字,8周内叫出全班学生名字及所住宿舍房间号,学期结束能基本了解所任班级学生的学习、体质、思想品质等多方面情况,以便有的放矢、因材施教,做到教书育人。

4.教师必须在课前15分钟到场。穿整洁的运动服装,随身带好教案和口笛,课前5分钟教师亲自领取器材并认真检查场地,在上课指定地点做好课前准备,主动热情迎候学生。

5.教师必须按时上课,要和蔼、热情地向学生问好,认真点名,不得随意延长课时,要认真检查器材,亲自归还。

6.男教师上课前必须刮胡子,女教师不能戴首饰。教师在上课前不允许饮酒及食用葱、蒜等气味刺激性较强的食品。上课不准吸烟和随地吐痰。

7.教师上课时,讲解简明扼要,语言精练,声音洪亮,动作示范要准确、规范、优美。教师要仪表庄重,为人师表,讲文明礼貌,严禁对学生用粗俗语言和野蛮动作。

8.教师因故(病、事假)不能上课,应提前一天向教研室主任请假,经批准后,向代课教师交代好教学进度、教案点名册。不允许私自找人代课和私自答应代课,否则按违反教学纪律处理。

9.教研室主任根据实际情况安排的代课任务,属教师的职责范围,不得以任何理由拒绝,拒不接受者属不履行教师职责。

10.凡漏课者均属严重教学事故,教师应主动向教研室主任提交书面检查,教研室主任须做好事故认定记载并及时向部主管副主任汇报。

11.课堂因组织不当或安全保护方法欠妥,以致发生伤害事故,属教学事故,严重者属严重教学事故,必须及时向教研室主任报告,负责医治。如属教师责任心不强而发生的伤害事故,属教师失职,教师自负全部责任。

12.教师在上课所借用的器材如有丢失、损坏,按器材管理制度处理。

## 四、学生上课时必须做到

1. 学生必须按课表准时上课,上课时应穿着运动服、运动鞋。
2. 学生上课要衣着整洁合体,不能携带钢笔、小刀等质地坚硬的物品。
3. 学生应提前5分钟到场,上课时要统一整队集合,有礼貌地向教师问好。
4. 学生不得迟到和早退,迟到的学生需经教师同意方准入队。
5. 要服从领导,听从指挥,认真地参加完成课内的各项学习任务。
6. 学生非经请假不得无故旷课,无故旷课学期累计超过3次,或病、事假累计超过学期教学时数1/3者,取消其参加期末考试资格,待下学期重修体育课。
7. 要保持课堂的整洁卫生,禁止随地吐痰。
8. 要爱护体育设施和器材。

## 哈尔滨工业大学高水平运动员学籍管理规定(2000年4月10日)

根据国家教委(87)教学字008号文件,哈工大每年降分从普通高中招收一批水平较高的运动员。高水平运动员入校后,推动和促进了哈工大体育运动的开展。由于高水平运动员入学成绩较低,执行正常学籍管理有一定困难。为因材施教,使对运动员的学籍管理进一步规范化,特制定本规定。

1. 对哈工大体育运动有特殊贡献的获奥运会、世界锦标赛、世界杯赛前3名运动员和获亚运会、亚洲锦标赛、亚洲杯赛冠军的运动员,经校长办公会讨论通过可优先入学,在训练、比赛时可保留学籍,延长学制。由国家队退役后,可根据实际情况制订特殊的培养计划。
2. 高水平运动员在参加省教育厅组织的省、市大学生运动比赛和省体委组织省市运动比赛的备赛训练期间,本学期课程20%免试,免试科目成绩按"及格"记载。通过省、市大学生运动比赛获得出线权,参加国家运动比赛的运动员,参赛学期的课程再免试30%,免试科目成绩按"及格"记载。减免考试课程每学年不得超过本学年所学课程的50%。
3. 在省教育厅和省及哈尔滨市体委组织的比赛中,取得前8名的高水平运动员,如学习确有困难,须本人提出申请,经体育部领导核实,报教务部主管部长批准,4年期间课程可减免15%~20%的学分,减免科目成绩按"及格"记载。
4. 省级运动比赛单项获前8名的运动员和省级运动比赛集体前3名的主力运动员,毕业时未通过国家大学生四级外语考试,仍可授予学士学位。
5. 高水平运动员按上述规定学习仍有困难,必要时学制可延长1年。
6. 运动员因参加省市以上比赛不能按时参加正常考试,可免费参加本课程的缓、补考考试,成绩按正常考试记载。

7. 在校期间获"十佳运动员"称号,本科毕业生平均学习成绩在 75 分以上,按一定名额,经体育部、教务部共同商定人选,报请主管校长批准,可推荐免试研究生。

8. 以上规定只适用于学习态度端正,平时努力学习,仅由于基础较差或因训练、比赛使学习受到影响的学生。出现任何下列情况的高水平运动员不适于本规定,仍按《哈尔滨工业大学本科生学籍管理规定》执行。

(1)旷课,不努力学习。

(2)违反纪律,受到警告及警告以上处分。

(3)不遵守校运动队纪律,不积极参加训练或无故不参加正常比赛。

(4)在比赛中违纪。

# 哈尔滨工业大学军体部党总支委员会工作职责(2000 年 11 月)

根据《中国共产党普通高等学校基层组织工作条例》文件中的规定,结合哈工大体育部实际情况,制定党总支工作职责。

1. 党总支在上级党委的领导下开展工作,组织党员、群众进行政治学习,宣传党的路线、方针、政策和国家法律法规。坚定正确的政治方向,保证党和国家的方针、政策及学校的各项决定的贯彻执行。充分发挥党总支的政治核心作用,与行政部门共同负起本单位的改革、发展和稳定的重要责任。

2. 根据校党委的工作部署和体育部的工作目标,制定每年度的党总支工作要点。并督促和指导各党支部完成各项工作,发挥党组织的作用。

3. 积极支持体育部行政负责人在其职权范围内独立负责地开展工作,对体育部的教学、科研、群体竞赛和行政管理工作起到监督保障作用。

4. 加强党组织建设,对党员进行党性和"三个代表"思想的教育。严格党的组织生活,落实好"三会一课"制度,不断提高广大党员的政治素质,发挥党员的先锋模范作用。

5. 做好群众的思想政治工作,密切联系群众,经常听取和征求群众对党总支工作的意见和建议,开好民主生活会,及时把群众的意见反馈给主要负责人。

6. 认真做好组织发展和党的积极分子培养工作,要订出发展计划,对重点发展对象要指派专人培养,对一般申请入党的同志,要落实"结对子"方案,指定党员联络教育,积极、稳妥地做好申请入党同志的培养教育工作,不断补充党的新生力量。

7. 把党风建设和廉政建设纳入党总支工作议事日程,落实好体育部领导班子廉政建设措施,教育党员遵纪守法,使每个党员都能自觉按党员标准严格要求自己,弘扬正气,自觉抵制不正之风。

8. 加强对工会的领导,发挥工会组织的作用,树立为群众服务和维护群众基本权益意识,营造民主、和谐、宽松的氛围,促进体育部的民主化建设。

# 哈尔滨工业大学体育教师工作质量综合评估办法(2001年3月20日)

## 一、评估内容

1. 教学文件(20分)。
2. 教学常规(5分)。
3. 课堂质量(40分)。
4. 教学考勤(20分)。
5. 平时工作表现(5分)。
6. 科研工作(10分)。

## 二、评估细则

### (一)教学文件(20分)

| 序号 | 评价内容 | 权重 |
| --- | --- | --- |
| 1 | 按时上交教案,上课点名,课后有小结 | 5 |
| 2 | 任务明确,书写格式正确 | 4 |
| 3 | 依据大纲,符合进度 | 4 |
| 4 | 教学组织合理,教法手段多样 | 7 |

方法:由教研室考评小组评分。

### (二)教学常规(5分)

| 序号 | 评价内容 | 权重 |
| --- | --- | --- |
| 1 | 上课仪表庄重、文明礼貌,带教案,带口笛 | 1 |
| 2 | 按时上、下课,不随意离开课堂 | 3 |
| 3 | 提前到场,做好课前准备工作 | 1 |

方法:由教研室考评小组检查,教师相互监督。

## (三)课堂质量(40分)

1. 检查课(20分)

由各教研室考评小组,按军体部教学质量评价表内容对教师检查评估打分。

2. 同行评估(5分)

| 序 号 | 评价内容 | 权 重 |
|---|---|---|
| 1 | 业务水平,教学能力 | 2 |
| 2 | 敬业爱岗,工作态度 | 2 |
| 3 | 为人师表,遵守教学常规 | 1 |

方法:根据教师的教学表现,教研室教师相互打分。

3. 学生评价(15分)

| 序 号 | 评价内容 | 权 重 |
|---|---|---|
| 1 | 教师仪表,教态,责任心 | 5 |
| 2 | 教学水平,教学方法 | 6 |
| 3 | 为人师表,教书育人 | 4 |

方法:每学年末,由军体部组织若干人员向每班学生发放评教卡,给任课教师评分,平均分为最后得分。

## (四)教学考勤(20分)

教学考勤包括备课、提高、上课的出勤情况和填写学生成绩等。

1. 备课、提高,满勤为5分。每缺勤一次扣1分,每迟到或早退一次扣0.5分。
2. 填写学生成绩,满分为5分。每学期漏填一名学生成绩扣0.5分。
3. 教学的满勤为10分。病、事假,每缺课一次扣0.5分。如每学年缺课1/3以上者,本学年不予评估。

注:由军体部因公派出不视为缺勤;在备课、提高及教学中出现意外伤害的缺勤,由教研室酌情处理。

## (五)平时表现(5分)

平时表现5分,由各教研室考评小组按该学年的表现给予综合评定。

## (六)科研工作(10分)

教研室考评小组,根据本人填报科研情况一览表,经核查属实,按下表进行评分。

论文

| | 学会 | | | |
|---|---|---|---|---|
| | 国 际 | 一 级 | 二 级 | 校 内 |
| 第一作者 | 10 | 8 | 5 | 2 |
| 第二作者 | 8 | 5 | 3 | 1 |
| 第三以后 | 5 | 3 | | |

教材编著

| | 全国、省 | 校 内 |
|---|---|---|
| 主编 | 10 | 8 |
| 主审、副主编 | 8 | 5 |
| 参编 | 5 | 3 |

科研立项

| | 全 国 | 省 | 校 内 |
|---|---|---|---|
| 课题组组长 | 10 | 8 | 6 |
| 成员一 | 7 | 5 | 4 |
| 成员二 | 5 | 3 | 2 |
| 成员三 | 5 | 3 | 2 |
| 成员四 | 5 | 3 | 2 |

注：获省级二等奖以上加 2 分，获校级二等奖以上加 1 分。

## 三、奖惩

### (一)奖励办法

根据上述评估办法，计算出一学年教学工作综合评定总分。各教研室奖励优秀比例不超过 10%，奖金 500 元/人。其他等级按评估分数确定。

### (二)违反教学纪律的处理办法

1. 上课迟到或早退每次扣 2 分，并在教研室会上做书面检查，报军体部备案，一年累计三次，在军体部大会上做书面检查。

2. 擅自找他人代课、合课每次扣 5 分，在教研室会上做书面检查，每学年出现两次，在军体部大会上做书面检查。擅自为他人代课、合课同样处理。

3. 每学期旷课一次扣 20 分，属教学事故，在军体部大会上做书面检查。如一学年旷课两次,属严重教学事故,不予聘用,并上报学校。

4. 在教学中屡次出现教学事故或造成严重后果的停止其教学工作一年,直至调离教学岗位。

# 哈尔滨工业大学军体部"十一五"学科发展规划(2005年3月21日)

## 一、"十五"工作总结

### (一)"十五"的主要工作

体育教研室创建于1950年,1988年6月成立体育部。现有教职工82人,教师69人,其中教授6人,副教授36人,讲师23人,助教4人,党政管理干部3人,教辅人员10人。获硕士学位16人,在读硕士13人,在读博士2人,国际裁判1人,国家裁判9人。

军体部下设5个教研室,承担全校本科生及研究生的体育教学、课外体育锻炼、科研、训练、竞赛和大学生体质健康测试等工作。为贯彻《全国普通高等学校体育课程教学指导纲要》的精神,把"以人为本,健康第一"作为课程的指导思想,开设了一、二年级的体育必修课,三、四年级选修课和硕、博研究生的体育健身课。为了拓展体育课程内容,开设了球类、田径、健美、武术、季节课(滑冰、滑雪、游泳)和体育理论课等6大类24项选项课,并把运动训练课外活动纳入体育课程。在教学管理上研制了体育教学软件,实行了体育教学"一卡通"的微机化管理。

在科研工作上,有两项成果已通过黑龙江省科技厅专家鉴定,鉴定为国内首创,其中一项已获国家专利。近三年来在国家、省、学校课题立项20余项,专业教材10余本,每年发表论文60余篇,参加科研人数已达95%以上。

哈工大是教育部批准的培养高水平运动员的学校,田径队在2002—2003年两次获全国高校男子乙组团体第三名,并获省高校运动会14连冠。迟毅男同学800米以1′48″61成绩获全国专业组第一,史册同学获第二十届聋奥会乒乓球比赛三金一银的好成绩,男篮获省高校10连冠,并多次代表黑龙江省高校参加CUBA。目前学校运动员已有4人成为运动健将,21名成为一级运动员,对提高哈工大运动技术水平起到积极作用。

学生课外体育活动,已形成以晨练、体育俱乐部、体育协会和全校10项"三好杯"竞赛为主体的格局,对一、二年级实行课外锻炼打卡制,将考勤次数记入成绩。并结合"大学生体质健康标准测试"和"院系体育工作综合评比"等活动,丰富了校园体育文化,形成了哈工大独具特色的课内外互补的体育教育和体育锻炼体系。学生的体质健康标准合格率达94%。

为了发展社会体育,扩大哈工大的影响,先后接纳了全国篮球甲级联赛、足球乙级联赛、全国太极柔力球比赛、武术比赛等。2001年成功承办了世界女排大奖赛,为全国高校开创了举办国际大赛的先河。

半个世纪以来,按照国家的教育方针和学校总体建设目标,经几代体育教育工作者的艰苦创业和不懈的努力,军体部的各项工作得到了长足的进步和发展。哈工大荣获1988年、1996年、2000年教育部颁发的贯彻《学校体育工作条例》优秀学校称号,2003年被评为黑龙江省高校体育工作优秀单位,但按照学校建设的目标和与全国知名院校相比,体育学科建设和整体发展还有较大差距。

### (二)存在的主要问题

1. 学科建设滞后

军体部始终坚持以教学为中心,教学严谨,制度建全。在体育课程与教学改革方面做了大量工作,但在学科建设、师资队伍建设、学历层次和职称结构等方面与兄弟院校(如:清华大学、北京大学、浙江大学、上海交通大学等)相比还有一定的差距。目前全国有40多所普通高校设立硕士点,有的学校成立了体育科研所,有的学校派教师出国考察等。而哈工大体育硕士点今年刚刚申批,体育教师攻读硕士研究生从1988年开始,博士生从2002年开始培养。教授职称只有6人,占教师比例8%。高层次人才梯队的建设不足和不合理的职称比例,影响了体育学科的发展与建设,与学校建设一流大学的发展目标有一定差距。

2. 教学基础设施短缺

体育设施是学校体育的重要组成部分。根据教育部办公厅〔2004〕6号文件《普通高等学校体育场馆设施、器材配备目录》规定,两万学生以上规模、国家985工程的学校配备400米田径场4个,篮、排、网球场80个,体育馆座席不少于5 000个,游泳馆座席不少于600个,风雨操场2个等。目前哈工大尚未达标,一校区人多更显拥挤,这种体育场馆短缺的现象持续近5年,已经影响体育教学和全校师生的体育锻炼,体育场馆短缺的现象亟待解决。

3. 课程建设和课内外结合的开展欠缺

军体部全面贯彻落实《全国普通高等学校体育课程教学指导纲要》精神,在体育课程建设和教学管理上做了大量工作,已初见成效。但在确立体育的办学思想和确定课程建设的目标与实施过程中有一定差距,特色课程不突出,指标不明显,教法没有更多的突破,对优秀课程的确立和实施要加以完善。学生的课外体育锻炼已纳入体育课程,但还没有更好地发挥教师的专长和传统项目的优势,要利用现有的体育场馆,进一步开展有特色的课外体育活动,在实施晨练打卡时要讲究学生锻炼的实效,要加大力度宣传课外体育锻炼的意义,采取有效的措施,真正地使体育课内、外有机结合。

4. 师资队伍的素质有待优化

军体部的专业教师人数是全国高校中比较多的学校之一,师资队伍总体素质较好,但缺乏在国内具有影响力的名师,缺乏在学术领域中保持领先地位的学者和有影响的科研成果。中青年教师硕士化比例不高,大部分教师来自北京体育大学、哈尔滨师范大学、哈尔滨体育学院、东北师范大学等院校。教师们具有一定的体育技能和专业知识,但文化底蕴不足,学术水平有待提高。虽然这几年出版了一些教材,发表了不少论文,但在全国及全省范围内有影响的较少,对体育与其他学科交叉领域中的知识掌握不够,承担全国性大的科研课题有一定的难度。所以师资队伍素质制约着体育学科发展和教学总体水平的提高。

### (三)分析原因

**1. 缺乏长期发展规划**

由于历史的原因,军体部的发展规划定位和具体发展目标只能随学校的发展而制订,没有更好地制订长远的发展规划,因此不能形成有效的可持续性的成果,对体育课的目标、学生体质健康标准、师资队伍建设、学科发展等还没有比较完善的、可操作的指标和措施。当务之急就是要整合学科的结构,制定切实可行的长期发展目标和实施步骤。

**2. 缺乏足够的体育教学改革新理念**

军体部的教学管理和教学质量由于长期没有摆脱旧的教学模式,对新的教学理念接受较慢,教师教学工作量较大,对兄弟院校的教学改革、教学模式探讨交流少,没有更好地总结教学中的特色,满足于现状。虽然近几年在课程建设中注重教学改革与管理,并且有一定措施,但有些方面没有更好地起到重点院校和黑龙江省龙头学校的作用,也影响了学科的发展。

**3. 忽视对师资队伍的素质建设**

教师不但应具有较高的业务水平,还应具备良好的思想道德品质,长期以来培养教学名师和提高科研水平的整体计划与目标不完善,而且在管理方式和分配制度上造成队伍的惰性。因此,应该加强教职工职业道德教育,同时通过建立有效的制度和措施提高教师各方面素质和活力。

**4. 体育场馆建设滞后**

体育场馆设施是教学的基础,因学校地域面积受限、基建计划落实缓慢,加之近几年来学生增加而体育场馆未增,导致学校长期以来场馆设施不足,影响了体育课程建设的进程和教学改革的力度,影响了教学和师生的锻炼,对体育学科整体发展和各项制度、规划的落实都带来许多不利的因素。

## 二、"十一五"体育学科发展总体目标

根据学校创办世界一流大学的目标定位,体育教育要以增强学生体质健康为宗旨,实现体育教育向主体化、个性化、社会化、健身娱乐化方向发展。通过体育教学使学生学习健身方法,掌握运动技能,养成锻炼习惯,终身受益。以教学、科研、群体、训练、竞赛为基本手段,构建体育教学新体系、新模式,使哈工大体育教学向着"国内一流的大学体育"目标发展。

### (一)确立办学思想与课程建设的基本思路

军体部全面贯彻国家教育方针,以《全国普通高等学校体育课程教学指导纲要》的精神为指导思想,树立"以人为本、健康第一"的理念。加强课程建设,以教材建设为龙头,以教法研究为切入点,以教学管理科学化为手段,以增强学生体质和提高健康水平为核心,以加强师资队伍建设、提高教师全面素质为重点,深化教学改革,提高教学质量。坚持高校体育培养人才、发展学科、服务社会的发展方向,最终达到健康育人的总目标。

### (二)体育教学的目标

体育课程是学生以身体锻炼为主要手段,通过合理的体育教育、科学的体育锻炼和体育技能的学习达到增强体质、增进健康和提高素质的目的。通过体育教学使学生达到运动参与、自主、习惯的目标;熟练掌握两项以上的运动技能和健身方法的目标;掌握有效提高身体素质和评价体质健康的目标;改善心理状态,养成乐观的生活态度;有良好的体育道德和合作精神的社会适应目标。

### (三)整合课程结构,优化课程内容与组织教法

为了实现教学目标,更新课程建设理念,构建体育与健康课程新体系,不仅要依托学校现有的体育资源,还要积极探索学校周边、社会、体育资源的利用,既要注重课堂教学,又要面向社会。要把有目的、有计划、有组织的课外体育锻炼、校外活动、运动训练等纳入体育课程,形成课内外结合和多元化的课程结构。在教学方法上,扭转以运动技术传授为中心的旧内容体系,以人为本,淡化竞技,注重健身,增强体育意识,发展个性,培养体育能力。逐步实行"三自"教学法,给学生自主学习的空间,通过师生课堂教学互动,培养学生的兴趣、爱好,营造生动、活泼、和谐、友善的教学氛围。

### (四)加强军体部整体建设与全面发展

学校体育工作要把体育教学、运动训练、群体活动、运动竞赛、体育科研、师资队伍建设、体育场馆建设和素质教育等结合起来,构成学校体育教育的系统工程。目前体育课程建设已完成了本科生和研究生教材的编写,逐步向教学科学化管理发展。进一步提高教师的实践课和理论课的教学水平,制作理论课课件,实行多媒体教学。加强运动队的管理和科学化训练,招收高水平运动员,提高运动队的整体技术水平。开展各种群体活动,采用多种竞赛方式,活跃校内体育文化。要提高科研水平,提升学科层次,多出成果,建立科研育人的平台。积极培养体育名师和教学带头人,建立教师业务培训和职后教育计划。从学科发展和学生健康出发,规划体育运动场馆设施,使每一校区都配备一场、一馆、一池、一室等齐全的设施,加强体育场馆的管理,发挥其多功能的作用,使学校体育工作和整体水平得到全面发展。

## 三、"十一五"体育学科发展的内容与举措

### (一)实现体育教育目标,搭建教学平台

为了实现这个目标,认真贯彻教育部颁发的《全国普通高等学校体育课程教学指导纲要》精神,加强课程建设,搭建教学平台,要坚持以教学改革为动力,转变教育观念,构建新的教学体系,深化教学改革,以课程内容、课程结构、课程评价和教学管理为重点,进一步深入研究与实践,积极地做好申报国家、省、校级优秀课程的工作。

1. 课程内容

体育课的内容应体现健身性,把"健康第一"作为课程内容的基本出发点,同时要有选择性、实效性、新颖性和可接受性,满足不同学生、不同兴趣、不同身体条件学生的需要,使他们既能学习健身的技能与方法,又能体验运动乐趣,培养体育锻炼的能力,达到共同健康的目的。由于哈工大学生多,体育场馆设施不足,许多学生选不到自己的项目,因此急需增加体育场馆的面积,要借助社会资源,拓宽课程内容,利用大自然的条件增加游泳、野外生存、滑雪等学生喜欢、又能提高学生适应社会环境能力的课程,以达到体育课的教学目的。

2. 课程的结构

要把体育课程教育、校园体育文化教育、高水平运动队训练教育融为新的课程结构,开设选项课、选修课、体育康复保健课、季节课等多元化课程,有计划地开展校内竞赛和小型多样的院系体育活动,开辟太极拳、健美操锻炼的辅导站,营造校园体育锻炼的氛围,实现体育课内外一体化。

3. 课程评价

构建科学合理的综合评价体系,真正发挥评价对学生的激励作用和评价功能,不能只单纯强调运动技术结果的评价,而要注重学生学习效果和过程的评价,如体能、运动技能、学习态度、行为、交往与合作精神等,把学生进步的程度纳入评价内容,所以要整合体育课评分内容与标准,进一步完善课程评价的方法和指标。

为加强对教师的教学过程和质量的评价,军体部 2000 年制订了《哈工大军体教师工作质量综合评估办法》,评估内容包括:教学文件(20 分),教学常规(5 分),课堂质量(40 分),教学考勤(20 分),平时表现(5 分),科研(10 分)。在实施过程中由教研室主任、副主任、支部书记组成评估小组,把上述 6 项分数累计起来排列名次。评估结果与聘岗、评职、评优等挂钩。通过评估激励教师的教学责任心,有助于提高教学质量。

4. 教学管理

教学管理是实现课程目标的一项重要措施,要进一步建立和完善教学工作规范,管理包括:体育课教学常规、教学质量评估、集体备课、课前审批教案、理论课考试等。为了提高教学管理水平,2002 年体育部和上海金教电子有限公司共同研制了体育教学管理软件,软件的功能是:便于学生网上选课;记录体育课的成绩、学生体质健康标准测试的数

据和课外体育锻炼出勤情况等;通过感应卡和智能手持机将有关的成绩和测试、考勤数据储存,经无线传导系统直接输入电脑软件中,使学生可在网上随时查询自己测得的成绩。体育教学管理软件减少了多年来教学管理上的诸多环节,实现了体育教学"一卡通"的管理,使哈工大体育教学管理水平达到全国领先的水平。

### (二)实行课内外相结合

实行课内外相结合,是加强课程建设和增强学生体质的一种行之有效的手段。为了达到这个目的,体育部广泛开展群众性体育运动,每年以校内10项"三好杯"竞赛、体育俱乐部、体育协会、晨练为主要内容,开辟健身广角,增加学校体育人口,进一步抓好各院系体育工作综合评比和"大学生体质健康标准"测试等工作,丰富校园体育文化,使学生学习健身的技能和方法,养成锻炼的习惯。

### (三)建立体育学科的硕士点

发展体育教育,提升学科层次,成立硕士点不仅是一个标志,而且对师资建设、学术研究都具有重要意义。尤其是像哈工大这样具有一定规模和影响的学校,不能只满足于体育教学,应该在学科建设上有自己的特色和创新。为此,要在基础教学上整合、研究和确定学科的发展方向,建立和做好硕士点的招生和培养工作。同时对体育人文社会学、健身运动原理与方法和体育产业经营管理等进行研究。要发挥体育的优势,挖掘各方潜力,培养体育教育的优秀人才和提高中青年师资队伍的质量,争取到2010年确立两个以上专业研究方向。

### (四)成立体育科学研究所

体育科学研究所是研究体育教育领域中提高学科水平和成果的一个研究基地,起到促进学校的体育教学、科学研究和社会服务的作用。体育科学研究所工作的基本内容主要有3个方面。

1. 提高教师的科研水平,积极申报国家、省、校级的科研课题,发表高质量的论文,提高教师的学术水平,开展各种形式的科研活动,使更多的教师参加科研工作,到2010年完成国家级课题2～3项、省级课题3～4项、校级课题4～5项、出版教材5～6部,每年发表论文60余篇。

2. 加强对大学生体质的研究,通过跟踪调查找出哈工大学生体质的不足,制订发展学生体质的计划和锻炼身体的有效项目和方法,提高大学生体质健康水平,使哈工大学生体质健康合格率保持在99%。

3. 为高水平运动员科学训练制订合理的训练计划,有效提高运动成绩。

### (五)加强师资队伍建设,培养学科带头人

体育学科要建设与发展,关键要形成一支实力雄厚、结构合理、凝聚力强的学术队伍,所以师资队伍建设是当前军体部工作重点之一。根据军体部学科发展的需要,制订以下计划。

1. 培养体育教学带头人和体育名师

这是建设国内一流的军体部和一流的教学质量的需要,也是学科建设与发展的一个有力支撑点。为了实现培养教学带头人和体育名师的目标,军体部将在近2~3年内,派出部分有一定教学经验和体育理论水平、学术造诣较深的中青年教师,脱产半年或一年到名校进修博士和硕士课程;鼓励学科骨干撰写和出版高质量的著作;提高高职称教师的比例,到2010年培养出3~4个教学带头人,建立一个和谐的教学和学术研究团体。

2. 引进体育学科带头人和学术骨干

为了加强军体部的学科研究,满足学科发展的需要,引进科研和学术造诣深厚、功底扎实、具有高职称的优秀人才,同时引进北京体育大学等学校毕业的博士生和硕士生,从事体质研究、具有学校体育教育相关专业知识和有实践经验的专业人才,改善和提高军体部教师整体学术水平。

3. 加强学科梯队的培养

有计划地培养有潜力的优秀中青年骨干教师和学科带头人,形成一个合理的梯队结构,继续选派青年教师攻读硕士和博士学位,并提供科研经费资助。争取到2010年军体部硕士以上学位教师达45%,同时加强在岗教师的业务提高,积极参加全国及省内的学术交流和体育专业培训班,从不同方面提高教师学历层次和教学水平。

4. 实行岗位聘任,建立竞争机制

为了加强体育学科的发展,促进教学研究,提高教学、训练、科研的整体水平。军体部按教学与研究方向来设定教授、副教授、讲师、助教的岗位,教师可根据自己的研究方向、岗位职责申报职称和相应岗位。教学和科研水平、能力、质量以及改革创新成绩显著的符合岗位职责者予以聘任,否则不予聘任。通过聘任形成一个激励机制,提升学科的水平,同时促进教师队伍质量的提高。具体教学与研究方向:田径教学与研究;篮、排、足球教学与研究;冰雪、游泳教学与研究;乒乓、羽毛、网球教学与研究;健美、健美操、武术教学与研究;体育理论与体质研究。计划到2010年,体育部教授总数达10人、副教授达40人、讲师22人。

(六)实行科学化训练,培养国家级运动员

运动训练是学校体育教育的一部分,也是学科建设的内容。根据教育部大体协提出的从2005年开始在高校大学生中组队参加世界大学生运动会的构想,建设高水平运动队。目前哈工大虽然具有国家一流的运动健将和参加过特定组别的国际比赛的运动员,但这还不够,我们的目标是瞄准世界大学生运动会,培养更多更高水平的参赛运动员。

1. 优化组合教练员队伍,加强科学训练理论知识学习和科学训练方法的应用。积极参加全国教练员学习班,引进优秀教练员,增强教练员的责任心,提高科学训练水平。

2. 整合运动队项目的结构,坚持有所为有所不为的原则。有优势的、起点高的运动项目,提高招收高水平运动员的层次。在近3年内培养出7~8名运动健将,参加全国和世界大学生比赛,争取在2009年世界大学生冬季运动会上有1~2人参赛。在2010年前田径队达到全国高校前三名,其他各运动队接近全国高校前六名的水平。

3. 加强运动队的管理与建设,进一步落实《哈尔滨工业大学高水平运动员学籍管理规定》,做好运动员的招生、测试、文化课学习、保送研究生、训练比赛等工作,制定有利于高水平运动员培养的政策。继续对运动队实行班主任和领队负责制,与入学的运动员签订《体育特长生管理协议》,并采用半天学习半天训练的方式,督促他们自觉刻苦训练,不断提高运动技术水平,为校争光。

4.加强对重点运动队的投入,建立运动训练实验室,配备理疗仪器、训练器材、运动服装备品,提高优秀运动员的训练补助标准和奖金。

(七)改善体育场馆设施

体育场馆设施的建设,是促进学科发展的重要基础。哈工大体育场馆具有一定的质量,但数量不足。为了提高体育场馆设施的数量,满足教学和师生锻炼,到2010年哈工大应建成设备齐全、结构合理、规模相当的国内一流设施的体育场馆,使体育场面积达到生均5.6平方米。

1.修建一座游泳馆(50米×25米)。
2.修建两块有人工草皮的足球场。
3.修建一座两层以上结构的室内风雨操场。
4.开辟健身区域,增加室外健身锻炼器械。
5.建立一座"健身锻炼长廊",为学生提供锻炼场所。
6.重铺一校区田径场的塑胶跑道。

以上是军体部根据学校建设世界一流大学的目标,为促进体育教育、加强课程建设、增强学生体质,制订的"十一五"军体部学科发展规划。

# 哈尔滨工业大学军体部"十一五"岗位设置方案(2005年11月6日)

学校根据人员聘用制度工作提出立足现实、面向未来、与时俱进、竞争纳贤、依法管理的指导思想和按需设岗、公开招聘、平等竞争、择优聘用、严格考核、合同管理的原则。针对军体部的工作发展规划,制定5年学科发展业绩点和目标,并按学校人事改革岗位聘用制度,严肃认真,公开透明,根据实际设置各岗位人员及承担的工作量等,建立激励机制,促进学科师资队伍的发展。军体部"十一五"岗位设置方案如下。

## 一、军体部体育教师、行政、教辅人员基本状况及承担的任务

(一)在编人员数　82人

1.教学人员:69人。
2.资料管理人员:1人。

3. 党政管理人员:2人。

4. 工勤人员:10人。

(二)体育教师承载的任务(以2005年设工作量为准)

1. 体育教学工作量

本科生体育课(选项课):16 200学时/学年。

本科生体育选修课:开设7项课程1 260学时/学年。

小计为17 460学时。

研究生教学:18周3 600学时/学年。博士生:12周480学时/学年。

小计为4 080学时/学年。

运动队训练课:田径队5名教练、篮球3名教练、排球2名教练、乒乓球1名教练、速滑1名教练,共计12名教练员。

小计为4 448学时/学年。

2. 校内运动竞赛

(1)田径运动会:876学时。

(2)冰上运动会:108学时。

(3)乒乓球赛:108学时。

(4)环校长跑接力赛:42学时。

(5)篮球赛:男子448学时,女子48学时。

(6)排球赛:男子224学时,女子48。

(7)足球赛:280学时。

(8)健美操:80学时

(9)新生运动会:128学时。

(10)羽毛球赛会:64学时。

小计为2 454学时/学年。

3. 群体工作

教师下院(系)辅导体育工作:204学时/学年。

课外锻炼(晨练打卡):1 440学时/学年。

《大学生体质健康标准》测试:本科学生四个年级(20 000人)每年测试一次,1 332学时/学年。

群体工作量小计:2 976学时/学年。

4. 集体备课和提高

备课:主讲10项160学时/学年;季节课备课(身体素质,冰上)36学时。

业务提高:3人主讲,120学时。

小计为316学时/学年。

5. 党政管理人员工作量

负责军体部行政、后勤工作和部党总支的党务工作(1人)。

负责军体部固定资产登记上报,部分体育器材、设备购买,工勤人员的劳保领、发工作等(1人)。

6. 资料室管理(1人)

负责资料室图书、报纸、杂志的订阅、管理,收发文件,文档整理保存,劳动工资及人事管理,财务报销兼管计划生育等。

7. 工勤人员(10人)

负责两校区体育场、馆的管理、开放、维修、保洁等工作。两个校区场馆不在计划内的临时工有12名,负责清扫、值班等工作。

## 二、体育教学2010年年底前预期承担任务

### (一)教学工作量

1. 本科选项课、选修课:同2005年,共17 460学时/学年(学校本科招生人数不增情况下)。
2. 运动训练课:田径队教练员在原5人的基础上再增加1名,增加教学时数为4 600学时。
3. 研究生教学:
(1)硕士生体育课增加5个班为3 780学时/学年。
(2)博士生体育课增加5个班为600学时/学年。
(3)体育硕士点课:2007年招收培养研究生,工作量待设。

### (二)科研工作

1. 每年发表论文50~60篇。
2. 出版教材4本。
3. 科研立项:完成国家级项目2~3项、省级项目6~8项、校级项目10项。
4. 成立体育科研所和体质研究室。

### (三)校内运动竞赛工作量

同2005年,共2 454学时/学年。

### (四)群体工作

在2005年的工作量基础上增加研究生体育俱乐部(协会),辅导项目为乒乓球、足球、网球、篮球、排球、太极拳等6项,工作量为720学时。

### (五)教师集体备课和业务提高

同2005年,共316学时/学年。

## (六)资料室管理人员工作

资料室管理人员1人,负责收发文件、订报纸杂志等。

## (七)党政管理人员

原有2人,因工作需要调入1人,共3人。

## (八)工勤人员

1. 二校区体育馆:更夫2人、清扫工3人、管理人员1人。
2. 游泳馆:更夫2人、清扫工3人、管理人员1人、水处理工1人。
3. 教学主楼地下乒、羽球馆:更夫2人、清扫工3人、管理人员1人。

**2005年体育教学工作量核算**

| 序号 | 工作内容 | 学时/学年 | 小计学时 |
|---|---|---|---|
| 1 | 本科生选项课 | 16 200 | 21 540 |
| 1 | 本科生选修课 | 1 260 | 21 540 |
| 1 | 研究生(硕、博)课 | 4 080 | 21 540 |
| 2 | 校运动队训练课 | 4 448 | 4 448 |
| 3 | 校内各项竞赛 | 2 454 | 5 746 |
| 4 | 群体:课外打卡、体测、下系辅导 | 2 976 | 5 746 |
| 5 | 教师集体育课,业务提高 | 316 | 5 746 |
| 合计 | | | 31 734 学时/学年<br>人均 446.96 学时/学年 |

**2010年底前教学工作量预算**

| 序号 | 工作内容 | 学时/学年 | 小计学时 |
|---|---|---|---|
| 1 | 本科生选项课 | 16 200 | 21 840 |
| 1 | 本科生选修课 | 1 260 | 21 840 |
| 1 | 研究生(硕、博)体育体课 | 4 380 | 21 840 |
| 1 | 体育硕士点课 | 待设 | 21 840 |
| 2 | 校运动队训练课 | 4 600 | 4 600 |
| 3 | 科研:论文50~60篇/年,出版教材4本<br>项目:国家级2~3项、省级6~8项、校级10项 | | |

续表

| 序号 | 工作内容 | 学时/学年 | 小计学时 |
|---|---|---|---|
| 4 | 校内各项竞赛 | 2 454 | 6 466 |
| | 群体:晨练、体测、下系辅导 | 2 976 | |
| | 研究生体育协会辅导 | 720 | |
| | 教师集体备课、业务提高 | 316 | |
| 合计 | | | 32 906学时/学年<br>人均463.46学时/学年 |

## 三、体育教学岗位设置

### (一)教学科研岗位

体育教师为69人,承担本科生和研究生教学、校运动队训练、校内竞赛、学生课外群体活动、教师集体备课提高等工作。按每年完成的工作计算教师每周承担的工作量。

| 年度 | 教学工作量(学时) | | | | 教师工作量(学时) | | | | 人均总学时/周 | 人均总学时/年 |
|---|---|---|---|---|---|---|---|---|---|---|
| | 本科教学 | 研究生教学 | 代表队训练 | 人均/周 | 校内竞赛 | 群体 | 备课提高 | 人均/周 | | |
| 2005 | 17 460 | 4 080 | 4 448 | 12.2 | 2 454 | 2 976 | 316 | 2.7 | 14.9 | 446.96 |
| 2006 | 17 460 | 4 080 | 4 600 | 12.4 | 2 454 | 3 696 | 316 | 3.0 | 15.4 | 463.96 |
| 2007 | 17 460 | 4 380 | 4 600 | 12.4 | 2 454 | 3 696 | 316 | 3.0 | 15.4 | 463.96 |
| 2008 | 17 460 | 4 380 | 4 600 | 12.4 | 2 454 | 3 696 | 316 | 3.0 | 15.4 | 463.96 |
| 2009 | 17 460 | 4 380 | 4 600 | 12.4 | 2 454 | 3 696 | 316 | 3.0 | 15.4 | 463.96 |
| 2010 | 17 460 | 4 380 | 4 600 | 12.4 | 2 454 | 3 696 | 316 | 3.0 | 15.4 | 463.96 |

注:2006年一校区新教学主楼地下室体育馆建成后,硕、博生的体育健身课各增加5个班300学时。

加强校田径队的训练,增加一名教练员152学时。

2006年研究生体育俱乐部成立,体育教师的辅导工作量增加至720学时。

### (二)2005—2010年体育教师岗位设置情况及各岗位人数

为加强体育学科的发展,促进教学研究,提高整体的教学、训练、科研水平,根据军体部"十一五"学科发展规划及体育教师承担的实际工作设置岗位。教师岗位按教学与研究方向来设岗,分别为:田径教学与研究,篮、排、足球教学与研究,冰雪、游泳教学与研究,乒乓球、羽毛球、网球教学与研究,健美、健美操、武术教学与研究,体育理论与体质研究。

教授岗位中包括引进人才1人。

2005—2010年各岗位增加人数见下表。

**2005—2010年各岗位人数明细**

| 年度 | 教授 | 副教授 | 讲师 | 助教 | 各岗位人数 |
|---|---|---|---|---|---|
| 2005年 | 6 | 36 | 23 | 4 | 69 |
| 2006年 | 7 | 36 | 23 | 3 | 69 |
| 2007年 | 8 | 37 | 24 | 1 | 70 |
| 2008年 | 9 | 37 | 24 | 0 | 70 |
| 2009年 | 10 | 37 | 23 | 0 | 70 |
| 2010年 | 10 | 38 | 22 | 0 | 70 |

注：每人可根据各项的教学研究方向及岗位的职责、聘任条件申报岗位。

### (三)其他岗位设置及人数

**根据各岗位的职责和工作量的增加来设置各岗位的人数**

| | 2005 | 2006 | 2007 | 2008 | 2009 | 2010 |
|---|---|---|---|---|---|---|
| 党政管理干部 | 3 | 3 | 3 | 3 | 3 | 3 |
| 工勤人员 | 10 | 12 | 12 | 13 | 13 | 13 |

注：原两个校区场馆有12名临时工，2006年因二校区体育馆和一校区的教学主楼地下室体育馆均建成，还需10名临时工，再加上游泳馆需要6名临时工，共需增加16名临时工。两个校区体育场馆到2010年前临时工共28人。

2006—2010年共增加3名计划内的体育场馆管理人员。

## 四、各岗位聘任条件及岗位职责

### (一)教学科研岗位聘任条件及岗位职责

1.体育学科带头人聘任条件及岗位职责

(1)聘任条件。

①把握学科发展方向，有同行公认的某个研究方向的学术建树。

②取得一定的教学科研成果，发表若干篇高水平的学术论文。

③主持完成省部级重点科研项目的研究工作。

④教学工作量饱满，教学效果优秀。

(2)岗位职责。

①协助、配合军体部做好学科发展规划制订及实施工作。

②配合军体部做好学科梯队建设,在任期间要在培养青年学术骨干方面取得一定显著的成果。

③配合军体部做好教学、科研、场馆设计等督导工作。

④主持和指导省部级科研课题的研究工作,每年在核心刊物上发表学术论文2篇以上。

⑤完成军体部安排的研究生教学任务,教学质量评价效果达到优秀标准。

⑥一年至少举行一次有关学科建设方面的讲座。

2.**教授聘任条件及岗位职责**

(1)聘任条件。

①教学工作量饱满,教学效果优秀。

②在省内外高校体育学科同行中有一定的学术影响。

③主持体育某一个项目的教学与科研的研究方向,有独到的见解,取得一定成果。

④协助、配合军体部完成课程建设和学科建设任务。

⑤新晋升或聘任的教授,必须有国内、省内同行公认的或显著的成绩,有标志性的重要研究成果(论文、专著或教材),教学工作量饱满,效果优秀。

(2)岗位职责。

①协助、配合军体部完成学科建设及对青年学术骨干的培养任务。

②在主攻项目教学与研究方向上,掌握前沿的发展动态,有一定的研究能力,结合教学训练实际,发表研究成果。

③完成军体部下达的学期教学任务,任课达6次/周课,教学质量评估达到优秀标准。

④承担省市级或校内科研课题,结合本研究方向每年在核心刊物上发表论文2篇以上。

⑤每年主持、指导1~2次本项目的教学实践、科学训练以及竞赛裁判等方面的学术研讨活动。

3.**副教授聘任条件及岗位职责**

(1)聘任条件。

①是校内体育学科教学、科研骨干,有较高水平的教学研究成果,在校际有一定影响力。

②有一定教学经验和能力,承担本科生、研究生教学任务,工作量饱满,教学效果优良。

③具备一定科学研究能力,在某一运动项目的教学与科研方向上有自己见解和研究成果。

④编撰一部公开发行的教材或著作。

⑤晋升或聘任的副教授应有有影响的学术论文或教材,或者在教学改革、教学研究、教学效果及教书育人方面业绩突出,教学工作量饱满,教学效果优良。

(2)岗位职责。

①每学期承担本科生或研究生教学任务,任课达 7 次/周课,教学质量评估达到优良标准。

②在本主攻项目教学与研究方向上,做好理论与实践方面的探讨,每年作为第一或第二作者发表在核心刊物上的学术论文 1～2 篇。

③协助、配合军体部抓好课程建设、教学评价及管理等工作。

④在教学各环节中指导 1～2 名青年教师,指导院系群体竞赛工作。

4. 讲师聘任条件及岗位职责

(1)聘任条件。

①是军体部教学、科研骨干,某一项目基本技术扎实,理论较系统,具有可持续发展的功底。

②承担本科生或研究生教学任务。

③具备指导校内群体、竞赛能力。

④协助或参与体育教学改革实践和教材编写任务。

(2)岗位职责。

①每学期承担本科生或研究生教学任务,任课达 7～8 次/周课,教学质量评估达到良好以上标准。

②在本人研究项目方向上,结合教学实践,每年在核心刊物上发表论文一篇。

③积极参与教学改革实践与评估工作。

④完成军体部组织的校内各项竞赛组织及裁判工作。

5. 助教聘任条件

(1)聘任条件。

①具有完成本科生教学任务和群体竞赛组织工作能力。

②胜任教学工作,工作量饱满,教学认真,效果达到良好标准。

③完成军体部、教研室分配的工作。

(2)岗位职责。

①每学期承担教学、科研、群体、竞赛等任务,任课达 7～8 次/周课,教学质量评估达到良好标准。

②结合教学实践及科研,每年完成学术论文一篇。

③积极完成教研室交付的各项任务,虚心向中老年教师学习,过好教学关。

(二)党政管理干部岗位聘任条件及岗位职责

1. 高级党政管理岗位聘任条件及岗位职责

(1)聘任条件。

①行政级别在副处级以上或具备与其相当的专业技术职称者。

②具有负责或分管负责某一方面工作的能力,且有较强的口头、文字表达能力,有分析问题和研究问题能力。

③具有起草各类规章制度、工作规划、方案的能力。

④能够开创性地开展工作,具有指导中、初级岗位人员工作的能力。
(2)岗位职责。
①贯彻落实党的路线方针政策和学校的各项决定。
②认真做好本单位的政治学习和宣传教育工作。
③做好党务工作,加强党员教育和管理,促进党建和廉政作风建设。
④认真履行监督保障职责,做好党员和群众的思想工作,增强集体凝聚力、战斗力,指导中、初级岗位人员完成本职工作。

2.中级党政管理岗位聘任条件
(1)聘任条件。
①行政级别在副科级以上或具备与其相当的专业技术职称者。
②具有一定的文字及口头表达能力。
③工作中认真、踏实、有特色,有解决问题、处理问题的能力,有爱岗敬业精神。
(2)岗位职责。
①完成军体部交给的各项任务。
②爱岗敬业,积极主动做好军体部的行政管理工作。
③熟悉管理工作特点及规程,按程序办事,讲究工作效率,提高服务质量。
④注意学习提高自身素质,增强服务意识,做好保障工作。
⑤及时完成好领导交代的临时性任务。

(三)教辅、其他专业技术职务岗位聘任条件及岗位职责

1.图书资料员人事干事聘任条件
(1)聘任条件。
①具有中级专业技术职称。
②爱岗敬业精神强,工作认真负责。
③熟悉工作规程,有独立工作能力。
(2)岗位职责。
①熟悉图书资料类别及收集、检索归档业务知识。
②爱岗敬业,做好服务性工作。
③建立健全人事档案,做好档案的计算机管理,及时充实新信息。
④做好每年的工资调整工作、补贴发放及财务报销等工作,政策性强,讲究质量与效率。
⑤协助军体部做好退休人员的相关管理工作。
⑥随时完成领导交代的临时任务。

2.工勤岗位聘任条件
(1)聘任条件。
①有爱岗敬业精神,服务意识强。
②工作主动积极,工作量饱满。
③遵守劳动纪律,讲究工作效率。

(2)岗位职责。
①做好各自分担的工作任务。
②做好场馆的环境卫生清扫工作。
③做好体育设施维护管理工作。
④做好体育场馆的秩序管理工作。
⑤完成教学需要的器材发放回收管理工作。
⑥遵守劳动纪律,不迟到不早退,有事提前请假。
⑦提高主人翁意识,文明服务,自觉做好本职工作。

## 五、聘任岗位考核办法及管理

### (一)教学、科研各岗位考核办法

1. 能够履行聘任合同中规定的职责及相关条款。
2. 在承担体育部教学等工作任务同时,各岗位应选定体育学科发展规划确定的七个教学与研究方向中的任一方向,作为本人教学科研究方向。
3. 按照《哈工大军体部教师质量评估办法》规定,实行每学期评价,每年排列名次,对排在末尾者进行批评,并与岗位聘任、评优等挂钩,对屡次出现教学事故者,将解除聘任合同。

### (二)党政管理干部及教辅岗位考核

1. 高级党政管理干部岗位
(1)能履行聘任合同中规定的职责及义务。
(2)每年末在军体部全体教职工大会上述职、评议,并执行学校党委组织部考核办法。

2. 中级党政管理干部岗位及教辅岗位
(1)能认真履行聘任合同规定的职责及义务。
(2)执行《哈工大军体部党政管理干部考评办法》考核评定,排出优秀、合格、不合格,两次考核不合格者,将解除聘任合同。

### (三)工勤岗位考核办法

1. 能履行聘任合同规定的岗位职责及义务。
2. 按《哈工大军体部教辅人员工作质量评估办法》考核,依据得分排出优秀、合格、不合格,两次不合格者将解除聘任合同。

### (四)对未聘人员的管理

1. 按《哈尔滨工业大学未聘人员管理办法》规定进行管理。

2.在聘用过程中,如发生人事争议,当事双方可协商解决;协商不成,当事人可以向学校人事争议调解委员会申请调解。

# 哈尔滨工业大学军体部教授委员会职责(2005年11月8日)

学校决定在校院(系)两级建立教授委员会,这是哈工大向建设世界一流大学目标奋进的办学、治校重大方略。

军体部教授委员会的建立,将进一步发挥教授在人事制度改革、学科建设、重大学术问题决策和军体部民主办学管理工作中的重要作用,为此,特定教授委员会职责。

## 一、军体部教授委员会的代表资格组成及程序

1.教授委员会代表资格:是现职正教授,有一定学术造诣和远见卓识;为人正派;有良好的师风和师德,且有良好的公信力。

2.按照《哈尔滨工业大学实行人员聘用制度暂行办法》文件规定,教授委员会将由军体部全体教授人员参加民主投票选举产生,教授代表人数不少于三分之二,投票产生后,报校长审批任命。

## 二、教授委员会职责

1.军体部教授委员会是教学改革、建设与发展等重大事项的研究决策机构,是实行集体领导、民主办学的必要组织形式。

2.教授委员会担负军体部学科发展规划设计任务;担负本科生、研究生的课程建设规划及教学计划审议任务;研究师资队伍、学术梯队建设的培养方案。

3.教授委员会担负对聘任教师和教师专业技术职务晋升的学术评议工作,并具有对聘任教师和教师职务晋升的学术资格评议权力。要对申请人的学术成就、教学科研水平与能力、潜在竞争能力和发展前景、与军体部同类教师的水平差距(超过平均水平/达到平均水平/达不到平均水平)做出评议意见。

4.教授委员会将对申请人是否达到所申请的专业技术职务水平进行充分讨论,并通过无记名投票做民意测验,投票中同意票数达到三分之二,方可提交军体部聘岗领导小组审议后报校聘岗委员会审定。

5.军体部教授委员会有听取军体部年末工作总结和下年度工作计划审定责任;有对军体部领导集体执行重大决策的监督检查责任。

### 三、军体部教授委员会的组织管理

1. 教授委员会实行例会制,每个月召集一次会议,教授委员会每次会议要有文字记录和决议结论,逐年归档。

2. 教授委员会在研究决定某一项事宜时,实行投票法,票数达到三分之二,即为有效通过。

3. 教授委员会代表每届任期三年,到期换届重新选举。教授委员会成员在任期间,若发生与代表应具备的行为不符,或失去代表性,产生不利于军体部安定团结、发展建设的问题时,军体部领导集体有权重新组织选举,淘汰不称职者,增补相应人员。

# 哈尔滨工业大学特长生学习管理办法(2006年3月15日)

## 一、高水平运动员学习管理办法

1. 高水平运动员高考成绩达到本科录取线者,可进入相关专业学习,由军体部和相关院系共同管理学生。

2. 高水平运动员在读期间所修课程均应参加考核,并享有免补考政策:

(1)可申请每学期专业培养方案计划学分20%的课程免补考,在有省级以上比赛的学期可申请不超过50%的课程免补考;

(2)获准免补考的课程成绩按60分记载并取得学分;

(3)两课、体育课、军训及军事理论课、实践性教学环节和已参加过补考的课程不予免补考。

3. 高水平运动员的体育课成绩及学分由军体部根据学生训练情况和比赛成绩核准。

4. 高水平运动员因参加省级以上比赛不能按时参加正常考试,需提前办理缓考手续(附相关证明材料),可申请参加本课程的缓、补考考试,成绩按正常考试处理。

5. 在校期间获十佳运动员称号,且前六个学期平均学分绩在75分以上,思想品德好,无记过及以上处分,经学生所在院(系)和军体部推荐、教务处审核,报请主管校长批准,可推荐免试攻读硕士学位研究生。

6. 对出现下列任何情况的高水平运动员,当年度不予考虑优惠政策:

(1)学习态度不端正,旷课,不努力学习;

(2)违反纪律,受到警告及警告以上处分;

(3)不遵守校运动队纪律,不积极参加训练达每学期总考勤 1/4 或无故不参加正常比赛;

(4)在比赛中违纪。

7.除以上规定内容外,其他仍按《哈尔滨工业大学本科生学籍管理规定》有关条款执行。

## 二、高水平运动员单列计划培养的管理办法

1.高水平运动员高考分未达到本科录取线者,一律编入指定专业四年制编班学习,由军体部和相关院系共同管理学生。

2.单编班的高水平运动员原则上"上午学习、下午训练"。据此,由指定专业制定专门的培养方案,军体部提供参考意见,教务处组织审定。

3.单编班培养方案中,除数学、外语课程外,其他公共课(计算机使用基础、军事训练、政治思想系列课等)均遵照指定专业正常教学安排;公共选修课要求达到 4 学分;由军体部根据学生训练情况和比赛成绩核准体育课学分。

4.有关实习和毕业设计等实践性教学环节的安排,由军体部和相关学院协调解决,保证学习比赛两不误。

5.单编班的高水平运动员所有课程不再享有免补考政策。

6.为体现单编教学计划任课教师的额外教学工作量,所开设的特别课程由教务科单独核定教学酬金,以单列项报人事处计入相关学院岗位津贴总额。

7.为利于单编班培养方案的制定实施,由教务处提供工作经费 2 000 元,供有关教师收集资料、购买书籍、复印材料、编制教学文件等,凭票据到教研科报销。

8.对于经军体部认定的、不适宜按照高水平运动员待遇培养的学生,并入指定专业按四年制培养,修学课目由指定专业另行安排,同时享受学校高水平运动员的免补考政策。

## 三、文优生学习管理办法

1.文优生在读期间所修课程均应参加考核,并享有免补考政策:

(1)因参加学校组织的大型文艺演出或比赛,可申请不超过该学期所学课程总学分的 15% 的不及格课程免补考,若参加的全国、省市组织的大学生文艺演出或比赛与学校组织的大型文艺演出发生在同一学期,则可按该学期所学课程总学分的 20% 申请免补考;

(2)获准免补考的课程成绩按 60 分记载并取得学分;

(3)两课、体育课、军训及军事理论课、实践性教学环节和已参加过补考的课程不予

免补考。

2.超过该学期可免补考学分限度的不及格课程必须参加补考或重新学习。

3.因参加全国、省市文艺会演或比赛不能正常参加考试,需提前办理缓考手续(附相关证明材料),可申请参加本课程的缓、补考,成绩按正常考试记载。

4.在校期间获得全国大学生文艺演出或比赛三等奖或铜奖以上奖项(含三等奖或铜奖,如参加全国青少年儿童"冬之梦"比赛须获金奖)、省大学生文艺会演或比赛一等奖或第一名的文优生,且前六个学期平均学分绩75分以上,思想品德好,在学生艺术团训练表现突出,大学期间无记过及以上处分,经学生所在院(系)和学校团委推荐,教务处审核,报请主管校长批准,可推荐免试攻读硕士学位研究生。

5.文优生的平时排练与演出可列入"文艺实践"选修课程,学分为4学分,作为文优生的限选课,由指导教师依其训练态度与水平,按百分制评定成绩后直接计入毕业成绩单。如有特殊情况或因病不能修满学分,须事先提出申请,由学校团委认定,报教务处备案。

6.对出现任何下列情况的文优生当年度不予考虑优惠政策:

(1)学习态度不端正,旷课,不努力学习;

(2)违反纪律,受到警告及警告以上处分;

(3)不遵守校学生艺术团排练、演出纪律,不积极参加排练达每学期总考勤的四分之一或无故不参加正常演出、比赛。

7.对于坚持参加学生艺术团排练活动和文艺演出、业务能力很强、表现特别突出、为学校争得荣誉的非文优生,经学生所在院系推荐、学校团委认定,报教务处备案,也可按文优生优惠待遇推荐免试攻读硕士学位研究生。

8.除以上规定内容外,其他仍按《哈尔滨工业大学本科生学籍管理规定》有关条款执行。

## 四、管理办法的实施

1.本管理办法由教务处负责解释和实施,军体部和学校团委分别提供有关信息和审批意见。

2.办理免补考手续的时间为每学期的第一、二周,超过可免补考学分限度的不及格课程由学生自行提前选定并及时参加补考。

3.本管理办法自学校校长办公会通过之日起从2005级学生开始实施,其他年级的学生仍沿用原有的学校规定。

# 哈尔滨工业大学体育部教学督导工作条例(试行)(2020年5月修订)

## 第一章 总则

第一条 为建立质量保障长效机制,不断提高我校人才培养质量,根据《中华人民共和国高等教育法》《哈尔滨工业大学教学督导工作条例》校本教研〔2017〕25号及《哈尔滨工业大学本科教学督导委员会章程》(2011年征求意见稿)等有关文件精神,体育部实行教学督导制度,并制定本条例。

第二条 教学督导是体育部内部质量保障体系的重要组成部分,是跟踪教学运行、指导教学环节、规范教学活动、稳定教学秩序、反馈教学信息、促进教学改革、指导教师成长、提高教学质量的重要举措。

## 第二章 组织

第三条 教学督导工作由主管教学副主任负责。

第四条 体育部成立教学督导组,负责体育部教学督导工作。督导组设组长1名,组员若干名,秘书1名。

第五条 督导组专家由了解国家教育方针政策、熟悉高等教育规律、教育理念先进、政治觉悟高、教学能力强、教学经验丰富、工作热心公正、严谨有威望的教师或资深教学管理人员担任。

第六条 督导组成员由体育部教学指导委员会推荐,体育部党政联席会议审定。每届聘期三年,可连聘连任。

## 第三章 工作内容和方式

第七条 督导组的主要职能是对体育部教育教学各环节进行监督检查、研究分析、咨询指导、考核评估等,完成以下全部或部分工作。

(一)听课:了解课堂教学目标和教学模式,检查教师的教学态度、内容、能力、方法、手段和效果,检查课堂秩序、学生出勤、学习状态、学习成效等。

(二)教师考评和指导:新聘教师教学能力考核,新教师备课检查和指导,新教师试讲考核,评奖评优评职教师的评价,教学竞赛教师的指导等。

第八条 督导组秉持以人为本的理念,坚持督、导、评结合,以督、评为手段,以导为

目的,通过听课与检查的方式,完成具体督导任务。

(一)听课采取随机或课前通知的方式,随堂听课由专家自行安排,考核性听课要求至少有两位以上专家听课。

(二)检查采取定期与不定期、普查与抽查相结合的方式,专家可组成3~5人小组进行。

(三)督导时做好相关记录,重视与教师及时沟通,探讨提高。

(四)认真评价有关内容,填写督导评价表。

### 第四章　工作要求

第九条　专家在督导工作中要时刻关注教师是否坚持立德树人的价值取向,是否将思想政治教育、文化素质教育等融入教学过程,是否体现了新的教育理念,是否采取新的教学模式。要坚持学习调研,掌握教与学状态,了解师生诉求;要及时参加有关会议,不断提高业务素质,传播先进理念,把好教学质量关。

第十条　督导工作要围绕教学实施和改进、教师成长和发展、学生培养和考评来开展,按学期做好督导计划,起草并发布总结报告,保证教与学质量。

第十一条　督导工作从宏观入手,实施重点抽查,保证重要教学环节的质量;从细节抓起,实施全面检查,保证所有教学环节的质量。侧重结果检查,注重水平评价;侧重过程管理,保证学术规范。侧重对教师的督促评价和指导帮扶。

第十二条　体育部为督导组及督导专家工作提供条件,将督导工作计入教师工作量。

第十三条　体育部全体教师应支持配合督导工作,回答有关问题,听取有关意见。督导意见应及时反馈,发现问题应积极整改,保证闭环管理和持续改进。

第十四条　体育部的基层教学单位或个人对督导意见或建议有异议,可在收到意见后10个工作日内向体育部教学指导委员会提出复核申请,由教学指导委员会组织复核。

### 第五章　附　则

第十五条　体育部领导听课是教学督导工作的重要组成部分,其要求见《哈尔滨工业大学领导听课制度》。

第十六条　本条例自发布之日起施行。

第十七条　本条例解释权归体育部教学指导委员会。

## 哈尔滨工业大学历届十佳运动员名单(1989—2019)

1989年度(首届):王昕虹(女)　王东平　何华光　周天睿　邢韬韬　姚红英(女)

罗海波　田大伟　刘伟　崔彤

1990年度:温爱红(女)　邢韬韬　苏彦东　张岩　李萍　卢鹏宇　张蕾蕾　王萍　张军　张圆圆(女)

1991年度:苏彦东　温爱红(女)　韩强　任陆荣(女)　黄鑫　李平(女)　王平(女)　陈晓华(女)　白刚　谷仲凯

1992年度:白刚　李平(女)　任陆荣(女)　谷忠凯　温爱红　苏彦东　韩强　黄鑫　葛淑艳(女)　刘竹梅(女)

1993年度:李平(女)　任陆荣(女)　温爱红(女)　张松江　刘海峰　胡梅　刘勇　魏立红(女)　徐小立　高大光

1994年度:陈岩　徐叶芳(女)　王喜东　潘海燕(女)　盖全磊　陈超　郭宇鸣　谷仲凯　丛丽颖(女)　刘忠立

1995年度:李世丽　朱久刚　张东卓　马晓波　关宏锐　孙德强　马明洁　韩晓鹏　张春艳(女)　栗振宁

1996年度:杨红丽(女)　唐立杰　张培红(女)　陈宇　桑维　燕萌(女)　崔巍　张楠(女)　李鹏　李双庆

1997年度:杨明　晏佳男(女)　胡修坤　单丽娜(女)　蒋德嵩　冯晶(女)　金彧　荆华(女)　赵海涛　林琳(女)

1998年度:王少鹏　李可意　彭静　陈猛　陈迪　李琳(女)　常云(女)　乔祥红(女)　魏宇红(女)　张成

1999年度:陶立权　王少鹏　乔祥红(女)　陈迪　张传芳(女)　张诚　刘明军　陈铭辉

2000年度:刘俊杰　王少鹏　苏钰　车玥(女)　李静(女)　李文浩　曹骏　王宇　闫鹏　远振海

2001年度:迟毅男　初洪波　陈宏伟　宋旭生　朴一　马震　孙丽颖(女)　范喆　王娜(女)　王继隆

2002年度:迟毅男　张大为　李大光　秦琴(女)　肖刚　崔雄俊　于洋　霍明妍　冯迪　张亮

2003年度:李大光　曲文婷(女)　李雪(女)　纪象新　宛文娟(女)　李冬　阚永刚　吕娜(女)　郭孝明　鲁明

2004年度:张宁宁(女)　姜海波　周树楠　武肃(女)　栾蕊(女)　万勇　谢葳(女)　董秋石　贾纯(女)　王琦(女)

2005年度:史册(女)　王宇坤　赫晓晨(女)　王树立　徐博懿(女)　姜博　高原　张兴朕　杜田民　田野

2006年度:赵鹏　齐绫岩　王子硕　兰洋　曾庆欣　马平鑫　刘佳(女)　窦志刚　王琪(女)　牟爽(女)

2007年度:张欣(女)　范荻(女)　陈新(女)　吉利祥　韩晓东　王智宽　崔进　刘桥　封文涛　张钊

2008年度:封文涛　吉利祥　刘桥　陈新　韩晓东　范荻(女)　张钊　王智宽　崔

进　张欣(女)

2009年度:田爽　徐林(女)　孙大坤　张然　段思宇(女)　牧原(女)　刘丽丽(女)　张浩　王雪(女)　王钰鑫

2010年度:胡海龙　葛洋　陈少卓　张磊　林强　郑飞　阚冰(女)　刘津金　王洋　崔伟(女)

2011年度:赵菁(女)　王辰(女)　张君平　李爽(女)　徐娇(女)　王瑞　赵信男　高映晗　吴美霖(女)　马啸宇

2012年度:赵健　李衍阳　张辛悦　陈佳宁　于文瀚　姜来　赵明垚　赵阳　杨云辉　曲美娜

2013年度:赵健　王帅　宿珊(女)　郭军作　邵春宇(女)　王海楠　王兆磊　罗权　孙志鹏　聂子琛

2014年度:姜来　卢再水　张潇月(女)　庞舒文　赵翔　沈慧　杜松津　王嘉雯　郑鑫　侯占玉

2015年度:赵海亮　倪婧娇(女)　刘展铭　赵兴萌　韩庆萍(女)　侯柏阳　张启明　王立安　高志宇　孙海莹

2016年度:王丹丹(女)　张莉莉(女)　李天骄(女)　郭大金　王景晖　周炳楠　杨宇琦　刘凯源　吴宪静(女)　张甜畅(女)

2017年度:张景强　田祖尧　刘洋　张思琦(女)　孙强　田国全(女)　董修坤　刘佳齐　单余　刘禹辰　拉夫

2018年度(高水平组):张景强　王丹丹(女)　曹智勇　孙浩桐　王冬雪(女)　朱晓龙　郭大金　赵珺初(女)　于元榕　董修坤。

2018年度(阳光组):李锦江　谢宏宇　依布拉依木　周纬航　王家琦(女)　王一惠(女)　杨震国　朱棵　王修合　王栋

2019年度哈尔滨工业大学十佳运动员阳光组最佳提名奖:秦伊人(女)　肖佳杰　周守振　周靖淳

2019年度(高水平组):张景强　孙浩桐　曹智勇　崔旭龙　林志杰　曹艺馨　那中来　尹铁铮　宋昊泽　李明泽

2019年度(阳光组):张竞文　谢宏宇　李源　唐朝　刘钰涵　姚尧　姜春明　周守振　张君瑞　吴文韬

# 哈尔滨工业大学体育竞赛世界冠军名录(1955—2019)

**黄强辉**　举重世界冠军,哈尔滨工业大学机械系1952级。1955年进入国家队。1955年12月北京举办新中国首次全国举重比赛,黄强辉以342公斤的总成绩夺得轻量级冠军。1958年在全国二十五单位健将级举重比赛中,以155公斤的成绩打破轻量级挺举世界纪录。同年在中、苏、波三国举重比赛中,又以158公斤的成绩再破该项世界纪录。1959年4月22日,在太原举行的全国健将级举重锦标赛中,黄强辉又将挺举的成绩提高到158.5公斤,打破由他本人保持的轻量级挺举世界纪录。后任国家队教练、总教练,中国举重协会副主席,亚洲举重联合会副主席。任教练后培养了一批优秀选手,其中5人11次打破世界纪录,曾获国家体育运动荣誉奖章。作为新中国举重事业的奠基人,黄强辉为中国举重运动的发展做出了卓越贡献。

**史册** 聋奥会乒乓球冠军,哈尔滨工业大学人文与社会科学学院国际经济与贸易专业2004级学生。2005年1月第二十届澳大利亚聋人奥运会上获女单、女双、混双三枚金牌,女团第二名,被国家体育总局评为优秀运动员。这次聋奥会中国体育代表团共获得5金,列金牌榜第九,这是中国首次进入聋奥会金牌榜前十名。2005年5月获哈尔滨工业大学"五四"奖章称号;2006年4月获全国劳伦斯杯冠军奖,全国最佳残疾人运动员奖候选人;2007年2月获世界聋人最佳女运动员奖。

**高鸣** 中国短道速滑运动员,世界冠军,1987年生,哈尔滨工业大学人文与社会科学学院国际经济与贸易专业2007级学生。2007年入选国家队,同年获世界短道速滑锦标赛1 000米第二名,10月参加世界杯哈尔滨站比赛受伤后回黑龙江省队训练;2008年代表哈工大参加全国短道速滑联赛一举夺得500米冠军,赛后入选国家队;2009年第二十四届世界大学生冬季运动会上,高鸣、张志强、陈鑫、王洪洋在短道速滑男子5 000米接力赛中以7′0″424的成绩获得金牌,高鸣同时获得男子500米银牌;第二十五届世界大学生冬季运动会上获得500米铜牌。

**张志强** 中国短道速滑运动员世界冠军,1988年生,哈尔滨工业大学人文与社会科学学院国际经济与贸易专业2007级学生。2007年入选国家队,在2007—2008赛季世界杯加拿大站1 000米比赛中获得冠军,2009年第二十四届世界大学生冬季运动会上,高鸣、张志强、陈鑫、王洪洋在短道速滑男子5 000米接力赛中以7′0″424的成绩获得金牌。

# 哈尔滨工业大学体育竞赛全国冠军名录(1955—2019)

**林振坤** 中国速度滑冰元老级运动员。1954年考入哈尔滨工业大学预科,1955年考入焊接专业本科。1953年获全国第一届冰上运动会3 000米第一名,创下全国3 000米速滑纪录,同时获得个人全能冠军;1954年全国冰上运动会个人全能冠军。1955年全国冰上运动会第二名;1956年全国冰上运动会500米第五名,1 500米第一名,5 000米第一名,10 000米第一名,个人全能冠军。1957年代表国家队参加世界锦标赛(1957年世界男子速度滑冰锦标赛在瑞典举行),这是中国第一次参加世界锦标赛,当时林振坤的运动水平已经接近国际一流的水平。曾任哈尔滨市、长春市人大代表,退役后任教练。

**李建华** 1953年2月1日,在东北地区首届冰上运动大会上,李建华获女子花样赛第一名。1953年2月15日,在全国冰上运动大会上,李建华获女子甲级花样滑冰第二名、女子单人滑第3名。1955年获全国冰上运动会冠军。

**曹世德** 1956年考入哈尔滨工业大学动力系航空工程专业,获得3次全国冠军,13次打破全国纪录,被授予"运动健将"称号,"新中国体育开拓者"荣誉奖章获得者,是全国射击十佳教练。他培养的运动员获1次世界锦标赛冠军、1次亚运会冠军和亚军、1次亚洲锦标赛第二名、6次打破亚洲纪录、9次全国冠军、8次打破全国纪录。他为国家培养9名运动健将,其中2人参加奥运会,1人获冠军。享受一等技术补贴待遇,被载入《中华人民共和国体育年鉴》。1993年晋升为国家级教练,被新疆维吾尔自治区授予优秀共产党员、劳动模范称号,荣记一等功,同时获颁"开发建设新疆"荣誉奖章。1995年起终身享受国务院政府津贴。

**陶立权** 1999年全国大学生田径锦标赛400米栏冠军、4×400米接力冠军。1999年全国大学生田径锦标赛4×400米接力冠军。

**迟毅男** 哈工大人文学院2000级学生。2002年第九届全国大学生田径锦标赛男子乙组800米以1′51″29的成绩夺得金牌并打破该项全国大学生纪录,同时获得4×400米接力金牌;2004年第七届全国大学生运动会800米冠军,打破赛会纪录;2005年亚洲室内田径锦标赛获得第三名;2005年印尼、新加坡、泰国亚洲田径大奖赛分获第七、五、四名。

**尤森、陈宏伟、李大光** 2002年第九届全国大学生田径锦标赛男子乙组4×400米接力冠军。

**赵健** 人文学院国际经济与贸易系本科2010级学生。2011年第十二届全国大学生田径锦标赛男子1 500米比赛以3′46″4的成绩获得冠军,并打破全国大学生田径锦标赛纪录,达运动健将;2012年第九届全国大学生运动会5 000米、1 500米冠军,并打破1 500米全国大运会纪录;2013年第十三届全国大学生田径锦标赛1 500米冠军。

**姜来** 人文学院国际经济与贸易本科2011级学生。2013年第十三届全国大学生田径锦标赛男子400米栏冠军;2014年第十四届全国大学生田径锦标赛男子400米栏冠军。

**倪静娇** 人文学院国际经济与贸易本科2012级学生。2014年第十四届全国大学生游泳锦标赛以2′29″26的成绩摘得女子乙B组200米蝶泳金牌。

**赵翔** 人文学院国际经济与贸易本科2012级学生。2014年第十四届全国大学生游泳锦标赛以25″68的成绩摘得男子乙B组50米蝶泳冠军;2015年第十五届全国大学生游泳锦标赛男子乙B组50米、B组100米蝶泳冠军。

**刘展铭** 经济与管理学院本科2013级学生。2014年第十四届全国大学生田径锦标赛男子800米冠军。

**赵海亮** 经济与管理学院本科2013级学生。2014年第十四届全国大学生田径锦标赛男子标枪冠军。

**王丹丹** 经济与管理学院本科2013级学生。2015年"加多宝杯"第十五届全国大学生田径锦标赛1 500米冠军;2017年第十七届全国大学生田径锦标赛甲A组女子5 000米、1 500米两项冠军;2018第十八届全国大学生田径锦标赛女子甲A组1 500米、5 000米冠军。

**赵兴萌** 人文学院国际经济与贸易本科2012级学生。2015年"加多宝杯"第十五届全国大学生田径锦标赛女子 3 000 米障碍冠军。

**卢再水** 人文学院国际经济与贸易本科 2012 级学生。2016 年第十六届全国大学生田径锦标赛甲 A 组男子 1 500 米冠军;2017 年第十七届全国大学生田径锦标赛甲 A 组男子 3 000 米障碍赛、1 500 米两项冠军。

**曹智勇** 人文社科与法学学院本科 2017 级学生。2018 第十八届、2019 年第十九届全国大学生田径锦标赛男子甲 A 组 1 500 米冠军。

**孙浩桐** 人文社科与法学学院本科 2017 级学生。2019 第十届耐克高校田径精英挑战赛男子铅球冠军。

**张竞文** 经济与管理学院 2018 级硕士研究生。2019 年"乔氏"杯中国大学生台球联赛河北秦皇岛站甲组女子个人赛和快速清台挑战赛两项冠军、哈尔滨站甲组女子个人赛冠军。

# 哈尔滨工业大学学生田径项目最高纪录(截至 2019 年 5 月)

| 哈尔滨工业大学学生田径项目最高纪录(男子组)(截至 2019 年 5 月) | | | | |
|---|---|---|---|---|
| 项 目 | 成 绩 | 纪录保持者 | 时 间 | 赛会名称、地点 |
| 100 米 | 10″52 | 张景强 | 2018 年 | 黑龙江省大学生田径锦标赛 哈尔滨 |
| 200 米 | 21″36 | 张景强 | 2018 年 | 哈工大第五十五届田径运动会 哈尔滨 |
| 400 米 | 46″95 | 曹艺馨 | 2017 年 | 全国田径冠军赛 贵阳 |
| 800 米 | 1′48″61 | 迟毅男 | 2004 年 | 全国田径锦标赛暨奥运会选拔赛 石家庄 |
| 1 500 米 | 3′46″2 | 赵 健 | 2012 年 | 第九届全国大学生运动会 天津 |
| 5 000 米 | 14′17″ | 赵 健 | 2012 年 | 第九届全国大学生运动会 天津 |
| 10 000 米 | 31′15″ | 赵 健 | 2014 年 | 黑龙江省大学生田径锦标赛 哈商大 |
| 110 米栏 | 14″7 | 刘 治 | 2014 年 | 黑龙江省第十六届大学生运动会 哈商大 |
| 400 米栏 | 51″40 | 姜 来 | 2014 年 | 第十四届全国大学生田径锦标赛 北京 |
| 3 000 米障碍 | 9′37″5 | 林 强 | 2010 年 | 黑龙江省高校第十五届运动会 大庆 |
| 5 000 米竞走 | 20′04″1 | 崔 进 | 2006 年 | 黑龙江省高校第十四届运动会 哈尔滨 |

续表

| 项　目 | 成　绩 | 纪录保持者 | 时　间 | 赛会名称、地点 |
|---|---|---|---|---|
| 10 000 米竞走 | 40′47″3 | 崔　进 | 2006 年 | 黑龙江省高校第十四届运动会　哈尔滨 |
| 4×100 米接力 | 41″73 | 高　沛、陈宏伟<br>李大光、张德鹏 | 2004 年 | 哈工大第四十一届田径运动会　哈尔滨 |
| 4×400 米接力 | 3′13″29 | 尤　森、李大光<br>陈宏伟、迟毅男 | 2002 年 | 第九届全国大学生田径锦标赛　大连 |
| 跳　高 | 2.12 米 | 李衍阳 | 2011 年 | 第十二届全国大学生田径锦标赛　三亚 |
| 跳　远 | 8.00 米 | 张景强 | 2019 年 | 全国室内田径锦标赛（南京赛区）南京 |
| 撑竿跳高 | 3.80 米 | 白　刚 | 1992 年 | 第四届全国大学生运动会　武汉 |
| 三级跳远 | 16.41 米 | 赵　鹏 | 2007 年 | 第八届全国大学生运动会　广州 |
| 铅　球 | 16.74 米 | 孙浩桐 | 2019 年 | 耐克高校田径精英挑战赛　杭州 |
| 铁　饼 | 50.42 米 | 郭孝明 | 2005 年 | 哈工大第四十二届田径运动会　哈尔滨 |
| 链　球 | 40.70 米 | 吴　野 | 1996 年 | 哈尔滨高校田径运动会　哈尔滨 |
| 标　枪 | 64.34 米 | 赵海亮 | 2014 年 | 第十四届全国大学生田径锦标赛　北京 |
| 十项全能 | 5 179 分 | 陈国祥 | 1986 年 | 第二届全国大学生运动会　大连 |

注：全国高校比赛田径赛成绩为电子计时，省高校比赛为手计时。

哈尔滨工业大学学生田径项目最高纪录（女子组）（截至 2019 年 5 月）

| 项　目 | 成　绩 | 纪录保持者 | 时　间 | 赛会名称、地点 |
|---|---|---|---|---|
| 100 米 | 12″1 | 张宁宁 | 2004 年 | 黑龙江省第十三届大学生运动会　佳木斯 |
| 200 米 | 25″62 | 张宁宁 | 2007 年 | 哈工大第四十四届田径运动会　哈尔滨 |
| 400 米 | 56″76 | 张宁宁 | 2005 年 | 黑龙江省大学生田径锦标赛　哈尔滨 |
| 800 米 | 2′10″3 | 武　肃 | 2004 年 | 黑龙江省第十三届大学生运动会　佳木斯 |
| 1 500 米 | 4′25″3 | 武　肃 | 2005 年 | 第十届全国大学生田径锦标赛　青岛 |
| 3 000 米 | 9′57″ | 李　爽 | 2008 年 | 哈工大第四十五届田径运动会　哈尔滨 |

续表

| 项 目 | 成 绩 | 纪录保持者 | 时 间 | 赛会名称、地点 |
| --- | --- | --- | --- | --- |
| 5 000 米 | 17′01″ | 王丹丹 | 2017 年 | 第十三届全国学生运动会 杭州 |
| 10 000 米 | 37′58″7 | 田 霞 | 2006 年 | 黑龙江省第十四届大学生运动会 哈尔滨 |
| 100 米栏 | 14″6 | 张宁宁 | 2004 年 | 黑龙江省第十三届大学生运动会 佳木斯 |
| 400 米栏 | 59″77 | 张宁宁 | 2004 年 | 第七届全国大学生运动会 上海 |
| 3 000 米竞走 | 14′30″ | 王术力 | 2006 年 | 哈工大第四十三届田径运动会 哈尔滨 |
| 5 000 米竞走 | 25′02″1 | 王术力 | 2006 年 | 黑龙江省第十四届大学生运动会 哈尔滨 |
| 4×100 米接力 | 48″7 | 张宁宁、牟 爽 王 雪、王 欣 | 2006 年 | 黑龙江省第十四届大学生运动会 哈尔滨 |
| 4×400 米接力 | 3′57″6 | 张宁宁、张 青 赫晓晨、武 肃 | 2004 年 | 第十届全国大学生田径锦标赛 青岛 |
| 跳 高 | 1.74 米 | 王 琪 | 2007 年 | 哈工大第四十四届田径运动会 哈尔滨 |
| 跳 远 | 5.77 米 | 魏宇红 | 1999 年 | 第七届全国大学生田径锦标赛 长春 |
| 三级跳远 | 12.69 米 | 孙丽颖 | 2001 年 | 第八届全国大学生田径锦标赛 广州 |
| 铅 球 | 14.99 米 | 王冬雪 | 2018 年 | 第十八届全国大学生田径锦标赛 大庆 |
| 铁 饼 | 46.10 米 | 徐 娇 | 2011 年 | 哈工大第四十八届田径运动会 哈尔滨 |
| 标 枪 | 41.3 米 | 那 娜 | 2004 年 | 黑龙江省第十三届大学生运动会 佳木斯 |
| 七项全能 | 4 485 分 | 秦 琴 | 2002 年 | 第九届全国大学生田径锦标赛 大连 |

# 哈尔滨工业大学"阳光体育运动"先进单位评选办法及评分标准(2007—2019)

为了贯彻落实中共中央国务院〔2007〕7 号文件精神,积极开展"阳光体育运动",促进学校体育工作开展,鼓励学生走向操场,走到阳光下,走向大自然,锻炼身体,增强体质,校体育运动委员会、体育部对 2018—2019 年"阳光体育运动"先进单位评选具体方法如下。

## 一、评选时限的划分

评选时间的阶段划分为每学年 6 月开始至第二年 5 月截止。
申报材料截止日期:2019 年 5 月 14 日,过期不予受理。
材料报送地点:一校区体育馆 23 室体育部群体竞赛办公室

## 二、评选内容及分类(详见附表)

### (一)学院组织机构的建立(5 分)

1.各院系成立"阳光体育运动"领导小组,并负责组织全院系学生体育工作。
2.制订年度体育工作计划,有经费预算,并监督按计划完成。
3.撰写总结材料并按时上报。上报材料要有院领导与体育部下系老师签字方为有效。

### (二)各院内开展群体性体育工作(40 分)

为了保证评选的公平合理性,各学院举办的各种体育项目的单项比赛,参加人数要按附表规定的统一方法统计与计算。

1.各学院组织的比赛要有秩序册、成绩公报或总结材料,方可承认其活动并计算人数。学院之间及校际的对抗赛、邀请赛、友谊赛均在统计之列。与比赛相关的材料需在赛后一周内上报体育部。
2.各学院开展的小型多样的竞赛活动,全年要达到 6 次以上,方可评选为先进单位。
3.年度积极承办体育部组织的校级群体活动与比赛加 5 分。

### (三)参加校级竞赛活动(30 分)

1.田径、环校接力、速滑、游泳、乒乓球、羽毛球等单项录取前八名,分别按 9、7、6、5、4、3、2、1 计分(乒乓球、羽毛球团体、接力项目按双倍计分)。篮球、排球、足球项目按照田径项目的单项得分乘以规程规定的报名人数计分。
2.学校组织的竞赛比赛项目(参加人数和比赛场次)团体分按照百分之百计算;校田径运动会男团、女团分别按照相当于其他项目两倍的分数计算。
3.体育道德风尚奖每获得一次加 1 分,其他加分项按有关规定处理,计入总分(5 分)中。

### (四)为校争光(10 分)

各单位运动员代表学校参加省市高校以上级别各项体育比赛,在比赛中所取得的分数之和与在比赛中取得分数最高单位的总分之比乘10(包括学生普通组)。

### (五)《学生体质健康标准》的达标情况(5分)

### (六)群体创新(5分)

哈尔滨工业大学"阳光体育运动"年度群体活动中,院系组织的活动比赛在形式内容上有创新,学生参与度高,锻炼效果好(有具体项目和内容,附相关证明材料)。

### (七)体育社团、俱乐部、协会组织建设及活动(5分)

学院有体育社团、俱乐部、协会4个以上,并有计划地组织学生进行体育健身活动,上报俱乐部名称、数量、活动内容、形式、时间等,并附佐证材料。

| 指标 | 分值 | 评 分 办 法 |
|---|---|---|
| 建立组织机构 | 5分 | 该项得分:<br>1.各院系成立"阳光体育运动"领导小组,并负责组织全院系学生体育工作(2分)<br>2.制订年度体育工作计划,有经费预算,并按计划完成(2分)<br>3.撰写总结材料并按时上交。上交的各项材料要有院领导与体育部下系老师签字为有效(1分)<br>缺1项扣1分,最多扣5分 |
| 开展群体活动 | 40分 | 该项得分:$\dfrac{\text{该单位组织的各种体育活动总参赛人数}}{\text{该单位学生总数}} \times 20$<br>单位学生总数:按年底各单位实际学生数计算<br>参赛人数:以场次计算的比赛按两队报名人数乘场次计算;田径运动会等同类项目,以参加人数乘项次计算,接力等项目另加人数<br>各单位组织的比赛,以上报体育部的规程和成绩公报为准,两项缺一则不计算参赛人数及项次(人数校级赛和院级赛都算) |
| 参加校级竞赛成绩 | 30分 | 该项得分:$\dfrac{\text{校级体育比赛的团体成绩总分之和}}{\text{团体项次}} \times 2.5 \times$ 系数<br>各项比赛的第一名得10分,第二名得8分,第三名得7分,以此类推,第九名以后各得1分,弃权0分。如无后几名则按小组名次排列<br>每次比赛男、女团体分计,混合项目按一个团体计算<br>系数:1 000名学生以上单位系数为1.0;1 000名以下系数为1.2<br>比赛中出现不按规则公平竞争、不服从裁判等情况,每次扣2分<br>体育道德风尚奖每获得一次加1分(5分) |
| 为校争光得分 | 10分 | 该项得分:$\dfrac{\text{学院总分之和}}{\text{第一名学院总分}} \times 10$<br>学院总分:该院运动员代表学校参加市级以上正式比赛的得分之和(集体项目得分为每名运动员名次得分×2,个人项目得分仅以每次运动会个人单项的所有得分之和为实际得分,包括破纪录分。接力4人平分) |

续表

| 指标 | 分值 | 评 分 办 法 |
|---|---|---|
| 达标比率 | 5分 | 该项得分：该单位达标率×5％<br>达标率：以每年度各单位《学生体质健康标准》的统计成绩为准。如果本学院有不参加测试的同学，一次性在总分中扣0.1分，最多扣4分 |
| 群体创新 | 5分 | 该项得分：<br>哈尔滨工业大学"阳光体育运动"年度群体活动中，院系组织的活动比赛在形式、内容上有创新，学生参与度高，锻炼效果好（有具体项目和内容，附相关证明材料） |
| 体育社团 | 5分 | 该项得分：<br>学院有体育社团、俱乐部、协会4个以上，并有计划地组织学生进行体育健身活动 |
| 备注 | | 要求各学院上报本院在校学生总人数及参与学校和各院组织的体育竞赛的人数。此项为必报项，人数一定要准确 |

## 三、评选、表彰与奖励

1. 评选工作。由群体竞赛办公室、校学生体育总会体育部负责收集、汇总所有的评选材料和统计各项得分。由体育部组织评选出"阳光体育运动"先进单位。

2. 获得"阳光体育运动"先进单位的集体，由学校在校运会上给予表彰和奖励。

# 哈尔滨工业大学体育部教师发表论文情况(1979—2019)

### 1979—1995年论文一览表

| 序号 | 教师姓名 | 论 文 题 目 | 刊物（会议）名称 | 发表时间 |
|---|---|---|---|---|
| 1 | 赖有才 | 有氧训练法对大学生的影响 | 哈尔滨市高校体育教研会会刊 | 1979年 |
| 2 | 赖有才 | 短跑教学中"强腿弱步"现象的研究 | 哈尔滨市高校体育教研会会刊 | 1980年 |
| 3 | 赖有才 | 关于大学生体能现状的评价 | 哈尔滨市高校体育教研会会刊 | 1981年 |

续表

| 序号 | 教师姓名 | 论文题目 | 刊物(会议)名称 | 发表时间 |
|---|---|---|---|---|
| 4 | 姜锡仲 | 初谈足球队的训练关键 | 《冰雪运动》 | 1981年 |
| 5 | 章 民 | 体育课的游戏性准备活动 | 《冰雪运动》 | 1981年 |
| 6 | 姜锡仲 | 略谈足球裁判赛场上组织能力问题 | 《辽宁体育科技》 | 1981年 |
| 7 | 关鹏飞 | 高校体育教改中若干战略措施的研究 | 《黑龙江高校体育》 | 1981年1月 |
| 8 | 许振松 | 非循环游泳池水的管理 | 黑龙江省第十三届体育论文报告会 | 1981年1月 |
| 9 | 赖有才 | 关于大学生体能现状的评价 | 首届全国体育科学论文报告会 | 1982年 |
| 10 | 赖有才 | 日本大学生体能现状 | 《冰雪运动》 | 1982年 |
| 11 | 黄 锷 | 对肩下持枪助跑投掷技术的初探 | 《田径》 | 1982年 |
| 12 | 方玉林 | 哈工大学生体质调研及评价 | 哈尔滨高校年会 | 1982年12月 |
| 13 | 李育春 | 冰球比赛中"以多打少"和"以少打多"的战术应用 | 哈尔滨高校年会 | 1982年12月 |
| 14 | 赖有才 | 日本大学体育规范 | 《哈工大高等工科教育》 | 1983年 |
| 15 | 赖有才 | 国外运动生物力学发展趋势 | 中国体育科学学会运动生物力学年会 | 1983年1月 |
| 16 | 赖有才 | 世界运动生物力学发展动态 | 中国体育科学学会运动生物力学年会 | 1983年1月 |
| 17 | 马永昌 | 改革竞赛制度、推动大学生群体活动的开展 | 哈工大高等教育研究会 | 1983年4月 |
| 18 | 关维珞 | 浅谈高校普通体育课短跑教学 | 哈工大高等教育研究会 | 1983年4月 |
| 19 | 娄福恩 | 对上好普通高校新生速度滑冰课的初探 | 哈工大高等教育研究会 | 1983年4月 |
| 20 | 赖有才 | 投掷运动员的生物力学分析 | 黑龙江省体育科学论文报告会 | 1983年4月 |
| 21 | 娄启生 | 旱冰基本技术 | 《冰雪运动》 | 1983年6月 |
| 22 | 郝秀艳 | 浅谈篮球内线队员进攻技术训练 | 全国体育学院篮球论文报告会 | 1983年8月 |
| 23 | 王大力 | 应用模糊教学探讨中远距离投篮的教学训练法 | 《沈阳体育学院学报》 | 1984年 |

续表

| 序号 | 教师姓名 | 论文题目 | 刊物(会议)名称 | 发表时间 |
|---|---|---|---|---|
| 24 | 姜锡仲 | 关于普通高校开设足球课的探讨 | 《哈尔滨体育学院学报》 | 1984年 |
| 25 | 谭学儒 | 试谈高校体育改革中的几个问题 | 《学校体育》 | 1984年3月 |
| 26 | 娄启生 | 滑冰课教学改革 | 黑龙江高校研究会 | 1984年4月 |
| 27 | 赖有才 | 大学生体质评价方法的探索 | 黑龙江省体育卫生工作会 | 1984年5月 |
| 28 | 娄福恩 | 对我国部分居民晨间体育锻炼的调研 | 中国体育科学大会 | 1984年8月 |
| 29 | 孟宏震 | 运动竞赛社会效果的初步研究 | 黑龙江省体育科学论文报告会 | 1984年10月 |
| 30 | 章 民 | 健美锻炼是大学生锻炼身体的好方法 | 黑龙江省高校首届体育科学论文报告会 | 1984年10月 |
| 31 | 方玉林 | 注重体质研究 改进体育教学 | 黑龙江省高校首届体育科学论文报告会 | 1984年10月 |
| 32 | 赖有才 | 哈工大学生体能现状的评价 | 黑龙江省高校首届体育科学论文报告会 | 1984年10月 |
| 33 | 马永昌 | 从病休率看大学生锻炼的必要性 | 东北地区部分高校体育学术论文报告会 | 1984年12月 |
| 34 | 方玉林 | 注重体质研究改进体育教学大纲 | 东北地区部分高校体育学术论文报告会 | 1984年12月 |
| 35 | 孟宏震 | 哈工大男生体操教材和生物学基础 | 东北地区部分高校体育学术论文报告会 | 1984年12月 |
| 36 | 于 同 | 初级跨栏运动员栏间步训练体会 | 东北地区部分高校体育学术论文报告会 | 1984年12月 |
| 37 | 黄 锷 | 对"肩外投掷致伤"的分析及纠正 | 东北地区部分高校体育学术论文报告会 | 1984年12月 |
| 38 | 赖有才 | 保龄球(新兴项目介绍) | 《当代体育》 | 1985年 |
| 39 | 娄启生 | 如何溜旱冰 | 《冰雪运动》 | 1985年4月 |
| 40 | 高士廉 | 浅谈普通高校蛙泳教学 | 《哈工大高等工科教育》 | 1985年6月 |
| 41 | 赖有才 | 哈工大研究生健身体育课现状 | 全国高校研究生体育学术交流会 | 1985年7月 |
| 42 | 王平周 | 哈工大硕士生健身计划的说明 | 全国高校研究生体育学术交流会 | 1985年7月 |
| 43 | 陈尧胜 | 研究生体育教材的编写——乒乓球 | 全国高校研究生体育学术交流会 | 1985年7月 |

续表

| 序号 | 教师姓名 | 论文题目 | 刊物(会议)名称 | 发表时间 |
|---|---|---|---|---|
| 44 | 李育春 | 研究生体育锻炼的组织与进行 | 全国高校研究生体育学术交流会 | 1985年7月 |
| 45 | 谭学儒 | 对组织研究生健身体育课教学的一点体会 | 全国高校研究生体育学术交流会 | 1985年7月 |
| 46 | 马永昌 | 体育疗法治疗大学生神经衰弱的探讨 | 东北地区部分高校体育学术报告会 | 1986年1月 |
| 47 | 姜锡仲 | 足球教练员指挥艺术的研究 | 东北地区部分高校体育学术报告会 | 1986年1月 |
| 48 | 郑坤惠 | 黑龙江省部分高校中教师死亡情况调查报告 | 《黑龙江日报》 | 1986年7月 |
| 49 | 关鹏飞 | 体育俱乐部与大学生课外体育运动 | 黑龙江省高校体育教改研讨会 | 1986年5月 |
| 50 | 马永昌 | 研究生的心理特点与课程设置 | 全国研究生体育学术报告会 | 1986年7月 |
| 51 | 孟宏震 | 想象练习在普通高校体操教学中的应用 | 全国研究生体育学术报告会 | 1986年12月 |
| 52 | 韩禹学 | 从生理学和运动学观点对游泳运动员身体向前游进力的分析 | 哈尔滨市高校第四届体育科学论文报告会 | 1987年1月 |
| 53 | 赖有才 | 日本大学的体育改革 | 《黑龙江高校体育》 | 1987年2月 |
| 54 | 姜锡仲 | 研究生体质的动态分析及对策 | 全国研究生体育工作研究会 | 1987年6月 |
| 55 | 姜锡仲 | 试论体育在研究生培养过程中的实效性 | 东北地区高校体育研究会 | 1988年1月 |
| 56 | 马永昌 | 谈篮球比赛中的体能问题 | 《黑龙江高校体育》 | 1988年5月 |
| 57 | 赖有才 | 日本学校体育理论课的实效 | 《黑龙江高校体育》 | 1988年5月 |
| 58 | 赖有才 | 热点——举世瞩目的田径纪录 | 《黑龙江高校体育》 | 1988年5月 |
| 59 | 姜锡仲 | 研究生体质的动态分析及对策 | 《研究生体育》 | 1988年7月 |
| 60 | 赖有才 | 深化研究生体育工作适应新时代的步伐 | 《研究生体育》 | 1988年7月 |
| 61 | 马永昌 | 计算机控制系统在篮球竞赛工作中的应用 | 黑龙江省高校第四届体育学术论文报告会 | 1988年12月 |
| 62 | 马永昌 | 概述研究生体育教育的现状 | 《研究生体育》 | 1989年7月 |
| 63 | 邵满库 | 应用模糊数学对排球扣球教学与训练的研究 | 北方高校排球教师论文报告会 | 1989年8月 |

续表

| 序号 | 教师姓名 | 论文题目 | 刊物(会议)名称 | 发表时间 |
|---|---|---|---|---|
| 64 | 关鹏飞 | 调动教师积极性 增强集体凝聚力 | 黑龙江省高校学术论文报告会 | 1990年 |
| 65 | 于 同 | 试论如何提高运动能力 | 黑龙江省高校学术论文报告会 | 1990年 |
| 66 | 仇 慧 | 谈排球技术错误动作的分析 | 黑龙江省高校体育学术论文报告会 | 1990年 |
| 67 | 郑坤惠 | 对大学生开设健美课的体会 | 黑龙江省高校体育学术论文报告会 | 1990年 |
| 68 | 杨国才 | 对普通高校开设气功课的探讨 | 《东北高等工科教育》 | 1990年 |
| 69 | 孟宏震 | 田径运动会数据库管理系统的设计及应用 | 东北高校第四届体育学术论文报告会 | 1990年1月 |
| 70 | 方玉林 | 保护学生视力保护人才 | 全国高校研究生学术报告会 | 1990年8月 |
| 71 | 孟宏震 | 精彩的表演 光明的前途 | 《冰雪运动》 | 1991年4月 |
| 72 | 方玉林 | 研究生体育合格标准的研究 | 《研究生体育》 | 1991年7月 |
| 73 | 王 珂 | 对体育实践教学质量评估的研究 | 哈尔滨市高校体育教师论文报告会 | 1992年 |
| 74 | 王 珂 | 陈跃玲——亚洲人的骄傲 | 《当代体育》 | 1992年 |
| 75 | 王 珂 | 我国的健身运动 | 《当代体育》 | 1992年 |
| 76 | 王 珂 | 对制定研究生体育合格标准的初探 | 全国研究生第八届体育学术论文报告会 | 1992年 |
| 77 | 王 珂 | 试论最强的健美训练方法 | 全国研究生第八届体育学术论文报告会 | 1992年 |
| 78 | 邵满库 | 儿童少年篮球系统化训练方法探讨 | 《哈尔滨体育学院学报》 | 1993年 |
| 79 | 邵满库 | 普通高校三年级开设体育课可行性 | 《黑龙江高校体育》 | 1993年 |
| 80 | 徐 枫 | 普通高校女生开设形体健身课初探 | 《黑龙江高校体育》 | 1993年 |
| 81 | 郝秀艳 | 篮球运动员心理训练探讨 | 《中国体育科技》 | 1993年 |
| 82 | 仇 慧 | 哈尔滨市大学生体质特点的调查研究 | 《黑龙江高校体育》 | 1993年 |
| 83 | 黄 锷 | 试论标枪运动的助跑与爆发力 | 《黑龙江高校体育》 | 1993年 |

续表

| 序号 | 教师姓名 | 论文题目 | 刊物（会议）名称 | 发表时间 |
|---|---|---|---|---|
| 84 | 徐枫 | 普通高校女生开设健身跑课的初探 | 《黑龙江高校体育》 | 1993年 |
| 85 | 赵秀云 | 提高普通高校选项课教学质量的探讨 | 《高等教育工科学刊》 | 1993年3月 |
| 86 | 邵满库 | 优化排球选项课教学法的研究 | 《黑龙江高校体育》 | 1993年6月 |
| 87 | 马永昌 | 研究生体育发展的展望 | 《研究生体育》 | 1993年7月 |
| 88 | 邵满库 | 对哈工大高年级学生体质下降的研究 | 《哈工大高等工科教育》 | 1994年 |
| 89 | 董平 | 大学女生体育教学课型的探讨 | 《黑龙江高校体育》 | 1994年 |
| 90 | 郝秀艳 | 重视提高普通高校高年级学生体质问题的探讨 | 《哈工大高等工科教育》 | 1994年 |
| 91 | 仇慧 | 对发展女生身体素质培养锻炼能力的研究 | 《黑龙江高校体育》 | 1994年 |
| 92 | 仇慧 | 提高女生锻炼能力的研究 | 《黑龙江高校体育》 | 1994年 |
| 93 | 仇慧 | 探讨体育教学中的教书育人 | 《齐齐哈尔师范学院学报》 | 1994年 |
| 94 | 王国滨 | 优秀冰球运动员心理状态的调查分析 | 《黑龙江高校体育》 | 1994年1月 |
| 95 | 安宏 | 健美专项课注重美育教育 | 《高教研究》 | 1994年10月 |
| 96 | 董平 | 大学女生武术课教材改革的研究 | 《黑龙江高校体育》 | 1995年 |
| 97 | 郝秀艳 | 对女大学生身体素质的跟踪调查研究 | 《黑龙江高校体育》 | 1995年 |
| 98 | 郝秀艳 | 篮球训练中的音乐功能 | 《黑龙江高校体育》 | 1995年 |
| 99 | 仇慧 | 贯彻《纲要》精神 深化教学改革 | 《黑龙江高校体育》 | 1995年 |
| 100 | 王国滨 | 浅析短跑速度与滑冰速度力量训练的生理机制负荷影响 | 《冰雪运动》 | 1995年 |
| 101 | 崔煜 | 脚背内侧踢球技术的教法研究 | 《黑龙江高校体育》 | 1995年1月 |
| 102 | 崔煜 | 浅谈太极拳套路演练中的艺术 | 《黑龙江高校体育》 | 1995年1月 |
| 103 | 简萍 | 念功方法在艺术体操教学中应用的研究 | 《黑龙江高校体育》 | 1995年5月 |

### 2000 年教师发表部分论文

| 序号 | 教师姓名 | 论文题目 | 刊物（会议）名称 | 发表时间 |
|---|---|---|---|---|
| 1 | 郝秀艳 | 健身操创编探讨 | 《黑龙江高校体育卫生艺术教育》 | 2000 年 1 月 |
| 2 | 陈 玲 | 助跑速度是决定跳远成绩的关键因素 | 《黑龙江高校体育》 | 2000 年 1 月 |
| 3 | 王 珂 | 九冬会长春男子短道速滑 5 000 m 接力赛的运动学分析 | 《冰雪运动》 | 2000 年 2 月 |
| 4 | 历祥英 | 体育课与课外活动的互补 | 《体育科学》 | 2000 年 2 月 |
| 5 | 历祥英 | 对大学女生体育基础的调查及教学改革的研究 | 《中国体育科技》 | 2000 年 2 月 |
| 6 | 徐 枫 | 浅谈篮球教学中的"精讲多练" | 《哈尔滨体育学院学报》 | 2000 年 4 月 |
| 7 | 谷化铮 | 新式速滑冰刀弯道滑行技术的运动学分析 | 《冰雪运动》 | 2000 年 4 月 |
| 8 | 刘志信 | 加强基础、拓宽专业 | 第二届全国普通高校国防教育学术论文成果报告会 | 2000 年 4 月 |
| 9 | 邓振杰 | 女大学生滑冰健人教育模式研究 | 《冰雪运动》 | 2000 年 4 月 |
| 10 | 邓振杰 | 浅谈艺术体操教学中的美育教育 | 《黑龙江教育学院学报》 | 2000 年 6 月 |
| 11 | 孟 述 | 对 21 世纪体育院校人才培养的战略思考 | 《辽宁体育科技》 | 2000 年 6 月 |
| 12 | 左 斌 | 我国优秀跳高运动员背越式过杆技术的运动特征 | 第六届全国大学生运动会科学论文报告会 | 2000 年 8 月 |

### 2001 年教师发表部分论文

| 序号 | 教师姓名 | 论文题目 | 刊物（会议）名称 | 发表时间 |
|---|---|---|---|---|
| 1 | 历祥英 | 对保护大学生视力的研究与实践 | 《黑龙江高校体育卫生艺术教育》 | 2001 年 1 月 |
| 2 | 陶永纯 | 旱冰壶运动简介及投资分析 | 《冰雪运动》 | 2001 年 2 月 |
| 3 | 王 菊 | 体育教学中的美育教育 | 《黑龙江高校体育卫生艺术教育》 | 2001 年 3 月 |
| 4 | 邓振杰 | 新时期普通高等学校健美操课教学模式初探 | 《哈尔滨体育学院学报》 | 2001 年 3 月 |
| 5 | 邓振杰 | 关于大学生滑冰运动损伤防治的研究 | 《冰雪运动》 | 2001 年 4 月 |
| 6 | | 大学女生体育课素质教育的研究 | 《黑龙江高校体育卫生艺术教育》 | 2001 年 4 月 |
| 7 | 章 民 | 大学课外体育活动的发展趋势 | 《科技论坛》 | 2001 年 4 月 |
| 8 | 谷化铮 | 论针对性原则在篮球训练中的应用 | 《黑龙江高校体育卫生艺术教育》 | 2001 年 4 月 |

续表

| 序号 | 教师姓名 | 论文题目 | 刊物(会议)名称 | 发表时间 |
|---|---|---|---|---|
| 9 | 陶永纯 | 心理暗示法在高校速滑教学中的应用研究 | 《冰雪运动》 | 2001年4月 |
| 10 | 郑坤惠 | 体能标准研究 | 《体育科学》(增刊) | 2001年5月 |
| 11 | 仇 慧 | 对篮球计算机教学与训练CAT系统的开发与研究 | 《体育科学》 | 2001年5月 |
| 12 | 冯 伟 | 跳远助跑文献综述 | 《哈尔滨体育学院学报》 | 2001年6月 |
| 13 | 罗善华 | 简论新形势下国防教育 | 《科教论坛》 | 2001年8月 |
| 14 | 郝秀艳 王国滨 | 终身体育意识是生命宝塔的根基 | 《黑龙江教育》 | 2001年11月 |
| 15 | 孟 述 | 对哈尔滨市普通高校排球课现状与发展的研究 | 黑龙江高教学会 | 2001年12月 |
| 16 | 张春晖 | 青少年速度滑冰展望暨选材 | 《冰雪运动》 | 2001年12月 |

2002年教师发表论文

| 序号 | 教师姓名 | 论文题目 | 刊物(会议)名称 | 发表时间 |
|---|---|---|---|---|
| 1 | 郝秀艳 | 瑜伽在体育教学整理运动中的运用 | 《黑龙江高校体育卫生艺术教育》 | 2002年1月 |
| 2 | 赵秀云 | 运用素质教育理论改革大学女生体育课教学 | 《黑龙江高校体育卫生艺术教育》 | 2002年1月 |
| 3 | 邓振杰 | 提高大学生学习健美操自信心的探讨 | 《黑龙江高校体育卫生艺术教育》 | 2002年1月 |
| 4 | 简 平 | 对影响哈市女性参加大众健身操现状分析 | 《黑龙江高校体育卫生艺术教育》 | 2002年1月 |
| 5 | 马晓天 | 东北地区高校开展雪地足球运动的前景与对策 | 《冰雪运动》 | 2002年1月 |
| 6 | 李 勇 | 计算机网络技术在短道速滑比赛中的应用 | 《冰雪运动》 | 2002年1月 |
| 7 | 柳洪涛 | 刍议普通高校篮球选项课教学方法 | 《黑龙江学校体育卫生艺术教育》 | 2002年1月 |
| 8 | 张宝军 | 浅谈心理因素对罚篮命中率的影响 | 《黑龙江学校体育卫生艺术教育》 | 2002年1月 |

279

续表

| 序号 | 教师姓名 | 论文题目 | 刊物(会议)名称 | 发表时间 |
|---|---|---|---|---|
| 9 | 历祥英 | 运用素质教育观构建学校体育教学目标体系的框架 | 《科教论坛》 | 2002年1月 |
| 10 | | 大学体育教育改革与未来走势 | 《哈尔滨体育学院学报》 | 2000年5月 |
| 11 | | 关于保护大学生视力的研究与实践 | 中国体育科技论文报告会 | 2002年4月 |
| 12 | | 体育在研究生培养过程中的地位和作用 | 《北京体育大学学报》(增刊) | 2002年5月 |
| 13 | | 体育成绩评定体现素质教育评价的设计与实践 | 《航空教育》 | 2002年9月 |
| 14 | 陈 玲 | 健美操教学特点及教法浅析 | 《黑龙江高校体育卫生艺术教育》 | 2002年2月 |
| 15 | | 将音乐应用于冰上教学的尝试 | 《冰雪运动》 | 2002年5月 |
| 16 | 王 力 | 大学生准专业速滑运动员训练相关因素推论 | 《冰雪运动》 | 2002年2月 |
| 17 | 章 民 | 短道速滑运动员弯道滑跑下肢肌肉群静力性特点及其训练 | 《冰雪运动》 | 2002年2月 |
| 18 | 陶永纯 | 学校体育事故及其法律责任略论 | 《黑龙江高校体育卫生艺术教育》 | 2002年2月 |
| 19 | | 论我国古代重文轻武思想形成原因 | 《黑龙江高校体育卫生艺术教育》 | 2002年3月 |
| 20 | | 掌握学习教学模式在体育术科教学中的应用研究 | 《哈尔滨体育学院学报》 | 2002年6月 |
| 21 | 吕 岩 | 培养体育市场、对促进体育产业化发展的深远影响 | 《黑龙江学校体育卫生艺术教育》 | 2002年2月 |
| 22 | 张建中 | 高校体育教学改革浅析 | 《黑龙江学校体育卫生艺术教育》 | 2002年2月 |
| 23 | 关晓龙 | 诱导对比练习法在滑冰课教学中的运用 | 《黑龙江学校体育卫生艺术教育》 | 2002年2月 |
| 24 | 李 勇 | 足球运动的供能方式 | 《黑龙江学校体育卫生艺术教育》 | 2002年3月 |
| 25 | 仇 慧 | 在大学校园开展软式排球的可行性 | 《吉林体育学院学报》 | 2002年3月 |
| 26 | 吕 岩 | 我国民间冰球运动开展的现状与未来走势 | 《冰雪运动》 | 2002年3月 |
| 27 | | 冰上课教学方法与难点教学实践初探 | 《冰雪运动》 | 2002年4月 |

续表

| 序号 | 教师姓名 | 论文题目 | 刊物(会议)名称 | 发表时间 |
|---|---|---|---|---|
| 28 | 冯韶文 | 短道速滑比赛犯规区域与行为的分析 | 《冰雪运动》 | 2002年3月 |
| 29 | | 对心理暗示法提高大学生速滑运动能力的研究 | 《冰雪运动》 | 2002年4月 |
| 30 | 关亚军 | 哈工大"中华冰雪学网"网站介绍及实施意义 | 《冰雪运动》 | 2002年3月 |
| 31 | | 对KLAP冰刀点位压力实验及桥式支撑冰刀的设计 | 《冰雪运动》 | 2002年4月 |
| 32 | | 浅谈网络教学特点,推进高校体育教育网络化进展 | 《哈尔滨体育学院学报》 | 2002年4月 |
| 33 | 盛俊林 | 花样滑冰计算系统及数据库的特点与功能 | 《冰雪运动》 | 2002年4月 |
| 34 | 高宝泉 | 教学过程最优化与高校体育改革 | 《哈尔滨体育学院学报》 | 2002年4月 |
| 35 | | 雪地足球限制性比赛的设计与实施方案 | 《冰雪运动》 | 2002年4月 |
| 36 | 谷化铮 | 中日中小学体育教学方法的比较研究 | 《黑龙江高校体育卫生艺术教育》 | 2002年2月 |
| 37 | | 对哈尔滨市中小学开展雪地足球运动研究 | 《冰雪运动》 | 2002年3月 |
| 38 | | 哈尔滨工业大学体育教学改革的实践与研究 | 《山西师大体育学院学报》 | 2002年4月 |
| 39 | | 对东北地区高校体育场馆使用现状的调查与研究 | 黑龙江省高等教育学会 | 2002年5月 |
| 40 | 李跃年 | 关于推进素质教育,深化大学体育教学改革 | 《北京体育大学学报》 | 2002年5月 |
| 41 | 刘勇强 | 浅析武术的运动训练过程 | 《黑龙江高校体育卫生艺术教育》 | 2002年 |
| 42 | 许振松 | 对高校体育教学改革中现代素质教育的探讨 | 《上海体育学院学报》 | 2002年8月 |
| 43 | 冯 伟 | 我国优秀男子跳远运动员助跑最后两步运动学讨论 | 《东亚体育科学》 | 2002年8月 |
| 44 | | 跳远起跳文献综述 | 《哈尔滨体育学院学报》 | 2002年9月 |
| 45 | 闫 生 | 我国高校高水平田径队现存问题的研究 | 《北京体育大学学报》(增刊) | 2002年5月 |
| 46 | | 口诀在速度滑冰教学中的运用 | 《北京体育大学学报》 | 2002年11月 |
| 47 | | 中药对耐力训练大鼠心肌组织G.n. SDH的影响 | 《冰雪运动》 | 2002年12月 |

续表

| 序号 | 教师姓名 | 论文题目 | 刊物(会议)名称 | 发表时间 |
| --- | --- | --- | --- | --- |
| 48 | 冯韶文 | 谈合格足球裁判员所具备的基本素质 | 《黑龙江学校体育卫生艺术教育》 | 2002年1月 |
| 49 | | 对有效实施跨栏教学的探讨 | 《黑龙江教育学院学报》 | 2002年1月 |
| 50 | | 对体育教师运用口令问题的分析与研究 | 《黑龙江教育学院学报》 | 2002年2月 |
| 51 | | 体育课中几种教学评分方式的研究 | 《黑龙江教育学院学报》 | 2002年3月 |
| 52 | | 速度滑冰教学中培养学生创新精神的初探 | 《哈尔滨体育学院学报》 | 2002年4月 |
| 53 | 张成刚 | 大学生健康体育模式的研究 | 《黑龙江学校体育卫生艺术教育》 | 2002年2月 |
| 54 | | 普通高校的几种不同教学模式的比较研究 | 《鞍山师范学院学报》 | 2002年10月 |
| 55 | 王明明 | 谈军事理论课堂讲授的六个基本特点 | 《黑龙江学校体育卫生艺术教育》 | 2002年1月 |
| 56 | | 论学生军训与校园精神文明建设 | 《科教论坛》 | 2002年9月 |
| 57 | 齐永成 | 提高军事教师素质适应21世纪国防教育的发展 | 《科教论坛》 | 2002年9月 |
| 58 | 罗善华 | 加强高校军事学科建设势在必行 | 《黑龙江学校体育卫生艺术教育》 | 2002年1月 |
| 59 | 王明明 | 谈"军事地形学"教学 | 《黑龙江学校体育卫生艺术教育》 | 2002年2月 |
| 60 | 刘志信 | 论普通高等学校军事学科结构体系的内涵与形式 | 《齐齐哈尔大学学报》 | 2002年7月 |
| 61 | 张建中 | 排球教学中错误运动纠正思路 | 《中国学校体育》 | 2002年11月 |

2003年教师发表论文

| 序号 | 教师姓名 | 论文题目 | 刊物名称 | 发表时间 |
| --- | --- | --- | --- | --- |
| 1 | 蒋 强 | 关于黑龙省高校成立篮球俱乐部的可行性研究 | 《哈尔滨体育学院学报》 | 2003年1月 |
| 2 | 夏洪海 | 高知识阶层体育健康现状的透视 | 《黑龙江学校体育卫生艺术教育》 | 2003年1月 |
| 3 | 崔 煜 | 排球后排进攻战术的运用和发展趋势 | 《黑龙江学校体育卫生艺术教育》 | 2003年1月 |
| 4 | 邓振杰 | 浅谈大众健美对女大学生身体形态机能的影响 | 《黑龙江学校体育卫生艺术教育》 | 2003年1月 |
| 5 | 王国滨 | 冰上课人性化设计 | 《冰雪运动》 | 2003年1月 |

续表

| 序号 | 教师姓名 | 论文题目 | 刊物名称 | 发表时间 |
|---|---|---|---|---|
| 6 | 关亚军 | 速滑冰刀刃表面改性技术对提高成绩的前瞻性探讨 | 《哈尔滨体育学院学报》 | 2003年1月 |
| 7 | 张成刚 | 浅谈CUBA国家的发展特点 | 《航空教育》 | 2003年1月 |
| 8 | | 体育健康课程的实践与探讨 | 《黑龙江学校体育卫生艺术教育》 | 2003年1月 |
| 9 | 陶永纯 | 谈哈尔滨雪地足球蕴含的冰雪文化 | 《冰雪运动》 | 2003年1月 |
| 10 | | 浅谈我国古代重文轻武风气的后果 | 《黑龙江学校体育卫生艺术教育》 | 2003年2月 |
| 11 | | 十冬会自由式滑雪比赛组织模式初探 | 《冰雪运动》 | 2003年2月 |
| 12 | 于同 | 对哈市冬泳锻炼群体的社会调查 | 《黑龙江学校体育卫生艺术教育》 | 2003年1月 |
| 13 | | 对哈市滑雪群体运动损伤状况的调查分析 | 《冰雪运动》 | 2003年2月 |
| 14 | 关晓龙 | 在篮球教学中比赛教学法的重要作用 | 《黑龙江学校体育卫生艺术教育》 | 2003年1月 |
| 15 | | 高智商人群的健康教育 | 《黑龙江学校体育卫生艺术教育》 | 2003年4月 |
| 16 | 杨国财 | 走创新之路,大力发展滑雪旅游业 | 《冰雪运动》 | 2003年2月 |
| 17 | 王力 | 浅析冰球运动员赛前心理调整 | 《冰雪运动》 | 2003年2月 |
| 18 | 刘志书 | 对我国冰雪产业的现状分析及对策研究 | 《冰雪运动》 | 2003年2月 |
| 19 | 刘勇强 | 对黑龙江省城乡太极拳练习者锻炼动机的研究 | 《黑龙江学校体育卫生艺术教育》 | 2003年2月 |
| 20 | 陈玲 | 对哈尔滨市高校开设女子雪地足球课的认识 | 《冰雪运动》 | 2003年2月 |
| 21 | 陈玲 | 有氧健身操对老年人心肺功能的影响 | 《黑龙江学校体育卫生艺术教育》 | 2003年2月 |
| 22 | | 校园体育文化的功能及建设途径 | 《黑龙江学校体育卫生艺术教育》 | 2003年2月 |
| 23 | 吕岩 | 体育舞蹈课在高校教学中的运用价值 | 《黑龙江学校体育卫生艺术教育》 | 2003年3月 |
| 24 | | 如何从培养学生的体育兴趣、进行教学改革 | 《高教改革研究与实践论文汇编》 | 2003年7月 |
| 25 | 李兴汉 | 探析普通高校篮球选项课的教学内容与手段 | 《黑龙江学校体育卫生艺术教育》 | 2003年3月 |

续表

| 序号 | 教师姓名 | 论文题目 | 刊物名称 | 发表时间 |
| --- | --- | --- | --- | --- |
| 26 | 王 珂 | 2002年全国冰壶比赛有关问题的分析 | 《冰雪运动》 | 2003年3月 |
| 27 | 左 斌 | 论野外生存生活训练是实现高校体育课程的有效手段 | 《黑龙江学校体育卫生艺术教育》 | 2003年3月 |
| 28 | 冯韶文 | 短道速滑教练员应树立战术观 | 《冰雪运动》 | 2003年3月 |
| 29 | 盛俊林 | 中日体育社会指导员现状调查与研究 | 《浅井学园大学期刊》 | 2003年 |
| 30 | 冯 伟 | 我国男子跳远运动员助跑后两步步长变化特征 | 《哈尔滨体育学院学报》 | 2003年3月 |
| 31 | | 跳远准备起跳技术分析 | 《黑龙江学校体育卫生艺术教育》 | 2003年3月 |
| 32 | | "十冬会"冰壶比赛综述 | 《冰雪运动》 | 2003年3月 |
| 33 | | 黑龙江高校开展冰壶项目的可行性研究 | 《黑龙江学校体育卫生艺术教育》 | 2003年7月 |
| 34 | 章 民 | 关于高水平运动队现状及招生管理办法的探讨 | 《黑龙江高教研究》 | 2003年4月 |
| 35 | 李跃年 | 关于体育考试与素质教育评价 | 《科教论坛》 | 2003年4月 |
| 36 | 张霁红 | 论高校体育课程教学改革 | 《黑龙江学校体育卫生艺术教育》 | 2003年4月 |
| 37 | 赵秀云 | 普通高校滑冰课的损伤调查及预防 | 《冰雪运动》 | 2003年4月 |
| 38 | 张宝军 | 浅谈中锋投篮技术在篮球比赛中的运用 | 《航空教育》 | 2003年5月 |
| 39 | 仇 慧 | 软式排球选项课教学的研究 | 《北京体育大学学报》 | 2003年5月 |
| 40 | 王剑虹 | 论太极拳教学中正确的身型技术 | 《黑龙江教育学院学报》 | 2003年4月 |
| 41 | | 从起源看判辩太极拳好坏的基本标准 | 《北京体育大学学报(增刊)》 | 2003年6月 |
| 42 | 马中权 | 论现代教学方法在体育教学中应用 | 《黑龙江教育学院学报》 | 2003年4月 |
| 43 | | 普通高校篮球专项课对发展大学生全面素质的作用 | 《北京体育大学学报(增刊)》 | 2003年 |

附 录

续表

| 序号 | 教师姓名 | 论文题目 | 刊物名称 | 发表时间 |
|---|---|---|---|---|
| 44 | 历祥英 | 大学体育男女生合班、分班教学的利弊 | 《科教论坛》 | 2003年1月 |
| 45 | | 当代中上体育所推定社会问题 | 《航空教育》 | 2003年5月 |
| 46 | | 加强大学生体育审美意识的研究与实践 | 《体育科技》 | 2003年11月 |
| 47 | 高宝泉 | 普通高校足球选项课学习兴趣的显现及诱导 | 《黑龙江学校体育卫生艺术教育》 | 2003年3月 |
| 48 | | 雪地足球重心控制与训练方法的探讨 | 《冰雪运动》 | 2003年4月 |
| 49 | | 足球普修课技术教学优化设计方案的研究 | 《北京体育大学学报》 | 2003年5月 |
| 50 | | 少年速滑弯道技术的基础训练 | 《冰雪运动》 | 2003年 |
| 51 | 许振松 | 对高校体育改革中现代素质教育的探讨 | 《上海体育学院学报》 | 2003年 |
| 52 | | 花样游泳运动员身体训练的探讨 | 《东亚体育科学会》 | 2003年 |
| 53 | | 谈定向运动出发动作技能 | 《黑龙江学校体育卫生艺术教育》 | 2003年1月 |
| 55 | | 谈增强军训凝聚力 | 《科教论坛》 | 2003年1月 |
| 56 | | 谈定向运动途中的动作技能 | 《科教论坛》 | 2003年3月 |
| 57 | 王明明 | 编写高校《军事理论》教材应注意的问题 | 《黑龙江教育学院学报》 | 2003年3月 |
| 58 | | 高校军事理论课程教学改革与发展的思考 | 《黑龙江教育学院学报》 | 2003年5月 |
| 59 | | 新世纪高校军事理论教学方法改革的思考 | 《科教论坛》 | 2003年5月 |
| 60 | | 谈军事课程评估体系的建立与完善 | 《中国新教育》 | 2003年8月 |
| 61 | 罗善华 | 试谈高校国防教育在人才培养中的作用 | 《科教论坛》 | 2003年4月 |

2004年教师发表论文

| 序号 | 教师姓名 | 论文题目 | 刊物名称 | 发表时间 |
|---|---|---|---|---|
| 1 | 牛荣利 | 黑龙江省残疾人体育现状的研究 | 《黑龙江高校体育》 | 2004年1月 |
| 2 | 董晓琪 | 电化教学在大学篮球防守技术教学中的运用研究 | 《航空教育》 | 2004年1月 |

续表

| 序号 | 教师姓名 | 论文题目 | 刊物名称 | 发表时间 |
|---|---|---|---|---|
| 3 | 高宝泉 | 第17届世界足球赛进球区域及相应战术特征的研究 | 《哈尔滨体育学院学报》 | 2004年1月 |
| 4 | | 普通高校速滑技术教学中训练手段最优化探析 | 《冰雪运动》 | 2004年5月 |
| 5 | 李跃年 | 关于高校冬季体育课程改革与设置 | 《科教论坛》 | 2004年1月 |
| 6 | | 关于哈工大开设滑雪选修课的可行性 | 《科教论坛》 | 2004年4月 |
| 7 | 冯伟 | 冰壶运动员的身体训练 | 《冰雪运动》 | 2004年1月 |
| 8 | | 影响我国跳远运动员助跑最后一步身体重心水平速度变化因素的分析 | 《北京体育大学学报》 | 2004年4月 |
| 9 | | 我国优秀男子跳远运动员助跑最后两步身体重心高度变化特征 | 《北京体育大学学报》 | 2004年9月 |
| 10 | 简萍 | 心理训练法在健美操赛前训练的应用研究 | 《黑龙江高校体育》 | 2004年2月 |
| 11 | 张仙娥 | 谈研究生乒乓球选项课教学与效果 | 《黑龙江高校体育》 | 2004年2月 |
| 12 | 柳洪涛 | 探析普通高校篮球选项课教学内容与手段 | 《黑龙江高校体育》 | 2004年2月 |
| 13 | 徐磊 | 2008年北京奥运会志愿者问题的思考 | 《黑龙江高校体育》 | 2004年2月 |
| 14 | | 我国体育产业化发展障碍初探 | 《哈尔滨学院学报》 | 2004年6月 |
| 15 | 张伟 | 网球教学"四人组合多球练习法"研究 | 《黑龙江高校体育》 | 2004年2月 |
| 16 | | 表象法在游泳课教学中的应用 | 《中国学校教育研究》 | 2004年12月 |
| 17 | 陈玲 | 让美育教育体现在健美操教学中 | 《黑龙江高校体育》 | 2004年2月 |
| 18 | | 速度滑冰教学中常见运动损伤的分析及预防 | 《黑龙江高校体育》 | 2004年4月 |
| 19 | 关晓龙 | "领会教学法"在手球教学训练中的实践 | 《黑龙江高校体育》 | 2004年2月 |
| 20 | | 浅析足球战术意识的形成及培养 | 《黑龙江高校体育》 | 2004年3月 |
| 21 | | 冰球运动员假动作的分析 | 《冰雪运动》 | 2004年5月 |
| 22 | 李征宇 | 黑龙江高校冬季开设手球课的探讨 | 《冰雪运动》 | 2004年3月 |

续表

| 序号 | 教师姓名 | 论文题目 | 刊物名称 | 发表时间 |
|---|---|---|---|---|
| 23 | 邓振杰 | 篮球裁判员区域分工的探析 | 《中国学校教育研究》 | 2004年4月 |
| 24 | 王 菊 | 论学校体育课程的创新教育 | 《黑龙江高校体育》 | 2004年4月 |
| 25 | 刘志书 | 雪地足球比赛规则与裁判法的探讨 | 《黑龙江高校体育》 | 2004年4月 |
| 26 | 郝秀艳 | 形体礼仪健身课程设计的实验研究 | 《黑龙江高校体育》 | 2004年4月 |
| 27 | | 重视形体礼仪教学培养正确身体姿态 | 《黑龙江省教育》 | 2004年12月 |
| 28 | 王 力 | 谈越野滑雪训练中运动员体液的补充与恢复 | 《冰雪运动》 | 2004年5月 |
| 29 | 许振松 | 强化速滑运动员自行车训练手段的探讨 | 《冰雪运动》 | 2004年5月 |
| 30 | 王晓伟 | 浅论民族休闲体育的传统与发展 | 《黑龙江教育学院学报》 | 2004年5月 |
| 31 | 陶永纯 | 2004国际雪联铃木自由式滑雪世界杯比赛评析 | 《冰雪运动》 | 2004年5月 |
| 32 | 李 勇 | 短道速滑中计算机软件应用 | 《北京体育大学学报》（增刊） | 2004年5月 |
| 33 | | 哈尔滨工业大学体育数据库的开发与设计 | 《北京体育大学学报》（增刊） | 2004年6月 |
| 34 | 孟 巍 | 实施素质教育培养体育创新型人才 | 《北京体育大学学报》（增刊） | 2004年5月 |
| 35 | | 2003年世界短道速滑团赛中韩两队对阵式的研究 | 《冰雪运动》 | 2004年11月 |
| 36 | 肖同岐 | 哈工大体育学科发展目标与定位的探讨 | 《科教论坛》 | 2004年6月 |
| 37 | 闫 生 | 原地侧向推铅球动作要领分析 | 《田径》 | 2004年6月 |
| 38 | | 对高校体育实验健康教育的探讨 | 《科教论坛》 | 2004年10月 |
| 39 | 郑坤惠 | 篮球比赛过程中统计方法研究 | 《黑龙江高校体育》 | 2004年8月 |
| 40 | 赵秀云 | 影像技术在冰上课弯道技术教学中的作用 | 《冰雪运动》 | 2004年9月 |
| 41 | 张亚东 | 浅析初级三路长拳中几个难度动作的攻防特点 | 《黑龙江教育学院学报》 | 2004年11月 |
| 42 | 盛俊林 | 谈比赛中的冰球意识 | 《冰雪运动》 | 2004年11月 |

续表

| 序号 | 教师姓名 | 论文题目 | 刊物名称 | 发表时间 |
|---|---|---|---|---|
| 43 | 张宝军 | 篮球教学在高校素质教育中的作用 | 《北京体育大学学报》(增刊) | 2004年11月 |
| 44 | 王明明 | 国防教育与素质培养 | 《黑龙江教育学院学报》 | 2004年1月 |
| 45 | | 谈高校军训大纲与高校德育教育大纲 | 《黑龙江高校体育》 | 2004年2月 |
| 46 | | 抓住军训契机实施养成教育 | 《科教论坛》 | 2004年3月 |
| 47 | | 按照三个代表的要求切实加强国防教育 | 《科教论坛》 | 2004年3月 |
| 48 | | 加强教管人员思想政治教育的建议 | 《成人教育》 | 2004年4月 |
| 49 | | 试论普通高校军事课教学模式 | 《科教论坛》 | 2004年5月 |

2005年教师发表论文

| 序号 | 教师姓名 | 论文题目 | 刊物名称 | 发表时间 |
|---|---|---|---|---|
| 1 | 张宝军 | 雅典奥运中外男篮比赛攻击性防守技、战术能力的比较分析 | 《哈尔滨体育学院学报》 | 2005年1月 |
| 2 | 王剑虹 | 浅析网球发展技术及其简单训练方法 | 《黑龙江教育学院学报》 | 2005年1月 |
| 3 | 罗大林 | 谈普通高校滑冰初学者教学的几点体会 | 《冰雪运动》 | 2005年1月 |
| 4 | 张亚东 | 论太极拳运动中的"武"与"舞" | 《哈尔滨体育学院学报》 | 2005年1月 |
| 5 | 马中权 | 对体育成人高等教育若干问题的思考 | 《继续教育研究》 | 2005年1月 |
| 6 | 李延亭 | L型场地单板雪上技巧竞赛规则的变化引发的思考 | 《冰雪运动》 | 2005年2月 |
| 7 | | U型场地单板雪上技巧竞赛规则的变化引发的思考 | 《冰雪运动》 | 2005年2月 |
| 8 | 张亚东 | 初学者高山滑雪时应注意几个问题 | 《冰雪运动》 | 2005年2月 |
| 9 | 崔 煜 | 谈冰球运动员的团队意识 | 《冰雪运动》 | 2005年2月 |
| 10 | 王国滨 | 对哈工大开设滑雪课程的现状分析与对策研究 | 《冰雪运动》 | 2005年3月 |
| 11 | 董 杰 | 高校滑雪课中如何消除学生的心理障碍 | 《冰雪运动》 | 2005年3月 |
| 12 | 简 萍 | 对哈尔滨市"哈啤杯"雪地足球比赛中运动损伤的研究 | 《冰雪运动》 | 2005年3月 |

续表

| 序号 | 教师姓名 | 论文题目 | 刊物名称 | 发表时间 |
|---|---|---|---|---|
| 13 | 张春晖 | 试论科学技术发展与速度滑冰冰刀改革 | 《冰雪运动》 | 2005年4月 |
| 14 | 崔 煜 | 冰城中老年人参加冬泳锻炼对治疗常见慢性疾病作用的调查分析 | 《冰雪运动》 | 2005年4月 |
| 15 | 张亚东 | 从我国群众体育的现状谈学校体育教育改革 | 《成都体育学院学报》 | 2005年4月 |
| 16 | 左 斌 | 论高校学生身心健康平衡能力及其培养 | 《金融理论与教学》 | 2005年4月 |
| 17 | 王剑虹 | 短道速滑比赛中横切犯规的行为方式及预防对策的研究 | 《冰雪运动》 | 2005年5月 |
| 18 | 盛俊林 | 运用系统工程培养青少年速滑运动员的必要性 | 《冰雪运动》 | 2005年5月 |
| 19 | 孟 述 | 城镇弱势人群健康投资观念调查与分析 | 《体育与科学》 | 2005年6月 |
| 20 | 崔 煜 | "录像信息反馈"教学手段在速度滑冰课中的应用 | 《冰雪运动》 | 2005年6月 |
| 21 | 赵秀云 | 浅谈我国花样滑冰男子单人滑运动员赛前的焦虑状态 | 《冰雪运动》 | 2005年6月 |
| 22 | | 举办亚冬会对长春市城市和社会环境建设的研究 | 《冰雪运动》 | 2005年6月 |
| 23 | 闫 生 | 对高校体育课发展定向的探讨 | 《北京体育大学学报》(增刊) | 2005年11月 |
| 24 | 王明明 | 谈做好军训后勤保障工作是搞好训练的必要条件 | 《科教论坛》 | 2005年4月 |
| 25 | 罗善华 | 加强高校军事课教学法研究,努力提高军事课教学质量 | 《哈工大高等工科教育》 | 2005年10月 |
| 26 | 王明明 | 论高校国防教育与学生政治素质培养的协调与融合 | 《哈工大学报》(社科版) | 2005年12月 |

2006年教师发表论文

| 序号 | 教师姓名 | 论文题目 | 刊物(会议)名称 | 发表时间 |
|---|---|---|---|---|
| 1 | 朱宝峰 | 普通高校体育教学中实施新《纲要》的几点意见 | 《哈尔滨体育学院学报》 | 2006年1月 |
| 2 | 王国滨 | 哈尔滨工业大学学生体育选项课网络选区课系统的研究 | 《哈尔滨体育学院学报》 | 2006年1月 |
| 3 | 闫 生 | 对高校篮球训练队的队认识 | 《黑龙江教育学院学报》 | 2006年1月 |
| 4 | | 利用基因治疗技术提高运动能力的研究综述 | 《冰雪运动》 | 2006年2月 |
| 5 | 王 力 | 非智力因素在速滑运动员体能训练中的作用 | 《冰雪运动》 | 2006年2月 |

续表

| 序号 | 教师姓名 | 论文题目 | 刊物（会议）名称 | 发表时间 |
|---|---|---|---|---|
| 6 | 崔 煜 | 快乐练习法对速滑课学生厌倦情绪影响的实验研究 | 《冰雪运动》 | 2006年2月 |
| 7 | 董 杰 | 如何提高女大学生对滑冰课的兴趣 | 《冰雪运动》 | 2006年2月 |
| 8 | 孟 巍 | 对速度滑冰教学中消除学生畏惧心理问题的探讨 | 《冰雪运动》 | 2006年2月 |
| 9 | 张亚东 | 2005年全国单板滑雪锦标赛调研 | 《冰雪运动》 | 2006年2月 |
| 10 | 陈 玲 | 高校开展花样滑冰教学的可行性研究 | 《冰雪运动》 | 2006年2月 |
| 11 | | 探析分层教学法在速度滑冰教学中的应用 | 《冰雪运动》 | 2006年2月 |
| 12 | 边 疆 | 《人体质量健康学》初探 | 中国体育科学大会 | 2006年3月 |
| 13 | 王 力 | 少年速滑运动员柔韧性训练的基本原则与注意事项 | 《冰雪运动》 | 2006年3月 |
| 14 | 杨国财 | 普通大学生速度滑冰平衡能力训练方法初探 | 《冰雪运动》 | 2006年3月 |
| 15 | 崔 煜 | 关于哈尔滨市普通高校雪地足球运动员损伤的原因及对策研究 | 《冰雪运动》 | 2006年3月 |
| 16 | 王剑虹 | 对阻碍姚明NBA之路腾飞的分析 | 《中国高等教育研究论丛》 | 2006年4月 |
| 17 | 李 勇 | 谈黑龙江省高校培养冬季运动项目裁判员的优势 | 《哈尔滨体育学院学报》 | 2006年4月 |
| 18 | 简 萍 | 论冰上课教师人格魅力与体育隐蔽课程 | 《冰雪运动》 | 2006年4月 |
| 19 | 牛荣利 | 黑龙江省普通高校学生冰雪体育消费现状的分析 | 《冰雪运动》 | 2006年5月 |
| 20 | 罗大林 | 影响冰球运动员控制比赛节奏因素的研究 | 《冰雪运动》 | 2006年5月 |
| 21 | 郑坤惠 | 肌群力量智能化测试系统的研究 | 《哈尔滨工业大学学报》（社科版） | 2006年6月 |
| 22 | 高宝泉 | 普通高校冰上课课堂教学控制 | 《冰雪运动》 | 2006年6月 |
| 23 | 陈 玲 | 速滑教学促进大学生智能发展分析 | 《冰雪运动》 | 2006年6月 |
| 24 | 王明明 | 谈新生军训心理发展规律及思想教育 | 《科教论坛》 | 2006年1月 |
| 25 | | 普通高校军事课教学评估标准的探折 | 《科教论坛》 | 2006年4月 |

续表

| 序号 | 教师姓名 | 论文题目 | 刊物（会议）名称 | 发表时间 |
|---|---|---|---|---|
| 26 | 罗善华 | 提高教学能力，应在"教学设计"上下功夫 | 《哈工大学报》（社科版） | 2006年12月 |

### 2007年部分教师发表论文

| 序号 | 教师姓名 | 论文题目 | 刊物名称 | 发表时间 |
|---|---|---|---|---|
| 1 | 闫 生 | 运动性疲劳与细胞凋亡研究综述 | 《北京体育大学学报》 | 2007年11月 |
| 2 | 马忠权 | 我国冬季体育项目比赛市场现状的分析与发展对策 | 《冰雪运动》 | 2007年10月 |
| 3 | 谷化铮 | 弯道滑行支撑腿蹬伸技术与重心移动方式之间的关系 | 《哈尔滨体育学院学报》 | 2007年6月 |
| 4 | 刘勇强 | 青少年速滑运动员技术基础训练的理性认识 | 《冰雪运动》 | 2007年2月 |
| 5 | 许振松 | 培养大学生冰上课学习兴趣的教学手段 | 《冰雪运动》 | 2007年2月 |
| 6 | 陶永纯 | 我国高等院校体育产业资源分析 | 《哈尔滨体育学院学报》 | 2007年4月 |

### 2008年部分教师发表论文

| 序号 | 教师姓名 | 论文题目 | 刊物名称 | 发表时间 |
|---|---|---|---|---|
| 1 | 朱宝峰 | 高山滑雪运动中技能学习过程的心理学研究 | 《哈尔滨体育学院学报》 | 2008年12月 |
| 2 | 刘勇强 | 大冬会对黑龙江省高校校园冰雪体育文化建设的影响 | 《冰雪运动》 | 2008年11月 |
| 3 | 李延亭 | 对2006—2007赛季我国短道速滑运动员犯规区域性特征的研究 | 《哈尔滨体育学院学报》 | 2008年10月 |
| 4 | 李征宇 | 对我国体育用品市场营销策略的研究 | 《北方经贸》 | 2008年8月 |
| 5 | 谷化铮 | 十一冬会高山滑雪竞赛组织对第24届大冬会竞赛工作的启示 | 《冰雪运动》 | 2008年7月 |
| 6 | 张春晖 | 我国优秀速度滑冰运动员性格特征的研究 | 《冰雪运动》 | 2008年7月 |
| 7 | 蒋 强 | 冰球运动员训练与比赛的营养恢复 | 《冰雪运动》 | 2008年7月 |
| 7 | 蒋 强 | 篮球运动员体能恢复的营养学手段 | 《哈尔滨体育学院学报》 | 2008年6月 |
| 8 | 蒋 强 | 花样滑冰规则的演变历程与发展趋势 | 《冰雪运动》 | 2008年3月 |
| 9 | 蒋 强 | 举办大冬会对黑龙江省冰雪运动后备人才培养的影响 | 《冰雪运动》 | 2008年1月 |

续表

| 序号 | 教师姓名 | 论文题目 | 刊物名称 | 发表时间 |
|---|---|---|---|---|
| 11 | 张建中 | 奥林匹克文化传播对我国学校体育现代化的积极影响 | 《吉林体育学院学报》 | 2008年4月 |
| 12 | 张成刚 | 动作概念学习对运动技能保持作用的研究——以太极拳学习为例 | 《哈尔滨体育学院学报》 | 2008年2月 |

**2009年部分教师发表论文**

| 序号 | 教师姓名 | 论文题目 | 刊物名称 | 发表时间 |
|---|---|---|---|---|
| 1 | 朱宝峰 | 短道速滑后备人才梯队建设现状及可持续发展研究 | 《哈尔滨体育学院学报》 | 2009年12月 |
| 2 | | 黑龙江省高校体育场馆资源利用中存在的问题及建议 | 《哈尔滨体育学院学报》 | 2009年6月 |
| 3 | | 短道速滑运动员认知特质焦虑的特征 | 《冰雪运动》 | 2009年3月 |
| 4 | 谷化铮 | 我国单板滑雪追逐赛项目发展与对策研究 | 《广州体育学院学报》 | 2009年11月 |
| 5 | | 黑龙江省城镇居民弱势人群健康投资观念的研究 | 《山西师大体育学院学报》 | 2009年6月 |
| 6 | 张 伟 | 网球发球技术的几种训练方法的研究 | 《佳木斯教育学院学报》 | 2009年10月 |
| 7 | 牛荣利 | 普通高校速滑教练员队伍现状调查与对策研究 | 《冰雪运动》 | 2009年9月 |
| 8 | 关亚军 | 现代冬季奥林匹克运动发展态势和格局的研究 | 《哈尔滨体育学院学报》 | 2009年8月 |
| 9 | 李征宇 | 对第24届大冬会高山滑雪竞赛组织工作的几点看法 | 《冰雪运动》 | 2009年1月 |
| 10 | | 神经网络模型在运动成绩预测中的应用 | 《哈尔滨体育学院学报》 | 2009年4月 |
| 11 | 董 平 | 大冬会的启示 | 《教书育人》 | 2009年 |
| 12 | | 研究室提高教学质量的软环境建设的建议 | 《教书育人》 | 2009年 |
| 13 | 张宝军 | 我国东北地区部分高校开展冰壶项目的可行性分析 | 《冰雪运动》 | 2009年5月 |
| 14 | 张亚东 | 山东省大学生体质及心理健康状况调查研究 | 《成都体育学院学报》 | 2009年4月 |
| 15 | 刘勇强 | 北方高校女生冬季体育锻炼现状调查及发展对策 | 《冰雪运动》 | 2009年1月 |

## 2010年部分教师发表论文

| 序号 | 教师姓名 | 论文题目 | 刊物名称 | 发表时间 |
|---|---|---|---|---|
| 1 | 李兴汉 | 我国大众滑雪运动现状及发展对策的研究 | 《哈尔滨体育学院学报》 | 2010年12月 |
| 2 | 张成刚 | 黑龙江省滑雪旅游产业集聚区建设探究 | 《哈尔滨体育学院学报》 | 2010年12月 |
| 3 | | 我国开展北欧两项滑雪运动可行性分析 | 《冰雪运动》 | 2010年11月 |
| 4 | | 单板滑雪奥运项目优秀运动员年龄特征的比较 | 《冰雪运动》 | 2010年7月 |
| 5 | 徐磊 | 运动性疲劳研究综述 | 《农村经济与科技》 | 2010年12月 |
| 6 | | 浅析教学中学生的主体性发挥 | 《科技信息》 | 2010年8月 |
| 7 | 刘勇强 | 哈尔滨市冰雪旅游业竞争力的对策研究 | 《冰雪运动》 | 2010年11月 |
| 8 | | 黑龙江省速度滑冰项目后备人才培养现状研究 | 《冰雪运动》 | 2010年7月 |
| 9 | 王珂 | 2009年世界冰壶锦标赛中国女队投壶技术和成功率统计分析 | 《体育学刊》 | 2010年9月 |
| 10 | | 我国冰壶裁判员队伍现状调查研究 | 《吉林体育学院学报》 | 2010年4月 |
| 11 | | 我国女子冰壶队与欧洲强队投壶技术特点对比研究 | 《体育文化导刊》 | 2010年11月 |
| 12 | 李征宇 | 高山滑雪大型赛事竞赛管理系统的研制与应用 | 《冰雪运动》 | 2010年9月 |
| 13 | 简萍 | 情境教学法在普通高校冰上课教学中的应用研究 | 《冰雪运动》 | 2010年9月 |
| 14 | 于同 | 开展启发式体育教学模式的实验研究 | 《吉林体育学院学报》 | 2010年8月 |
| 15 | 李延亭 | 单板滑雪空中技巧项目现状及发展趋势 | 《冰雪运动》 | 2010年7月 |
| 16 | 张建中 | 2009年《冰雪运动》文献计量分析 | 《冰雪运动》 | 2010年7月 |
| 17 | 冯韶文 | 关于黑龙江省冬季体育用品企业营销策略的研究 | 《哈尔滨体育学院学报》 | 2010年6月 |
| 18 | 王晓伟 | 肌肉力量检测方法在体育应用中的再研究 | 《西昌学院学报（自然科学版）》 | 2010年6月 |
| 19 | | 国内外高校体育俱乐部历史探源与展望 | 《体育世界（学术版）》 | 2010年5月 |
| 20 | | 运动员维生素补充的建议与思考——以维生素A、B、C、E为视角 | 《运动》 | 2010年5月 |

续表

| 序号 | 教师姓名 | 论文题目 | 刊物名称 | 发表时间 |
|---|---|---|---|---|
| 21 | 盛俊林 | 近10年反兴奋剂研究评述与思考 | 《成都体育学院学报》 | 2010年5月 |
| 22 | 王力 | 长期太极拳练习对男大学生骨健康的影响 | 《北京体育大学学报》 | 2010年5月 |
| 23 | 董平 | 我国越野滑雪运动可持续发展论略 | 《冰雪运动》 | 2010年5月 |
| 24 | | 对青少年越野滑雪运动员力量和耐力训练的思考 | 《冰雪运动》 | 2010年3月 |
| 25 | 李勇 | 速度滑冰运动成绩预测的神经网络模型 | 《冰雪运动》 | 2010年5月 |
| 26 | 郝秀艳 | 芭蕾基础训练在花样滑冰训练中的应用 | 《冰雪运动》 | 2010年3月 |
| 27 | 关亚军 | 核心力量的定义及作用机制探讨 | 《北京体育大学学报》 | 2010年1月 |
| 28 | 边疆 | 宏扬人体质量意识,实施《建设、保卫、同享和谐的社会主义强国"体健育"制度》的探讨 | 《"科学健身与增强体质"论文集》 | 2010年 |

### 2011年部分教师发表论文

| 序号 | 教师姓名 | 论文题目 | 刊物名称 | 发表时间 |
|---|---|---|---|---|
| 1 | 李延亭 | 三种弹跳练习方法的下肢肌肉表面肌电特征 | 《北京体育大学学报》 | 2011年11月 |
| 2 | | 我国单板滑雪平行大回转项目的发展策略 | 《冰雪运动》 | 2011年5月 |
| 3 | 王晓伟 | 核心力量在青少年速滑运动员系统训练中的价值 | 《冰雪运动》 | 2011年11月 |
| 4 | | 我国女子速滑1000m比赛后程速度提高的途径 | 《冰雪运动》 | 2011年7月 |
| 5 | 左斌 | 我国单板U型场地滑雪项目科研人才资源状况研究 | 《冰雪运动》 | 2011年11月 |
| 6 | 历祥英 | 三级跳远起跳技术的动力学模型研究 | 《韶关学院学报》 | 2011年10月 |
| 7 | 张成刚 | 冬奥会背景下的短道速滑运动发展格局 | 《哈尔滨体育学院学报》 | 2011年8月 |
| 8 | 朱宝峰 | 我国短道速滑项目竞技实力透析 | 《哈尔滨体育学院学报》 | 2011年8月 |
| 9 | 李兴汉 | 冬奥会竞技体育强国优势项目的比较研究 | 《沈阳体育学院学报》 | 2011年8月 |

续表

| 序号 | 教师姓名 | 论文题目 | 刊物名称 | 发表时间 |
|---|---|---|---|---|
| 10 | 崔延武 | 孔子教育思想融入现代体育教学理念的探讨 | 《体育与科学》 | 2011年7月 |
| 11 | | 天津滨海新区运动健康产业需求与发展 | 《成都体育学院学报》 | 2011年4月 |
| 12 | | 滑雪初级教学中学生不良心理状态的克服 | 《冰雪运动》 | 2011年3月 |
| 13 | | 高校大学生滑雪俱乐部组织与建设 | 《冰雪运动》 | 2011年1月 |
| 14 | 谷化铮 | 哈尔滨市高校轮滑运动开展现状与对策研究 | 《冰雪运动》 | 2011年5月 |
| 15 | | 黑龙江省普通高校冰雪校本课程开发现状与对策研究 | 《冰雪运动》 | 2011年7月 |
| 16 | 黄 锷 | 黑龙江省普通高校滑雪体育课的现状调查及对策研究 | 《冰雪运动》 | 2011年7月 |
| 17 | 张建中 | 黑龙江省普通高校冰雪体育课运动损伤现状调查及对策研究 | 《冰雪运动》 | 2011年5月 |
| 18 | | 黑龙江滑雪旅游产业的现状分析及对策 | 《林区教学》 | 2011年4月 |
| 19 | 郝秀艳 | 花样滑冰舞蹈训练中的芭蕾舞教学法 | 《冰雪运动》 | 2011年3月 |
| 20 | | 主体间性视角下体育课程实21施多元主体融合 | 《北京体育大学学报》 | 2011年2月 |
| 21 | 王 珂 | 我国体育教育训练学硕士生培养课程设置现状研究 | 《广州体育学院学报》 | 2011年1月 |
| 22 | 李征宇 | 我国自由式滑雪雪上技巧项目的可持续发展 | 《冰雪运动》 | 2011年1月 |

### 2012年部分教师发表论文

| 序号 | 教师姓名 | 论文题目 | 刊物名称 | 发表时间 |
|---|---|---|---|---|
| 1 | 左 斌 | 自由式滑雪空中技巧运动员滑行技术训练与安全的认识 | 《冰雪运动》 | 2012年11月 |
| 2 | | 花样滑冰运动员基本能力结构分析 | 《冰雪运动》 | 2012年9月 |
| 3 | | 速度滑冰女子运动员高原训练安排与注意事项 | 《冰雪运动》 | 2012年5月 |
| 4 | 赵秀云 | 当前我国冰雪体育软实力存在的主要问题与对策研究 | 《哈尔滨体育学院学报》 | 2012年10月 |
| 5 | 朱宝峰 | 我国短道速滑优势项目地位的建立与竞技实力储备 | 《哈尔滨体育学院学报》 | 2012年10月 |
| 6 | 冯韶文 | 速滑运动员模拟滑板训练时膝关节肌群肌电变化研究 | 《哈尔滨体育学院学报》 | 2012年10月 |

续表

| 序号 | 教师姓名 | 论文题目 | 刊物名称 | 发表时间 |
| --- | --- | --- | --- | --- |
| 7 | 周 剑 | 反馈法在速度滑冰教学中的应用研究 | 《佳木斯教育学院学报》 | 2012年9月 |
| 8 | 徐 磊 | 黑龙江省短道速滑队夏季训练负荷特征 | 《冰雪运动》 | 2012年9月 |
| 9 | | "冰上陀螺"运动的研究——黑龙江省冬季冰雪旅游特色项目的开发 | 《冰雪运动》 | 2012年7月 |
| 10 | 王晓伟 | 元认知理论视阈下高校滑冰教学质量提高的方式 | 《冰雪运动》 | 2012年9月 |
| 11 | | 从2012年女子冰壶世锦赛看中国队亟需解决的问题 | 《冰雪运动》 | 2012年5月 |
| 12 | 崔 煜 | 普通高校学生排球课参与动机与心理健康水平之间内在关系之研究 | 《林区教学》 | 2012年8月 |
| 13 | | 中国加拿大速滑教练员培训比较研究 | 《体育文化导刊》 | 2012年9月 |
| 14 | 张春晖 | 黑龙江省高校速度滑冰运动员意志品质的研究 | 《冰雪运动》 | 2012年7月 |
| 15 | | 开放式体育教学模式在高校滑冰教学中的构建与实践研究 | 《冰雪运动》 | 2012年7月 |
| 16 | 牛荣利 | 李荣祥和泽莱兹尼掷标枪衔接阶段技术的比较研究 | 《林区教学》 | 2012年5月 |
| 17 | 王 海 | 世界跳台滑雪优秀运动员年龄特征研究 | 《冰雪运动》 | 2012年3月 |
| 18 | 历祥英 | 程序控制模式在挺身式跳远教学中的运用 | 《韶关学院学报》 | 2012年2月 |
| 19 | 李延亭 | 单板U型场地滑雪项目评分规则的变化与训练对策研究 | 《高师理科学刊》 | 2012年4月 |
| 20 | 李 妍 | 冰壶自由防守区投壶布局研究 | 《体育文化导刊》 | 2012年1月 |
| 21 | 王 力 | 短道速滑运动员战术意识的培养 | 《冰雪运动》 | 2012年1月 |

### 2013年部分教师发表论文

| 序号 | 教师姓名 | 论文题目 | 刊物名称 | 发表时间 |
| --- | --- | --- | --- | --- |
| 1 | 谷化铮 | 通识教育视角下高校太极拳课程的建构分析 | 《哈尔滨体育学院学报》 | 2013年12月 |
| 2 | | 我国职业足球俱乐部主场外迁现象分析 | 《西安体育学院学报》 | 2013年5月 |
| 3 | 盛俊林 | 黑龙江省城市社区体育公共服务体系现状及发展对策研究 | 《哈尔滨体育学院学报》 | 2013年12月 |

续表

| 序号 | 教师姓名 | 论文题目 | 刊物名称 | 发表时间 |
|---|---|---|---|---|
| 4 | 王忠波 | 短道速滑运动员的人格修炼 | 《冰雪运动》 | 2013年11月 |
| 5 | | 高校速滑运动员与我国优秀运动员形态、机能、素质的比较 | 《冰雪运动》 | 2013年7月 |
| 6 | 左 斌 | 冰球运动员竞技能力形成的主导影响因素 | 《冰雪运动》 | 2013年11月 |
| 7 | | 从2013年国际雪联越野滑雪中国巡回赛看我国越野滑雪项目的发展 | 《冰雪运动》 | 2013年9月 |
| 8 | | 针对少年儿童与短道速滑特点实施科学训练的探索 | 《冰雪运动》 | 2013年7月 |
| 9 | 张宝军 | 高山滑雪者肢体损伤机制与预防的研究 | 《冰雪运动》 | 2013年11月 |
| 10 | 高宝泉 | 优化雪地足球教学过程培养大学生冬季运动习惯 | 《冰雪运动》 | 2013年11月 |
| 11 | 李兴汉 | 中国冰球运动60年发展历程的回顾、审视与展望 | 《哈尔滨体育学院学报》 | 2013年10月 |
| 12 | | 室外冰场环保清雪车的研制 | 《冰雪运动》 | 2013年9月 |
| 13 | 朱宝峰 | 冬奥会竞技强国地域分布特征及对我国的启示 | 《体育文化导刊》 | 2013年10月 |
| 14 | | 黑龙江省公益性社会体育指导员现状研究 | 《哈尔滨体育学院学报》 | 2013年2月 |
| 15 | 于 同 | 体育教育训练学硕士研究生实践能力培养研究——以哈尔滨工业大学为例 | 《吉林体育学院学报》 | 2013年10月 |
| 16 | 张 伟 | 陆地训练对青少年速滑运动员竞技能力的促进 | 《冰雪运动》 | 2013年9月 |
| 17 | 王 珂 | 加拿大冰壶后备人才培养的LTAD模式与启示 | 《冰雪运动》 | 2013年9月 |
| 18 | 张 伟 | 我国竞技运动的发展态势探析 | 《哈尔滨体育学院学报》 | 2013年8月 |
| 19 | | 冬季户外有氧运动训练对大学生焦虑情绪的影响 | 《冰雪运动》 | 2013年5月 |
| 20 | 夏洪海 | 新时期上海推进冰上体育文化发展的特点与路径 | 《改革与开放》 | 2013年8月 |
| 21 | 刘勇强 | 冬季奥运会举办城市的特征及其启示 | 《体育文化导刊》 | 2013年7月 |
| 22 | 董晓琪 | 多媒体技术对滑雪教学质量影响的研究 | 《冰雪运动》 | 2013年7月 |
| 23 | 马忠权 | 黑龙江省雪上运动资源与环境的可持续发展研究 | 《冰雪运动》 | 2013年7月 |

续表

| 序号 | 教师姓名 | 论文题目 | 刊物名称 | 发表时间 |
|---|---|---|---|---|
| 24 | 历祥英 | 体育学院体教专业女生100米测试步幅指数应用研究——以韶关学院为例 | 《惠州学院学报（自然科学版）》 | 2013年6月 |
| 25 | 李延亭 | 振动刺激对SMDA大鼠肌肉中Myf-5含量的影响 | 《沈阳体育学院学报》 | 2013年6月 |
| 26 | 王　海 | 我国少数民族自治区冰雪运动后备人才培养现状研究 | 《沈阳体育学院学报》 | 2013年4月 |
| 27 | | 高校羽毛球教学现状与发展对策探究 | 《运动》 | 2013年1月 |
| 28 | 王大力 | 浅谈大学体育课程教学模式的整合分析 | 《当代体育科技》 | 2013年3月 |
| 29 | 王剑虹 | 淮安市少儿轮滑运动的市场调查 | 《冰雪运动》 | 2013年1月 |
| 30 | | 自我效能理论在高校轮滑教学中的运用 | 《冰雪运动》 | 2013年1月 |
| 31 | 韩秀华 | 轮滑运动员赛前心理状态及调整 | 《冰雪运动》 | 2013年1月 |
| 32 | | 美学视阈下冬季体育教学的审美教育 | 《冰雪运动》 | 2013年1月 |
| 33 | 韩秀华 | 学校体育与社区体育协同发展促进城市社区体育多元化服务体系构建 | 《职业技术》 | 2013年12月 |

### 2014年部分教师发表论文

| 序号 | 教师姓名 | 论文题目 | 刊物名称 | 发表时间 |
|---|---|---|---|---|
| 1 | 关亚军 | 我国竞技体育"锦标主义"盛行原因的理性思考 | 《哈尔滨体育学院学报》 | 2014年12月 |
| 2 | 朱宝峰 | 我国9岁组优秀男子体操运动员身体素质的评价与诊断 | 《成都体育学院学报》 | 2014年12月 |
| 3 | | 黑龙江省雪上项目运动员发展现状研究 | 《哈尔滨体育学院学报》 | 2014年10月 |
| 4 | 左　斌 | "俱乐部教学模式"在健美操普修课中的应用研究 | 《体育成人教育学刊》 | 2014年12月 |
| 5 | 韩秀华 | 长期健身秧歌运动对绝经后女性静态平衡能力的影响 | 《沈阳体育学院学报》 | 2014年12月 |
| 6 | | 自由式滑雪运动员曲线滑道段内空气动力特性的CFD研究 | 《天津体育学院学报》 | 2014年5月 |
| 7 | 历祥英 | 三级跳远运动员身体训练水平的检测与评定 | 《韶关学院学报》 | 2014年12月 |
| 8 | 王忠波 | 社会主义核心价值观念下群众冰雪体育对社会建设的促进 | 《冰雪运动》 | 2014年11月 |

附 录

续表

| 序号 | 教师姓名 | 论文题目 | 刊物名称 | 发表时间 |
|---|---|---|---|---|
| 9 | 谷化铮 | 黑龙江省冰雪体育旅游现状及可持续发展研究 | 《冰雪运动》 | 2014年9月 |
| 10 | 谷化铮 | 黑龙江省普通高校冰上课教学改革与实践研究 | 《冰雪运动》 | 2014年5月 |
| 11 | 仇 慧 | 大型体育赛事风险预警模型与应对策略研究 | 《沈阳体育学院学报》 | 2014年10月 |
| 12 | 闫 生 | 高校英才生身体耐力素质分析——以哈尔滨工业大学为例 | 《体育科学研究》 | 2014年9月 |
| 13 | 罗大林 | 黑龙江省冰雪旅游业发展思考 | 《冰雪运动》 | 2014年9月 |
| 14 | 冯韶文 | 高校英才生与普通大学生体质健康状况的对比实验研究——以哈尔滨工业大学为例 | 《哈尔滨体育学院学报》 | 2014年9月 |
| 15 | 张亚东 | 武术教学改革的立足点及具体改革思路 | 《体育科学研究》 | 2014年7月 |
| 16 | 李 勇 | 我国足球职业化发展中存在的若干问题的理性分析 | 《当代体育科技》 | 2014年6月 |
| 17 | 王剑虹 | 古代马球流变探析 | 《体育文化导刊》 | 2014年5月 |
| 18 | 孟 述 | 索契冬奥会我国短道速滑运动员与主要竞争对手技战术特征的比较 | 《冰雪运动》 | 2014年5月 |
| 19 | 孟 述 | 索契冬奥会中外单板滑雪U型场地女子优秀运动员实力比较研究 | 《冰雪运动》 | 2014年5月 |
| 20 | 王忠波 | 和谐社会构建中黑龙江省体育社团的发展路径 | 《冰雪运动》 | 2014年5月 |
| 21 | 李延亭 | 基于国际化人才培养的黑龙江省高校体育双语实践课现状调查 | 《哈尔滨体育学院学报》 | 2014年4月 |
| 22 | 李延亭 | 体育文化视角下大学生羽毛球双语教学效果分析 | 《哈尔滨体育学院学报》 | 2014年2月 |
| 23 | 李兴汉 | 营销平衡视角下我国健身俱乐部的品牌定位探析 | 《沈阳体育学院学报》 | 2014年4月 |
| 24 | 李兴汉 | 普通高校滑冰课应用分层教学法的实验研究 | 《冰雪运动》 | 2014年3月 |
| 25 | 李兴汉 | 太极拳的文化内涵及其对大学生身心健康的影响 | 《哈尔滨体育学院学报》 | 2014年8月 |
| 26 | 仇 慧 | 对女大学生开展软式排球课的教学研究——哈尔滨工业大学、哈尔滨理工大学教学改革实践 | 《中国学校体育》 | 2014年4月 |

续表

| 序号 | 教师姓名 | 论文题目 | 刊物名称 | 发表时间 |
|---|---|---|---|---|
| 27 | 徐 磊 | 普通高校体育课计算机辅助教学的实践研究 | 《黑龙江科技信息》 | 2014年4月 |
| 28 | | 基于网络的高校轮滑教学课件的制作与应用 | 《冰雪运动》 | 2014年3月 |
| 29 | 张 伟 | 我国申办冬奥会的宣传策略 | 《冰雪运动》 | 2014年3月 |

**2015年部分教师发表论文**

| 序号 | 教师姓名 | 论文题目 | 刊物名称 | 发表时间 |
|---|---|---|---|---|
| 1 | 李延亭 | 单板滑雪U型场地项目训练周期与运动损伤的关系研究 | 《体育世界(学术版)》 | 2015年12月 |
| 2 | 历祥英 | 田径专选班中距离跑训练中4种练习手段的探索 | 《运动》 | 2015年11月 |
| 3 | 王国滨 | 中国女子冰球队2015年世锦赛上的优势与不足 | 《冰雪运动》 | 2015年11月 |
| 4 | | 哈尔滨工业大学旱地冰球课教学设计与实践研究 | 《冰雪运动》 | 2015年5月 |
| 5 | 周 剑 | 东北地区普通高校开展五人制雪地足球运动的可行性 | 《冰雪运动》 | 2015年11月 |
| 6 | | 基于黑龙江省农村冬季群众性体育的撑橇运动推广研究 | 《冰雪运动》 | 2015年11月 |
| 7 | 董晓琪 | 速度滑冰运动员营养的消耗与补充 | 《冰雪运动》 | 2015年5月 |
| 8 | | 运动人体科学专业硕士生创新能力培养的综合实验教学体系构建研究 | 《哈尔滨体育学院学报》 | 2015年6月 |
| 9 | 左 斌 | 开展儿童速度滑冰运动应注意的问题 | 《冰雪运动》 | 2015年9月 |
| 10 | | 我国速度滑冰项目发展之路与启示 | 《冰雪运动》 | 2015年7月 |
| 11 | 李 妍 | 2015年世界女子冰壶锦标赛中国队技战术运用的合理性分析 | 《冰雪运动》 | 2015年9月 |
| 12 | | 冰壶投壶失误趋向与技、战术选择合理性分析研究 | 《中国体育科技》 | 2015年9月 |
| 13 | 罗大林 | 我国城市社区居民超重与肥胖体质改善的策略 | 《冰雪运动》 | 2015年9月 |
| 14 | 谷化铮 | 近代我国社会体育发展研究 | 《体育文化导刊》 | 2015年8月 |
| 15 | 王晓伟 | 我国社会转型中的体育法治问题与国家治理——以国家治理能力为理论视角 | 《体育与科学》 | 2015年7月 |

附　录

续表

| 序号 | 教师姓名 | 论文题目 | 刊物名称 | 发表时间 |
|---|---|---|---|---|
| 16 | 盛俊林 | 近代我国体育经济发展研究 | 《体育文化导刊》 | 2015年6月 |
| 17 | 朱宝峰 | 宋代军事体育研究 | 《体育文化导刊》 | 2015年6月 |
| 18 | 高宝泉 | 普通高校足球选项课课程设置现状的调查与分析 | 《佳木斯大学社会科学学报》 | 2015年4月 |
| 19 | 徐磊 | 分析制约大学生晨练运动的主要因素 | 《运动》 | 2015年3月 |
| 21 | 赵秀云 | 黑龙江省冰上运动员后备梯队建设与发展策略研究 | 《冰雪运动》 | 2015年1月 |
| 22 | 董平 | 形意五行拳健身养生与慢性病治疗功用剖析 | 《当代体育科技》 | 2015年1月 |

2016年部分教师发表论文

| 序号 | 教师姓名 | 论文题目 | 刊物名称 | 发表时间 |
|---|---|---|---|---|
| 1 | 王海 | 小群体教学模式在篮球课教学中的实验研究 | 《哈尔滨体育学院学报》 | 2016年12月 |
| 2 | | 青少年日常体力活动摄氧量预测方程的建立和检验 | 《广州体育学院学报》 | 2016年11月 |
| 3 | | 黑龙江省越野滑雪后备人才现状分析与发展对策研究 | 《冰雪运动》 | 2016年1月 |
| 4 | 徐磊 | 分层教学法在普通高校轮滑教学中的应用研究 | 《冰雪运动》 | 2016年11月 |
| 5 | 关亚军 | 英语教学方法在高校羽毛球双语课中的迁移与应用 | 《哈尔滨体育学院学报》 | 2016年10月 |
| 6 | 陶永纯 | 我国2022冬奥会战略选择及项目布局的研究 | 《北京体育大学学报》 | 2016年9月 |
| 7 | 朱宝峰 | 黑龙江省高校2015级学生体质评价状况及成因分析 | 《哈尔滨体育学院学报》 | 2016年8月 |
| 8 | | 2014年黑龙江青少年体质健康水平下滑原因及对策研究 | 《哈尔滨体育学院学报》 | 2016年4月 |
| 9 | 柳洪涛 | 短道速滑运动员非智力因素的培养 | 《冰雪运动》 | 2016年7月 |
| 10 | 李刚 | 可持续发展视域下黑龙江省冰雪体育产业优化策略研究 | 《冰雪运动》 | 2016年7月 |
| 11 | 李妍 | 全国十三届冬运会冰壶比赛哈尔滨队成年男子技战术分析 | 《冰雪运动》 | 2016年5月 |
| 12 | 王剑虹 | 黑龙江省城乡小学生体质的对比研究 | 《冰雪运动》 | 2016年5月 |

续表

| 序号 | 教师姓名 | 论文题目 | 刊物名称 | 发表时间 |
|---|---|---|---|---|
| 13 | 仇 慧 | 他山之石:英国公学体育育人的经验与启示 | 《南京体育学院学报(社会科学版)》 | 2016年4月 |
| 14 | | 黑龙江省高校冬季体育教学存在的问题与对策 | 《冰雪运动》 | 2016年3月 |
| 15 | 刘 松 | 黑龙江省普通高校速滑课教学方法的纵向研究 | 《冰雪运动》 | 2016年5月 |
| 16 | | 黑龙江省全日制高校大学生冰上课教学模式的探讨与优化 | 《冰雪运动》 | 2016年1月 |

2017年部分教师发表论文

| 序号 | 教师姓名 | 论文题目 | 刊物名称 | 发表时间 |
|---|---|---|---|---|
| 1 | 仇 慧 | 太极拳应用于脑卒中康复治疗的契合性分析 | 《哈尔滨体育学院学报》 | 2017年12月 |
| 2 | 冯韶文 | 人类固有运动能力与动作技能学习解析 | 《运动》 | 2017年12月 |
| 3 | 董 平 | 商业化体育大潮下传统武术的尴尬现状与解决方案 | 《当代体育科技》 | 2017年12月 |
| 4 | 李 勇 | 北京冬奥会背景下黑龙江省冰雪体育旅游产业创新发展研究 | 《冰雪运动》 | 2017年11月 |
| 5 | 陈绍卓 | 优秀速滑长距离运动员夏训前后各项指标的对比分析 | 《冰雪运动》 | 2017年5月 |
| 6 | | 探析乒乓球教学现状及改革措施 | 《当代体育科技》 | 2017年9月 |
| 7 | | 美俄日英澳5国体育课程标准研究 | 《北京体育大学学报》 | 2017年9月 |
| 8 | | 欧洲早期滑雪运动发展社会动因及对我国的启示 | 《北京体育大学学报》 | 2017年9月 |
| 9 | 陶永纯 | "患不均,更患不公":体育资源供给的"公平"与"冲突" | 《体育与科学》 | 2017年7月 |
| 10 | | 对我国高校体育课程改革现状的分析探讨 | 《运动》 | 2017年10月 |
| 11 | | 我国青年男子速滑队年度训练负荷结构的理论探索 | 《当代体育科技》 | 2017年2月 |
| 12 | 周 剑 | 信息技术在高校运动训练中的应用与展望 | 《体育科技》 | 2017年5月 |
| 13 | | 优秀速滑长距离运动员夏训期间生化指标的监测 | 《冰雪运动》 | 2017年5月 |
| 14 | 孟 述 | 近6届全国冬季运动会自由式滑雪空中技巧比赛的对比分析 | 《哈尔滨体育学院学报》 | 2017年4月 |
| 15 | 张宝军 | 黑龙江省青少年篮球后备人才培养的困惑与优化路径研究 | 《当代体育科技》 | 2017年4月 |

续表

| 序号 | 教师姓名 | 论文题目 | 刊物名称 | 发表时间 |
|---|---|---|---|---|
| 16 | 韩秀华 | 自由式滑雪空中技巧 bFdF 动作的技术研究 | 《当代体育科技》 | 2017年2月 |
| 17 | 李 刚 | 黑龙江省大学体育社团管理现状与优化策略研究 | 《哈尔滨体育学院学报》 | 2017年12月 |
| 18 | | 北京冬奥会与我国冰雪运动的发展 | 《冰雪运动》 | 2017年1月 |

### 2018年部分教师发表论文

| 序号 | 教师姓名 | 论文题目 | 刊物名称 | 发表时间 |
|---|---|---|---|---|
| 1 | 历祥英 | 大学生课外体育锻炼现状调查及分析——以韶关学院为例 | 《运动精品》 | 2018年12月 |
| 2 | | 广州市天河区篮球运动普及情况调查 | 《运动精品》 | 2018年6月 |
| 3 | | 广州市花都区群众性游泳活动现状与对策研究 | 《运动精品》 | 2018年5月 |
| 4 | 吕 岩 | 高校冰上教学资源社会开放的意义及管理模式 | 《冰雪运动》 | 2018年11月 |
| 5 | 徐 磊 | 高校开展旱地冰球运动的可行性及对策分析 | 《运动》 | 2018年11月 |
| 6 | 崔 煜 | 我国城乡体育一体化发展的内涵与制约因果探讨 | 《体育世界(学术版)》 | 2018年11月 |
| 7 | | 生命化体育教育观探讨 | 《体育成人教育学刊》 | 2018年4月 |
| 8 | 朱宝峰 | 我国滑雪休闲度假旅游发展研究 | 《体育文化导刊》 | 2018年9月 |
| 9 | | 加拿大冰球运动发展历程及其对我国冰球运动的启示 | 《哈尔滨体育学院学报》 | 2018年1月 |
| 10 | | 冰壶运动员竞技能力探析 | 《冰雪运动》 | 2018年1月 |
| 11 | 杨 鹏 | 冰雪运动后备人才多元化培养模式的研究 | 《冰雪运动》 | 2018年9月 |
| 12 | 郝秀艳 | 黑龙江省高校体育课程改革对大学生体质健康促进研究 | 《黑龙江科学》 | 2018年7月 |
| 13 | 罗大林 | 我国越野滑雪后备人才培养实现跨越发展的构想 | 《冰雪运动》 | 2018年7月 |
| 14 | 李 刚 | 从平昌冬奥会看我国冰上项目发展的新路径 | 《冰雪运动》 | 2018年7月 |
| 15 | 李 勇 | 北京冬奥会背景下哈尔滨市冰雪旅游产业创新发展研究 | 《冰雪运动》 | 2018年3月 |
| 16 | | 北京冬奥会与我国群众体育发展研究 | 《冰雪运动》 | 2018年5月 |

续表

| 序号 | 教师姓名 | 论文题目 | 刊物名称 | 发表时间 |
|---|---|---|---|---|
| 17 | 王剑虹 | 冬奥会对京津冀地区城市发展的文化效应探索 | 《冰雪运动》 | 2018年5月 |
| 18 | | 雪上运动损伤研究综述 | 《冰雪运动》 | 2018年1月 |
| 19 | 赵秀云 | 对外汉语教材中的传统体育文化内容探析 | 《哈尔滨体育学院学报》 | 2018年3月 |
| 20 | 关亚军 | 里约奥运会世界女篮技术分析与启示 | 《哈尔滨体育学院学报》 | 2018年3月 |
| 21 | 闫生 | 高校拔尖创新人才体质健康状况的分析研究 | 《冰雪运动》 | 2018年3月 |
| 22 | 张宝军 | 普通高校公共体育教学改革路径探析 | 《当代体育科技》 | 2018年2月 |
| 23 | 李卓嘉 | 民族传统体育与公共文化服务互动研究 | 《首都体育学院学报》 | 2018年1月 |
| 24 | | 武汉网球公开赛现场观众消费行为影响因素研究 | 《体育科技》 | 2018年9月 |
| 25 | 王海 | 优秀短道速滑运动员备战冬运会年度训练监控与生化指标的研究 | 《冰雪运动》 | 2018年1月 |
| 26 | 仇慧 | 长春市青少年自由式滑雪雪上技巧选材指标研究 | 《冰雪运动》 | 2018年1月 |
| 27 | 张伟 | 北京冬奥会背景下我国冰球运动发展研究 | 《冰雪运动》 | 2018年1月 |
| 28 | | 冬季奥运项目发展演变与我国奥运项目选择 | 《北京体育大学学报》 | 2018年5月 |

### 2019 年部分教师发表论文

| 序号 | 教师姓名 | 论文题目 | 刊物名称 | 发表时间 |
|---|---|---|---|---|
| 1 | 李勇 | 从齐齐哈尔国际冰球邀请赛看我国冰球运动发展 | 《冰雪运动》 | 2019年11月 |
| 2 | 罗大林 | 哈尔滨市社区老年人体育健身活动可持续发展探索 | 《冰雪运动》 | 2019年11月 |
| 3 | 历祥英 | 2017年世界男子网球运动员单打前三名的接发球技战术研究 | 《运动精品》 | 2019年9月 |
| 4 | | 运动迁移在隔网类项目教学中的运用研究 | 《运动精品》 | 2019年10月 |
| 5 | 李妍 | 新兴冬奥项目之混双冰壶技战术的关键影响因素研究 | 《冰雪运动》 | 2019年9月 |
| 6 | 赵健 | 黑龙江省冬季校园马拉松项目开展及参与度的调查研究 | 《冰雪运动》 | 2019年9月 |
| 7 | 闫生 | 东北地区大学生冬季体育锻炼现状分析 | 《体育科学研究》 | 2019年5月 |

续表

| 序号 | 教师姓名 | 论文题目 | 刊物名称 | 发表时间 |
| --- | --- | --- | --- | --- |
| 8 | 冯韶文 | 哈尔滨市普通高校学生体质健康状况调查研究 | 《当代体育科技》 | 2019年3月 |
| 9 | 邓振杰 | 体育赛事消费者行为研究综述 | 《体育科技文献通报》 | 2019年3月 |
| 10 | 董平 | 武德缺失与尚武精神弱化——传统武术推广面临的沉重羁绊 | 《当代体育科技》 | 2019年2月 |
| 11 | | 尚派形意拳的功法特点 | 《当代体育科技》 | 2019年2月 |
| 12 | | 国际主流格斗术发展现状浅析 | 《当代体育科技》 | 2019年4月 |
| 13 | | 后《通用数据保护条例》时代反兴奋剂信息的法律保护 | 《武汉体育学院学报》 | 2019年10月 |
| 14 | 张建中 | 浅谈"互联网＋"时代下的散打教育推广 | 《中华武术（研究）》 | 2019年1月 |
| 15 | 徐磊 | 表象训练法在散打教学中应用效果的研究 | 《中华武术（研究）》 | 2019年1月 |
| 16 | 韩秀华 | 我国冰上体育运动项目的发展历程及问题剖析 | 《冰雪运动》 | 2019年1月 |

# 后 记

为庆祝哈工大建校一百周年,体育部按照学校的要求组织编写了《哈尔滨工业大学体育史》。体育部陶永纯主任非常重视此项工作,率领班子成员制订了编写计划,成立了编委会。由于百年历史悠久,经历远远不达,体育部从未编写过贯穿首尾阶段性的史书,也缺乏系统而丰富的体育教学档案资料,压力异乎寻常。但编委们克服困难,搜集1920—2020年学校各阶段校史、年鉴上的有关体育档案史料,寻访、核实当事人及工作情况,并回忆自己曾在各工作岗位上的教学、科研、运动训练、竞赛、课外体育锻炼及师资队伍建设等学校体育工作。经反复查阅资料,多次修改,历经艰辛,《哈尔滨工业大学体育史》终于成稿。其后,体育部召集编委广泛征求意见,集思广益,弥补不足,进一步搜集史料,补充修改、日臻完善。

《哈尔滨工业大学体育史》共六章加附录,因每一章时间跨度不一,故划分阶段叙述。并根据各阶段的主要内容,为各章的题目命名。整个体育史的内容书写顺序、格式基本统一,并严格按照史志、记史性特点编写。本书尊重历史、实事求是、述而不论、远略近详,是一部全面记录哈尔滨工业大学体育史的图书。坦诚地说,这部跨越百年的体育史,不可避免存在着一些疏漏。期待着将来哈工大体育史资料逐年积累,每阶段都有新的内容补充,有新的发展,为哈尔滨工业大学体育教育工作跨上新台阶奠定基础。新百年,铸就新辉煌!

在此感谢哈工大体育部老先生们为我们留下宝贵的历史资料,感谢编委们不懈努力与辛勤工作!感谢学校有关部、处给予的大力支持与帮助!

编 者

2020 年 12 月

# 图片说明

1.彩插第 8 页下图,第 108 页右图,第 109 页两幅图,翻拍自 2001 年女排大奖赛秩序册。

2.彩插第 4 页上图由陈金提供。

3.彩插第 4 页下图由张虹提供。

4.彩插第 3 页两幅图,第 72 页上图,第 81 页两幅图,第 82 页图,第 102 页两幅图,第 106 页两幅图,第 107 页图,第 110 页图,第 117 页三幅图,第 143 页中图,第 153 页图,第 159 页下图,第 179 页下图,第 182 页两幅图,第 185 页下图,第 186 页上图,由张春晖提供。

5.彩插第 1 页上图,彩插第 2 页三幅图,彩插第 9 页图,彩插第 10 页上图,第 50 页下图,第 108 页左图,第 156 页下图,第 199 页图,第 200 页下图,来源于网络。

6. 第 47 页图,第 83 页图,第 120 页图,第 129 页图,第 131 页上图,第 135 页两幅图,第 140 页图,第 143 页上、下图,第 144 页三幅图,第 145 页两幅图,第 151 页两幅图,第 152 页图,第 154 页图,第 159 页上图,第 160 页图,第 161 页两幅图,第 162 页三幅图,第 163 页两幅图,第 164 页两幅图,第 165 页两幅图,第 167 页两幅图,第 168 页图,第 169 页两幅图,第 178 页下图,第 181 页图,第 183 页图,第 184 页图,第 186 页下图,第 187 页图,第 188 页图,第 189 页三幅图,第 190 页图,第 191 页图,第 193 页图,第 195 页图,第 196 页上图,第 197 页四幅图,第 200 页上图,第 201 上图,第 202 页下图,由体育部刘志书老师提供。

7.彩插第 8 页上图,彩插第 10 页下图,第 65 页图,第 66 页图,第 67 页图,第 68 页图,第 71 页两幅图,第 72 页下图,第 118 页三幅图,第 130 页图,第 131 页下图,第 156 页上图,第 175 页图,第 180 页上图,第 196 页下图,由体育部其他教师翻拍、提供。

8.彩插第 1 页下图,彩插第 5、6、7 页,第 48 页两幅图,第 50 页上、中图,第 51 页两幅图,第 52 页图,第 201 页下图,第 202 页上图,由哈工大校友翻拍、提供。

9. 第 134 页两幅图,第 174 页图,第 176 页两幅图,第 177 页两幅图,第 178 页上图,第 179 页上图,第 180 页下图,第 185 页上图,第 188 页上图,第 191 页上、中图,第 194 页图,由哈工大学生提供。

部分图片的使用由于无法获得作者的各方面通信信息,不能与作者取得联系,特此致歉,如有需要,请作者见书后与出版社联系。